Josef Braml

TRUMPS AMERIKA – AUF KOSTEN DER FREIHEIT

Der Ausverkauf der
amerikanischen Demokratie
und die Folgen für Europa

QUADRIGA

Dieser Titel ist auch als E-Book erschienen.

Aktualisierte Neuausgabe des im März 2016 bei Quadriga
erschienenen Werks »Auf Kosten der Freiheit«

Copyright © 2016 by Bastei Lübbe AG, Köln

Textredaktion: Jan W. Haas, Berlin
Umschlagmotive © picture alliance: abaca;
iStock.com: Kaellman | Fotmen | siwaporn999
Gesamtgestaltung: fuxbux, Berlin
Gesetzt aus der Milo Serif und der Slate
Druck und Einband: GGP Media GmbH, Pößneck

Printed in Germany
ISBN 978-3-86995-094-5

5 4 3 2 1

Sie finden uns im Internet unter www.quadrigaverlag.de
Bitte beachten Sie auch www.luebbe.de

Ein verlagsneues Buch kostet in Deutschland und Österreich jeweils überall dasselbe.
Damit die kulturelle Vielfalt erhalten und für die Leser bezahlbar bleibt, gibt es
die *gesetzliche Buchpreisbindung.* Ob im Internet, in der Großbuchhandlung,
beim lokalen Buchhändler, im Dorf oder in der Großstadt – überall bekommen
Sie Ihre verlagsneuen Bücher zum selben Preis.

Inhalt

Für Greta und Alina,
die mir helfen,
eine bessere Welt zu sehen

Die Macht der Ohnmächtigen – eine Vorbemerkung

Die Amerikaner haben gewählt und sich entschieden: gegen das politische Establishment in Washington, gegen ihre Rolle als globale Ordnungsmacht und gegen das freiheitliche Amerika, das vielen Menschen weltweit Vorbild und Orientierung war.[1] Donald Trump, der 45. Präsident der nicht mehr so Vereinigten Staaten von Amerika, konnte sich durchsetzen, obwohl er – oder noch schlimmer: *weil* er die Regeln menschlichen Anstands und demokratische Prinzipien missachtete. Trump war sich seiner Sache sicher:»Ich könnte im Zentrum New Yorks jemanden erschießen, und ich würde keinen Wähler verlieren«[2], prahlte er gegenüber Journalisten, die sich über seine Grenzüberschreitungen wunderten.

Knapp 60 Millionen Amerikanerinnen und Amerikaner, die für ihn stimmten, sahen denn auch darüber hinweg, dass er sich über Behinderte lustig machte, Frauen herabwürdigte, gegen Muslime hetzte, Latinos pauschal als»Vergewaltiger und Verbrecher« stigmatisierte und seiner Konkurrentin, der»korrupten Hillary«, drohte, sie hinter Gitter zu bringen, sobald er im Amt sei.»Sperrt sie ein!«, lautete denn auch ein einigender Schlachtruf der Trump-»Bewegung«.

Der Demagoge Donald Trump hat es mit dieser für viele auch unterhaltsamen Schlammschlacht geschafft, Menschen wieder für das politische Geschehen zu begeistern, die sich davon schon lange verabschiedet hatten. Er gibt den Ohnmächtigen wieder eine Perspektive und, viel wichtiger, eine Stimme. Denn immer mehr weiße Amerikaner haben Abstiegsängste. Sie befürchten, dass ihnen Afroamerikaner, Latinos und asiatische Einwanderer den Rang ablaufen. Auch Amerikas Position in der Welt scheint gefährdet zu sein. Trump verstärkt diese Ängste, gibt aber zugleich den starken Führer, der einfache Lösungen für komplizierte Probleme anbietet, um zunächst hispanische Einwanderer und globale Herausforderer wie China in die Schranken zu weisen. Obwohl die meisten Probleme Amerikas hausgemacht sind, gibt Trump anderen die Schuld: Einwanderern oder Wettbewerbern. Er schürt negativen Nationalismus, weil er seine Anhänger und Amerika in Abgrenzung gegen andere definiert. Mit seinen fremdenfeindlichen Parolen begeistert er seine Anhänger, die in erster Linie weiße, weniger gebildete Amerikaner sind.

Auf diese Wählergruppe, die das Parteiestablishment der Republikaner links liegen ließ, schaute auch die Favoritin der Demokraten mit Verachtung hinab. Hillary Clinton verunglimpfte diese Wähler als einen »Haufen Gottserbärmlicher« (»basket of deplorables«). Menschenfischer Trump hingegen versicherte den Verachteten seine besondere Zuneigung: »Ich liebe die Ungebildeten.«[3] Mit seiner Ankündigung, »Amerika wieder groß machen« zu wollen, profitierte er von dem Minderwertigkeitsgefühl sozialer Verlierer, die sich von beiden Parteien im Stich gelassen fühlen. Indem er die Wähler direkt befragte, gab Trump ihnen das Gefühl, dass er ihre Bedürfnisse anders als die etablierten Politiker tatsächlich ernst nimmt. Jedes Mal, wenn Hillary Clinton faktengesättigt und intellektuell geschliffen in den Fernsehdebatten Trump eines Besseren belehrte und ihn wegen seiner einfachen Sprache und Ignoranz belächelte, spielte sie ihm unbewusst eine Trumpfkarte zu: Sie verstärkte die von Trump gewünschte Solidarisierung seiner Anhänger gegen die Eliten und die etablierte Politik und damit vor allem gegen sich selbst. Am Ende erhielt Trump sogar die Stimmen mancher Anhänger des im Vorwahlkampf unterlegenen linken Demokraten Bernie Sanders.

Die meisten Amerika-Beobachter, die nur die Ost-und Westküste kennen und den als »Heartland« bezeichneten Mittleren
Westen sowie die Südstaaten, den »Bible Belt«, der USA ignorieren, überraschte es, dass Trump auch den Segen der Christlichen
Rechten erhielt, vor allem den der in Fragen der Sozialmoral konservativen Evangelikalen und Katholiken. Dieser »Basis« der Republikaner verdankte bereits der letzte republikanische Präsident
vier von zehn seiner Wählerstimmen.[4] George W. Bush und Donald Trump haben neben ihrer elitären Abstammung noch etwas
gemein: Sie beide wurden von den gebildeten Weltbürgern im
In- und Ausland belächelt und unterschätzt, was ihre Fähigkeit,
ja Bauernschläue, angeht, die Stimmung ihrer Landsleute – ihrer
»Wutbürger« – zu verstehen und auf diese einzugehen.

Die international orientierte republikanische Finanzelite und
intellektuelle Neo-Konservative haben Trumps Erfolg mit Erstaunen und Entsetzen kommen sehen. Seinen kometenhaften Aufstieg konnten sie dennoch nicht verhindern. Der Grund: In den
USA gibt es keine Parteien nach unserem Verständnis. Sie spielen
keine Rolle in der Politikgestaltung, es gibt keine Fraktions- oder
Parteidisziplin. Selbst ihre Minimalfunktion als Wahlvereine haben sie mittlerweile an Interessengruppen und Milliardäre verloren – dank der Urteile des Obersten Gerichts, das Geldspenden
als Form der Meinungsfreiheit absegnete, die nicht beschnitten
werden dürfe.

Die meisten Amerikaner hegen heute eine tiefe Abneigung gegen die etablierte Politik, gegen das »business as usual«. Das für
sie wichtigste Thema im Vorfeld der Wahlen war daher die Überzeugung, dass eine Handvoll ihrer Landsleute zu viel Einfluss auf
die Politik habe und dass dieses politische System korrumpiert
sei.[5] Bezeichnenderweise konnte der Milliardär Trump in dieser
Gemengelage das Zutrauen seiner Wähler mit der Aussage gewinnen, ihn könne keiner kaufen, weil er bereits viel Geld habe. Er
selbst habe, so Trump freimütig, als Geschäftsmann Politikern
Geld gegeben und immer erreicht, was er wollte – zum Beispiel,

dass das Ehepaar Hillary und Bill Clinton seiner Hochzeit mit der dritten Frau, der gebürtigen Slowenin Melanija Knavs und künftigen »First Lady« Melania Trump, beiwohnte. Mit diesem Argument konnte er auch Jeb Bush ausschalten, der bereits vor der Bekanntgabe seiner Kandidatur über 100 Millionen Dollar an Wahlkampfspenden gehortet hatte und deswegen als sichere politische Bank galt. Parallel brachte der selbsterklärte Sozialist Bernie Sanders in den Vorwahlen der Demokraten Hillary Clinton in die Bredouille. Clintons größte Angriffsfläche, die auch Trump später im Hauptwahlkampf weidlich ausnutzte, bestand in der massiven Unterstützung ihres Wahlkampfes und der Bereicherung ihres Privatvermögens durch die Finanzindustrie, deren ungezügeltes Handeln wesentlich zur Finanzkrise 2007/08 beigetragen hatte.

Betrachtet man den Integritätsgrad von Wahlen,[6] dann sind die USA mit dem 52. Rang unter 153 Ländern nicht gerade unter den Musterschülern zu finden. Selbst Kroatien, Griechenland, Argentinien, die Mongolei oder Südafrika liegen mittlerweile vor der ehemaligen Vorbilddemokratie. Bemängelt wird in erster Linie, dass Interessengruppen und vermögende Einzelpersonen massiv Einfluss auf die Wahlen nehmen, dass Wahlbezirke politisch motiviert zugeschnitten und Afroamerikaner und Latinos bei der Wahlregistrierung diskriminiert werden, sowie die niedrige Wahlbeteiligung. Dass sich bei US-Wahlen dennoch vielerorts Wählerschlangen bilden, ist auf die unzureichende technische Ausstattung zurückzuführen – wie in Ländern der »Dritten Welt«. Das alles passt nicht in das Selbstbild einer Hightech-Nation.[7]

Wir müssen daher die Klischees und Trugbilder vom »Land der unbegrenzten Möglichkeiten« hinterfragen, die noch in den Köpfen vieler haften. Wir sollten uns auch nicht von den Hochglanzstatistiken der Wirtschaftsmedien blenden lassen. Sie sind oft Potemkinsche Dörfer, bestenfalls Durchschnittswerte, die die dahinterliegenden Ungleichheiten und Strukturprobleme kaschieren. Die Lage ist zwar nicht so miserabel, wie Donald Trump sie aus wahltaktischen Gründen seinen Wählern gegenüber erklärte.

Sie ist aber auch nicht so rosig, wie sie von Frohbotschaftern aus der Neuen Welt, von der amerikanischen »Public Diplomacy« (früher Propaganda genannt) und von Bewunderern auf dem alten Kontinent gezeichnet wird.

Auch Donald Trump ist mehr Schein als Sein. Er hat in diversen Reality-TV-Shows sein Handwerk gelernt und eine Kunstfigur, eine Medienfigur, von sich erschaffen. Jeder Amerikaner kennt Trumps Reality-TV-Show *The Apprentice*, in der er mit dem Satz »You are fired!« unfähige Arbeitnehmer feuerte. Trump selbst steht als Ikone für Erfolg, obwohl er im richtigen Leben viele Misserfolge hatte. Dessen ungeachtet pflegt er das Medien-Image eines erfolgreichen und mächtigen Geschäftsmannes, der Amerika wieder auf die Erfolgsspur bringen kann. Damit war sein politischer Erfolg in der amerikanischen Mediendemokratie vorprogrammiert. Amerika und die westliche Welt werden die Geister nicht mehr los, die der Zauberlehrling Trump rief.

Donald Trump ist jedoch nicht das Hauptproblem. Der Unternehmer Trump hat es vielmehr verstanden, nicht nur die soziale Misere vieler seiner Wähler, sondern auch grundlegende Defizite der amerikanischen Wirtschaft und Politik für seine Zwecke auszunutzen. Und diese Probleme hat auch Deutschland, wenn auch nicht in diesem extremen Ausmaß. Wer die kometenhaften Aufstiege Donald Trumps und der sogenannten Alternative für Deutschland (AfD) vergleicht, sieht bei allen Unterschieden gleichwohl eine wichtige Gemeinsamkeit: die Unzufriedenheit mit der politischen Klasse.

Die liberale Demokratie steht unter Druck. Weder in Amerika noch in Europa schafft es der Staat, seinen Bürgern das Gefühl von Sicherheit zu vermitteln. Auch das Gefühl materieller Sicherheit, das Gefühl, dass möglichst viele etwas vom wirtschaftlichen Wohlstand abbekommen, ist verloren gegangen. Es wäre jedoch die Voraussetzung dafür, dass die Bürger den Staat und die etablierten Politiker unterstützen. Die daraus resultierende Legitimationskrise zeigt sich daran, dass auf beiden Seiten des Atlantiks Populisten die massive Unzufriedenheit ausnutzen können: Trump in den USA, die AfD in Deutschland. Die Wahlstrategen der AfD oder des französischen Front National von Marine Le Pen werden Donald Trumps Erfolgsrezept sehr genau analysieren und nachzuahmen versuchen. Dabei werden sie durch das rechtskonservative Medium *Breitbart News* tatkräftig unterstützt, dessen Geschäftsführer Stephen Bannon Trumps Wahlkampfattacken orchestrierte und dem als künftigen Chefstrategen im Weißen Haus das Ohr des Präsidenten gehören wird. Nach Aussagen von Alexander Marlow, der das mitunter auch rechtsextreme Positionen verbreitende Medium redaktionell leitet, sollen bald Redaktionen in Berlin und Paris eröffnet werden. Ziel soll es sein, rechtspopulistische Politiker zu unterstützen.

Auch in anderer Hinsicht werden wir in Europa von den Entwicklungen in den USA betroffen sein: Während der Amtszeit Donald Trumps sollten wir uns darauf einstellen, dass die gesellschaftlichen Gräben in den USA noch tiefer werden und sich die politischen Fronten verhärten. Die soziale Spaltung und politische Radikalisierung wird die Demokratie der westlichen Führungsmacht weiter unter Druck setzen und auch Europa und die Welt beeinträchtigen. Je mehr die USA mit sich selbst beschäftigt sind, desto weniger können sie ihre globale Ordnungsfunktion wahrnehmen. Überdies besteht die Gefahr, dass innerer Unfrieden auch Aggression nach außen bewirkt. Im schlimmsten Fall könnte Oberbefehlshaber Trump sogar versuchen, von inneren Problemen mit einer offensiveren Außenpolitik abzulenken. Kann eine friedlich-liberale Weltordnung bestehen, wenn der Hegemon, der Hüter, der sie erhalten soll, nicht mehr liberal ist?

Sollte Trump sein isolationistisches Credo »America First« wahrmachen und, wie im Wahlkampf angedroht, rücksichtslos amerikanische Interessen durchboxen, Sicherheitsallianzen wie die NATO ignorieren und Handelskriege vom Zaun brechen, würde er im gleichen Zug die von den USA seit dem Zweiten Weltkrieg gehegte westlich orientierte Weltordnung zerstören. Während die neue US-Regierung den Rückzug ins nationalistische Schneckenhaus als goldenen Weg sehen könnte, scheut China mit seiner umfassenden Seidenstraßeninitiative (»One Belt, One Road«) keine diplomatischen Initiativen und wirtschaftlichen Investitionen, um den Welthandel in seinem Sinne neu zu ordnen. In Europa werden wir uns auf mehrere Szenarien einstellen und uns eigene Gedanken darüber machen müssen, wie wir uns in dieser sich rapide verändernden geopolitischen Machtkonstellation ausrichten wollen. Wir müssen herausfinden, wie sich die möglichen Turbulenzen zwischen den sich verändernden gesellschaftlichen, wirtschaftlichen und politischen Systemen der USA und der von ihr mitgeprägten Weltordnung auswirken können. Schließlich brauchen wir alle eine Welt, die uns eine mehr oder weniger gute Existenz verspricht.

Berlin, im November 2016

Warum es Ordnung bedarf, um frei zu sein

Um frei sein zu können, bedarf es eines gewissen Rahmens, einer Ordnung der Freiheit. Wenn die Welt zusehends aus den Fugen gerät und für immer mehr Menschen haltlos wird, ist es höchste Zeit, sie wieder gedanklich zu ordnen. Das »Denken in Ordnungen«[8] ist grundlegend für unsere soziale Marktwirtschaft, die es zu verteidigen gilt. Denn in einer Welt ohne vertraute soziale Strukturen suchen Menschen andere Zufluchtsräume, die nicht im Sinne einer freiheitlichen Ordnung sind.[9] Eine Welt ohne Halt und Regeln lädt selbst ernannte Ordnungshüter und Sinnstifter geradezu ein, für »Recht und Ordnung« zu sorgen – auf Kosten der Freiheit.

Um die Gefahr zu verdeutlichen, muss man nicht gleich wieder die Schreckgespenster der jüngeren deutschen Geschichte bemühen. Es genügt, sich Demagogen wie Donald Trump in den USA oder Marine Le Pen, die Vorsitzende des französischen Front National, zu vergegenwärtigen, die heute demokratische Ordnungen der westlichen Welt gefährden. »Starke Männer« wie Russlands Wladimir Putin treiben ihr Unwesen in Mitteleuropas östlicher Nachbarschaft und gefährden die europäische Sicherheitsarchitektur. Baschar al-Assad in Syrien oder Abdel Fattah al-Sisi in Ägypten rechtfertigen ihre Tyrannenherrschaften nicht zuletzt damit, dass sie auch uns Sicherheit und Stabilität versprechen. Doch solche Ordnungen sind auf Sand gebaut, weil sie das Freiheitsstreben und die kreativen Potenziale ihrer Bürger nicht nutzen und auch nicht auf Dauer unterdrücken können.

Nur in einem demokratischen Regierungssystem können menschliche Grundbedürfnisse nach Freiheit, materieller Sicherheit und Schutz vor willkürlicher Gewalt auf Dauer befriedigt werden. Die Freiheit Einzelner, Wettbewerbswirtschaft und gewaltenteilende Demokratie sind aufeinander angewiesen. Gesellschaftliche, wirtschaftliche und politische Ordnungen beeinflussen sich gegenseitig und sind voneinander abhängig.

Wer die »Interdependenz der Ordnungen« begreift, der erkennt, dass auch Demokratien nicht davor gefeit sind, Freiheit preiszugeben: Wirtschaftliche Macht ist darauf zurückzuführen, dass der Staat es versäumt hat, den Wettbewerb durch einen Rechtsrahmen und Regulierungen zu schützen. Umgekehrt können mächtige Unternehmen und die von ihnen organisierten Interessengruppen die Politik, ja die Spielregeln der politischen Auseinandersetzung in ihrem Sinne beeinflussen, um zu deregulieren und ihre Privilegien zu erhalten. So gibt es in den USA bereits eine besorgniserregende Konzentration wirtschaftlicher und politischer Macht vor allem in den Bereichen der Medien, Informationstechnologie, Finanzdienstleistungen, Rüstungs- und Ölindustrie.[10] Sie beeinflussen die Politik, um durch Aufweichen rechtlicher Vorschriften, Steuererleichterungen und Subventionen noch mehr vom gesamtwirtschaftlichen Vermögen zu erhalten. Damit der Staat nicht zum Spielball von Einzelinteressen wird, sind Kontrolle und damit Begrenzung von wirtschaftlicher und politischer Macht unerlässlich.

Neben rechtsstaatlichen Garantien und politischer Gewaltenteilung (im Sinne liberaler Vordenker wie John Locke und Montesquieu) leistet ein staatlich konstituierter und regulierter Wettbewerb diese Kontrolle. Wenn Märkte offen gehalten werden, Privateigentum gesichert und Vertragsfreiheit gewährleistet sind und das Haftungsprinzip gilt, dann ist wirtschaftliche Macht instabil und gering. Eine sogenannte freie, sich selbst überlassene Marktwirtschaft, in der das Prinzip des Laisser-faire regiert, führt hingegen unweigerlich zur Konzentration von wirtschaftlicher und politischer Macht – zur »vermachteten Marktwirtschaft«, in der Interessengruppen die Politik lenken.

Deshalb ist nicht ein Nachtwächterstaat gefordert, der im Sinne von Adam Smith die »unsichtbare Hand« des Marktes gewähren lässt, sondern ein unabhängiger Staat, der mit Argusaugen darauf achtet, dass möglichst viel Wettbewerb herrscht, bei dem niemand über genügend Macht verfügt, um andere zu dominieren. Staatstätigkeit ist demnach eine Frage des Wie, nicht des Wieviel: »Ob wenig oder mehr Staatstätigkeit – diese Frage geht am Wesentlichen vorbei. Es handelt sich nicht um ein quantitatives, sondern um ein qualitatives Problem. Der Staat soll weder den Wirtschaftsprozess zu steuern versuchen noch die Wirtschaft sich selbst überlassen: staatliche Planung der Formen – ja; staatliche Planung und Lenkung des Wirtschaftsprozesses – nein. Den Unterschied von Form und Prozess erkennen und danach handeln, das ist wesentlich.«[11] Wer diese Regeln beachtet, kann beides, Markt- und Staatsversagen, verhindern.[12] Doch die Deregulierung der Finanzmärkte, die Aufhebung des Ordnungsrahmens, beförderte beides, Markt- und Staatsversagen.[13] Das ist besonders problematisch, denn der Staat sollte als Hüter einer freien Wirtschaftsordnung die persönlichen Freiheiten und kreativen Potenziale Einzelner schützen und damit auch Entwicklung und Anpassungsfähigkeit der wirtschaftlichen und politischen Ordnungen an externe Veränderungen und Herausforderungen gewährleisten.

Im globalen Wettbewerb der Systeme scheinen zwar heute einige Autokratien und ihre gelenkten Volkswirtschaften erfolgreicher als westliche Demokratien und soziale Marktwirtschaften zu sein. Doch auf längere Sicht wird ihre grundlegende Qualität, das sich frei entfaltende kreative Potenzial ihrer Bürger und Unternehmen, es demokratisch verfassten Gesellschaften besser ermöglichen, sich an Veränderungen anzupassen, den neuen globalen Herausforderungen zu begegnen und die internationale, westlich geprägte Ordnung aufrechtzuerhalten.

Wenn die westliche Führungsmacht USA jedoch im Inneren Liberalität preisgibt, können auch ihre Außenpolitik und die von ihr getragene Weltordnung nicht mehr liberal sein. Amerika sieht seine »vitalen Interessen« bedroht, aber es ist in seiner Handlungsfähigkeit enorm eingeschränkt. Die massiven sozialen, wirtschaftlichen und politischen Probleme im Innern wirken sich auf das Selbstverständnis im außenpolitischen Handeln und auf den Aktionsradius der Weltmacht aus. Weltweite Demokratieförderung, sogenanntes Nation Building, war ein Ideal von gestern; heute muss der US-Präsident die eigene Nation wieder auf Vordermann bringen. Das heißt jedoch nicht, dass sich die USA, wie von Trump im Wahlkampf propagiert wurde, aus der Welt zurückziehen werden. Washington wird vielmehr weiterhin geostrategisch wichtige Regionen wie den Mittleren Osten und Asien sowie weltweit wichtige Handels- und Informationswege wieder stärker durch Realpolitik und neue Technologien zu sichern versuchen.

Die Weltbilder der liberalen Internationalisten[14], die vorübergehend den Ton in der US-Außenpolitik angegeben haben, und der Realisten, die nach dem Debakel der Kriege im Irak und Afghanistan wieder dominanter geworden sind, könnten nicht unterschiedlicher sein. Liberale Internationalisten[15] haben ein optimistisches Menschenbild und wollen eine friedlichere Weltordnung demokratischer Staaten schaffen und Freihandel fördern; sie sind auch bereit, aus humanitären Gründen einzugreifen. Realisten hingegen sehen die menschliche Natur skeptischer und hegen keine Entwicklungsperspektive. Sie haben ein rein machtpolitisch garantiertes zwischenstaatliches Arrangement im Sinn und fordern internationales Engagement mit Augenmaß – nur bei Bedrohung des »vitalen« Sicherheitsinteresses oder wenn äußere Gefahr in Verzug ist. Denn, so die Warnung der Realisten, es besteht auch immer die innere Gefahr der Überdehnung eigener (politischer) Ressourcen.

Der aktuelle innenpolitische Widerstand gegen internationales Engagement, der sich an beiden Rändern des politischen

Spektrums in den USA formiert hat, bedeutet Wasser auf die Mühlen der Realisten: Libertäre Republikaner wie gewerkschaftsnahe Demokraten argumentieren – aus unterschiedlichen Gründen – gegen das internationale Engagement. Die einen, die libertär gesinnten Republikaner, sind besorgt um die »innere kapitalistische Ordnung« und das wachsende Haushaltsdefizit und stellen sich gegen kostspieliges militärisches Engagement und zunehmend auch gegen Freihandel. Die anderen, die traditionellen, den Gewerkschaften nahen Demokraten (Old Liberals), verteidigen die »sozialen Interessen Amerikas« und positionieren sich gegen Freihandel und kostspielige Interventionen. Sie befürchten insbesondere, dass Mittel für internationale bzw. militärische Zwecke verbraucht werden und somit für innere soziale Belange fehlen.

Diese Wortführer versuchen, ihre Vorstellungen im politischen Diskurs durchzusetzen, sprich die Worthülse »nationales Interesse« mit ihren spezifischen Inhalten zu füllen, um ihre partikularen Interessen zu wahren. Im pluralistischen politischen System der USA gibt es seit jeher heftige Auseinandersetzungen zwischen Individuen, Organisationen und Institutionen, die je nach Politikfeld in unterschiedlichen Machtkonstellationen ausgefochten und entschieden werden.

Grundlegend für die Analyse der Außenpolitik der USA wird ihre »Innenseite« sein,[16] insbesondere die Frage, ob an der außenpolitischen Willensbildung und Entscheidungsfindung möglichst viele Menschen und Gruppen beteiligt werden. Wenn diejenigen partizipieren, die die Lasten und Kosten hauptsächlich zu tragen haben, kann man gemäß der Theorie des »Demokratischen Friedens« erwarten, dass friedfertigere Entscheidungen getroffen werden. Diese Grundidee der (neuen) liberalen Theorie der internationalen Beziehungen geht zurück auf den Königsberger Philosophen Immanuel Kant. In seiner Schrift *Zum ewigen Frieden* formulierte er es 1795 im Kern so: »Wenn [...] die Beistimmung der Staatsbürger dazu erfordert wird, um zu beschließen, ob Krieg sein sollte, oder nicht, so ist nichts natürlicher, als dass, da sie

alle Drangsale des Krieges über sich selbst beschließen müssten
[...], sie sich sehr bedenken werden, ein so schlimmes Spiel anzu-
fangen.«[17]

Problematisch wird es jedoch, wenn Interessengruppen den
politischen Prozess dominieren, die etwa vom Krieg oder anderen gewalttätigen außenpolitischen Zielen profitieren, die Kosten
nicht selbst tragen und diese auf andere abwälzen können. Dann
neigen auch (weniger liberale) Demokratien zu Angriffskriegen
und Gewaltausübung.

Kosten, die auf Ausländer oder andere Nationen abgewälzt
werden, können den politischen Diskurs in den USA nicht wesentlich beeinflussen. Solange Gefahr in Verzug ist oder eine solche
unmittelbare Gefahr angenommen wird, sind die amerikanische
Bevölkerung und ihre Regierungsvertreter offenkundig bereit, persönliche Freiheitsrechte (vor allem die von Nicht-Amerikanern)
auf dem Altar der Sicherheit zu opfern. Im Falle weiterer Terroranschläge und im Zuge des fortdauernden globalen Krieges gegen
den Terror besteht bis auf Weiteres die Gefahr, dass sich illiberale
Tendenzen in der amerikanischen Demokratie verstärken.

Es sind demnach internationale Normen und Institutionen
erforderlich, die diese externen Kosten in das Kalkül nationalen
Regierungshandelns einbringen. Sie sind ein erforderliches Regu-
lativ – selbst für die Vorbilddemokratie Amerika. Denn politisches
Handeln und juristische Interpretationen von Verfassungsprinzi-
pien in den USA sind vorwiegend an das nationale öffentliche Bewusstsein und gesellschaftliche Wertepräferenzen gebunden, die
sich überwiegend auf die Freiheitsrechte amerikanischer Staatsbürger konzentrieren. Insofern gehen die »Kollateralschäden«
der vermeintlichen Sicherheitsvorkehrungen der USA (die Tö-
tung unzähliger Zivilisten oder die durch den völkerrechtswid-
rigen Angriffskrieg im Irak zerstörte Lebens- und Staatenwelt im
Mittleren Osten, die über Flüchtlingsströme mittlerweile auch
Europa beeinträchtigt) nicht in dem erforderlichen Maße in die
politische Kosten-Nutzen-Rechnung der USA ein. Demnach wäre

es notwendig, dass die nationale Gerichtsbarkeit in den USA internationalem Recht zu mehr Verbindlichkeit verhilft.[18] Wirksame internationale Normen (zum Beispiel das Folterverbot) und Institutionen wie die Vereinten Nationen sind nötig, um das gesamtgesellschaftliche und politische Gleichgewicht der USA wiederzufinden, das für die innere Ordnung Amerikas – aber auch für die Wiederherstellung einer liberalen Weltordnung – unverzichtbar bleibt.

Es ist erwiesen, dass liberale, sprich demokratische und sozial gerechte Herrschaftssysteme weniger aggressiv nach innen und außen sind. »Ein Herrschaftssystem, das auf hohem Konsens beruht und deswegen kein Gewaltinstrument braucht, wird auch in den Beziehungen zur internationalen Umwelt die Gewalt vermeiden«, lautet die grundlegende Erkenntnis deutscher Friedensforscher, die in Anlehnung an Immanuel Kants »Republikanischen Frieden« die liberale Friedenstheorie neu begründeten.[19]

Die Autoren des amerikanischen Liberalismus können auch auf eine eigene Tradition verweisen. Der amerikanische Politikprofessor und spätere US-Präsident Woodrow Wilson wurde für seine Verdienste um die Völkerverständigung 1919 mit dem Friedensnobelpreis ausgezeichnet. Wilson scheiterte aber am Kongress, die Idee des Völkerbundes in seinem Land durchzusetzen. Er konnte sich schließlich nicht behaupten gegen den Meinungsführer im Senat, Henry Lodge, der nicht internationalistische Ideale, sondern imperialistische Machtkalküle im Sinn hatte. Woodrow Wilson war gegen diese interventionistische Politik der USA, weil seiner Meinung nach eine damit einhergehende Aufrüstung eine Militärklasse etablieren würde, die, ähnlich wie der europäische Adel, die Demokratie gefährden könnte. Die Geschichte sollte Wilson Recht geben. In seiner Abschiedsrede warnte der spätere US-Präsident Dwight D. Eisenhower, der einst selbst Generalstabschef der Armee war, im Januar 1961 etwa vor dem »militärisch-industriellen Komplex« in den USA.[20]

Ein Verlust demokratischer Qualität im Inneren kann wiederum zu aggressivem Verhalten nach außen führen: Ein äußerer Feind hat im Laufe der amerikanischen Geschichte immer wieder dazu gedient, Geld für Rüstung zu mobilisieren, die Heimatfront zu festigen, im Namen der nationalen Sicherheit die persönlichen Freiheitsrechte einzuschränken sowie von Konflikten abzulenken, die sich an sozioökonomischer Ungleichheit entzündeten.

Das heißt indes nicht, dass im Sinne der marxistischen Lehrmeinung ein kapitalistisches System unweigerlich zu kriegerischem und imperialistischem Handeln führt. Doch wenn der Kapitalismus ungezügelt bleibt, wenn im Inneren Gewaltenkontrolle versagt, dann sind auch eine allzu freie Wirtschaft und (illiberale) Demokratie nicht davor gefeit, Gewalt nach außen anzuwenden. Insbesondere dann, wenn Gewalt privatisiert und von privaten Unternehmen wie Raytheon oder Northrop Grumman ausgeführt wird und neue Technologien die Kriegsführung revolutionieren, ja den Krieg weiter entmenschlichen. Wenngleich nach den hohen menschlichen und finanziellen Kosten der Kriege in Afghanistan und im Irak die US-Bevölkerung kriegsmüde geworden ist, haben die USA unter Präsident Obamas Führung den globalen Krieg gegen den Terror mithilfe neuer Technologien ausgeweitet: Ferngesteuerte (unbemannte) Flugsysteme können zur Aufklärung und Überwachung eingesetzt werden. Mit Raketen bestückt können diese Drohnen bei Bedarf auch in Kampfeinsätzen verwendet werden. Die Vorzüge von Drohnen sind enorm: weniger Kosten (auch politische), weniger Transparenz und weniger Gefahr für die eigenen »Soldaten«. Das amerikanische Verteidigungssystem will bis 2038 sogar »vollautomatisierte« oder »autonome« Waffensysteme entwickeln.[21] Am Ende wird diesen Waffen und Kampfrobotern wohl auch die Hoffnung zum Opfer fallen, dass Demokratien für Kriege nur schwer zu gewinnen sind, da der Blutzoll der eigenen Soldaten und die finanziellen Belastungen sowie eine kritische öffentliche und veröffentlichte Meinung sie davor zurückschrecken lassen – so auch die eindringliche Warnung namhafter Wissenschaftler.[22]

Ohnehin sind die meisten Amerikaner auf Experten und die Medien angewiesen, um sich ein Bild von dem machen zu können, was in der Welt geschieht. Außenpolitik liegt jenseits des Erfahrungshorizonts der meisten Menschen, sodass sie von anderen erforscht und berichtet werden muss. Das bietet engagierten Intellektuellen, die in Thinktanks (das sind politikorientierte Forschungsinstitute) arbeiten, die Möglichkeit, den politischen Diskurs über ihre veröffentlichten Meinungen und Expertisen zu beeinflussen. Indem sie – unter anderem auch im Zusammenspiel mit den Medien – die Agenda setzen, Bedrohungen thematisieren und nicht selten auch das »Wesen« dieser Bedrohungen »analysieren«, können sie die Wahrnehmungen und Weltbilder der Bevölkerung verändern. Das menschliche Bedürfnis, tatsächliche oder eingebildete Gefahren zu verringern, bringt jene Experten in eine machtvolle Position, die mit hoher Glaubwürdigkeit scheinbar verlässliche Antworten geben: »Antworten, die sich je nach Präsentation der Daten oder normativen Vorannahmen der Experten unterscheiden und die ihrerseits wiederum die Einstellungen zu den wahrgenommenen Risiken und Gefahren beeinflussen«[23]. Die Macht dieser Gefahrendeuter und Wissensproduzenten sollte durch ein vielfältiges und konkurrierendes Angebot an Interpretationswissen begrenzt werden. Wettbewerb und somit Pluralismus auf dem »Marktplatz der Ideen« ist eine weitere wichtige Grundvoraussetzung liberaler Demokratien.[24] Dieser Markt der Wissensproduzenten verdient besondere Aufmerksamkeit, denn gesellschaftliche Präferenzen und sogenannte nationale Interessen können durch zivilgesellschaftliche Multiplikatoren beeinflusst oder im schlimmsten Fall manipuliert werden.[25]

Ihrer kritischen Rolle als »Wachhunde der Demokratie« werden die Medien, so scheint es, schon jetzt nicht mehr gerecht. Im Vorfeld des Irakkrieges wurde die öffentliche Meinung über die mit wenigen Ausnahmen willfährigen Medien gezielt von der US-Regierung beeinflusst. Berichte über angebliche Massenvernichtungswaffen in den Händen des unberechenbaren Herrschers

Saddam Hussein waren auch Teil einer internationalen PR-Kampagne, den Krieg vorzubereiten.[26] Auch unter Bushs Nachfolger Obama spielte Public Diplomacy – eine Mischung aus Auslandspropaganda, politischem Marketing und Kulturdiplomatie[27] – eine wichtige Rolle für die amerikanische Außenpolitik und den globalen Krieg gegen den Terror.

Erst die Veröffentlichungen von WikiLeaks brachten – dann auch über die amerikanischen Medien[28] – die im Krieg gegen den Terror bislang verdeckten Tätigkeiten der Weltmacht ans Licht. Die USA haben unter anderem auf der Arabischen Halbinsel, in Äthiopien, in der ostafrikanischen Republik Dschibuti (die an der Meerenge Bab el Mandeb zwischen dem Roten Meer und dem Golf von Aden liegt) und auf den Seychellen, dem Inselstaat im Indischen Ozean, Stützpunkte mit Landebahnen errichtet, um im Kampf gegen Terroristen und Piraten das Horn von Afrika und den Nahen und Mittleren Osten mit einem möglichst »leichten Fußabdruck« zu sichern.

Um die innenpolitischen und finanziellen Kosten von Auslandseinsätzen zu verringern, werden die USA den »militärischen Fußabdruck« verkleinern und geostrategisch wichtige Gebiete etwa durch eine Drohnenflotte mitsamt den dafür weltweit nötigen Basen kontrollieren. Die ursprünglich als Vorhut im weltweiten Kampf gegen den Terror eingesetzten unbemannten Aufklärungs- und Kampfflugzeuge können selbstredend auch gegen eine andere am Horizont aufziehende Gefahr in Stellung gebracht werden: gegen China, die aufstrebende Wirtschaftsmacht in Asien, die für ihr weiteres Wachstum immense Energieressourcen benötigen wird. Indem sie diese zunehmend mit ihrem Militär sichert, gerät sie in Konflikt mit den »vitalen Interessen« der USA.

Zwar sind die USA und China wirtschafts- und handelspolitisch voneinander abhängig. Eine Schwächung des einen würde unweigerlich auch gravierende Probleme für den anderen bewirken. Dieses »ökonomische Gleichgewicht des Schreckens« lässt Optimisten hoffen, dass die USA und China Konfrontationen vermeiden und gemeinsam eine friedliche Weltordnung aufrechterhalten. Doch wer sich nur die kontinuierlich und deutlich steigenden Militärausgaben und das martialische Auftreten Chinas im pazifischen Raum ansieht, muss befürchten, dass es auch im Reich der Mitte Hardliner gibt, die künftig noch stärker den Ton angeben werden. Denn auch in Washington können die anstehenden Haushaltskürzungen im militärischen Bereich wohl nur noch abgemildert werden, wenn man vonseiten der Rüstungsindustrie und der von ihr finanziell motivierten Politiker und Experten die »gelbe Gefahr« überzeichnet. So lieferte der Berater Aaron Friedberg der Politik bereits Argumentationshilfen. »Um die notwendigen Ausgaben in Zeiten knapper Haushalte zu rechtfertigen«, so der Princeton-Professor, »müssen unsere Führer deutlicher die Interessen der Nation sowie die Verpflichtungen in Asien erklären und ungeschminkter die Herausforderungen beschreiben, die Chinas unbarmherzige militärische Rüstung darstellt.«[29]

Es besteht tatsächlich die Gefahr, dass auf beiden Seiten jeweils von Partikularinteressen motivierte Bedrohungswahrnehmungen sich in selbsterfüllende Prophezeiungen verwandeln.

Amerika –
das Land der Freien?

In der Selbst- und Fremdwahrnehmung Amerikas steht ein Begriff ganz oben: Freiheit. Gleichwohl wirft auch das Land der Freien seine Ideale hin und wieder über Bord, wenn es opportun erscheint oder vermeintliche Gefahren, innere und äußere Feinde, drohen. Um die heutige Realität, die Entwicklung der amerikanischen Gesellschaft, bewerten zu können, ist ein Vergleichsmaßstab hilfreich und angemessen – eine idealtypische Vorstellung, nach der Amerikaner selbst streben, eine Messlatte, nach der sie auch andere Länder beurteilen: die vom Freiheitsphilosophen Karl Popper 1945 propagierte »offene Gesellschaft«[30].

Um die »kritischen Fähigkeiten des Menschen« freizusetzen, Machtmissbrauch zu verhindern und vorzubeugen, dass schlechte oder inkompetente Herrscher allzu großen Schaden anrichten, ist es nötig, Regierungen ohne Blutvergießen austauschen, sprich abwählen zu können und die Staatsgewalten zu teilen. Die Demokratie ist dafür die beste Staatsform. Sie sollte aber nicht als Mehrheitsregierung missverstanden werden. Denn in einer liberalen Demokratie stößt der Mehrheitswille des Volkes dort an Grenzen, wo er die Rechte von Minderheiten beschneidet. Die Verfassungsväter der USA wollten demnach auch eine »Tyrannei der Mehrheit« verhindern.

Das Misstrauen gegenüber der breiten Masse wird in einem weiteren Konstruktionselement der amerikanischen Verfassung deutlich, der repräsentativen Demokratie: Insbesondere auf der

Ebene des Bundesstaates sollte nicht das Volk selbst im Sinne einer direkten Demokratie entscheiden, sondern seine Repräsentanten. Dahinter steht die Erwartung, dass vom Volk gewählte Vertreter in ihrem Handeln weniger durch Leidenschaften und Affekte geleitet sind, sondern eher rationale und weitsichtige Entscheidungen treffen als eine direkte Volksregierung.

Freilich sind auch die Volksvertreter nicht im Besitz einer höheren Rationalität oder Wahrheit. Anders als in ideologisch festgelegten, geschlossenen Gesellschaften, in denen Werte und Ideale von oben vorgegeben werden, wird das Gemeinwohl in pluralistisch verfassten Gemeinwesen immer wieder aufs Neue erstritten, in einem geregelten und fairen politischen Wettstreit ermittelt. Demnach liegt es auch in der Verantwortung jedes Einzelnen, sich in die Gesellschaft und Politik einzubringen, zum Schöpfer seines Geschicks zu werden.

Denn Geschichte wird nicht von irgendeinem Weltgeist oder Gott bestimmt. Sie ist ein offener Prozess, ohne vorherbestimmten Ausgang. Deshalb sollte es auch in der Wissenschaft keine festen Glaubenssätze geben. Wissen ist nicht ewig gültig. Thesen, die empirisch überprüfbar sein sollten, gelten nur so lange, bis sie widerlegt werden.[31] Das ermöglicht Fortschritt. Der freie Meinungs- und Wissensaustausch, an dem möglichst viele teilnehmen können sollten, ist grundlegend für offene Gesellschaften. Nur so sind Veränderungen und Entwicklungen möglich. So viel zur Theorie. Die heutige Praxis in den USA sieht etwas anders aus.

Bei genauerem Hinsehen erweist sich die Gesellschaft der USA als weniger frei und offen, als oft behauptet wird. Es ist kein Zufall, dass mit Hillary Clinton und Donald Trump letztlich zwei Mitglieder der Finanzelite das Rennen um das höchste Amt im Staat unter sich ausmachten. Dank seines persönlichen Reichtums und seiner Firmennetzwerke benötigte der Sieger Trump mit etwas mehr als 300 Millionen Dollar weniger als halb so viel Spendengeld wie seine Rivalin Hillary Clinton, die knapp 700 Millionen Dollar einwerben konnte.[32] Demgegenüber fiel das Wählermandat des Siegers wieder bescheiden aus: Bedenkt man, dass der Gewählte weniger als die Hälfte der abgegebenen Wählerstimmen für sich gewann und nur etwas mehr als die Hälfte (58 Prozent) der 231,6 Millionen Wahlberechtigten überhaupt wählen ging, dann kann sich der künftige Präsident Trump lediglich auf ein kleines Mandat von einem Viertel der Wahlbevölkerung berufen.[33]

Bei den Kongresswahlen ist die Wahlbeteiligung noch niedriger, insbesondere dann, wenn (in Zwischenwahlen) nicht zeitgleich Präsidentschaftswahlen stattfinden. Die genauso wichtigen Wahlen der Senatoren und Abgeordneten sind – auch in der Medienberichterstattung hierzulande – mangels Wettbewerb und Spektakel weniger interessant. Denn oft sind nur die aus Altersgründen frei werdenden Sitze wirklich umstritten. In der Regel werden die Amtsinhaber, die sozusagen als Amtsbonus die meisten Wahlkampfspenden erhalten, wiedergewählt. Aufgrund des politisch motivierten Zuschneidens der Wahlkreise für die Wahlen zum Abgeordnetenhaus und der sozialen Abgrenzung der Lebensräume gibt es mittlerweile weniger Wettbewerb zwischen den Parteien, umso mehr jedoch im eigenen Lager. Wegen der homogenen Wählerschaft setzen sich auf beiden Seiten immer ideologischere Kandidaten durch. Gemäßigte, an politischen Kompromissen Interessierte bleiben in den Vorwahlen auf der Strecke. Das fördert die Polarisierung, das Auseinanderdriften der beiden Lager, welches das politische System lähmt.

Insbesondere auf der Seite der Republikaner wird diese Entwicklung durch Geldgeber beschleunigt, die nicht wollen, dass die Regierung ihre Geschäfte besteuert oder reguliert. Wenn der Staat nicht abgeschafft werden kann, dann soll er zumindest blockiert werden. Abgeordnete, die der Tea-Party-Bewegung nahestehen, betreiben denn auch Fundamentalopposition. Der Umstand, dass die Regierung seit den Zwischenwahlen 2010 blockiert ist und die drängenden sozialen und wirtschaftlichen Probleme nicht mehr lösen kann, hat das ohnehin schwach ausgeprägte Grundvertrauen der amerikanischen Bevölkerung in den Staat erodiert. Mit seinem polarisierenden Wahlkampf konnte Donald Trump die Wut auf die etablierten Politiker, auf das sogenannte Establishment, weiter anheizen und vielen Nichtwählern, die sich von beiden Parteien im Stich gelassen fühlten, wieder eine Machtperspektive geben. Damit haben Parteien, die in den USA ohnehin nur Wahlvereine sind, auch noch diese Minimalfunktion an vermögende Einzelpersonen wie den Demagogen Trump und Interessengruppen verloren. Dank der Verfassungsinterpretation des Obersten Gerichts können diese ihrer Stimme noch mehr Gehör verschaffen, indem sie ihr Recht auf freie Meinungsäußerung durch unbegrenzte Wahlkampfspenden vor allem bei Präsidentschafts- und Kongresswahlen ausüben.

Im Regierungsgeschäft sind die Volksvertreter denn auch keiner Parteidisziplin unterworfen, sie repräsentieren als politische Einzelunternehmer in erster Linie die Interessen ihrer Wahlkampffinanciers. Es gibt im politischen System der USA also keine Parteien nach unserem Verständnis, die auch die Stimmen sozial Benachteiligter aktivieren, bündeln und in den politischen Prozess einspeisen könnten. Politik wird in den USA von Gleichgesinnten gemacht, deren themenspezifische Netzwerke Politiker, Lobbyisten, Medienvertreter und Experten umspannen. Ein Beispiel ist die Tea-Party-Bewegung, eine sogenannte Graswurzelbewegung. Wenngleich dieser politikromantische Begriff das Urwüchsige einer Basisdemokratie nahelegt, handelt es sich in Wirklichkeit um Kunstrasen – der unter anderem von den Ölmilliardären Charles und David Koch kultiviert wurde. Um die politischen Diskussionen und Entscheidungen in die gewünschte Richtung zu lenken, haben die Koch-Brüder zudem Thinktanks wie das libertäre Cato Institute gekauft.

Viele dieser im »Krieg der Ideen« politisch engagierten Forschungsinstitute versuchen schon gar nicht mehr, mit wissenschaftlich überprüfbaren Argumenten zu arbeiten, sondern verpacken ihre Ideen und Ideologien in Wertediskurse, teilweise auch rassistischer und religiöser Prägung. Dabei vertrauen sie auf die rationale Ignoranz eines Großteils der Bevölkerung – viele Amerikaner müssen zusehen, dass sie im Alltag über die Runden kommen, und handeln deshalb rational, indem sie keine kostbare Zeit für Politik verschwenden, die sie ohnehin nicht beeinflussen können.

Die Tatsache, dass es in den USA bis heute keine wirkmächtige politische Bewegung von sozial Benachteiligten gibt, wurde dem »amerikanischen Traum« zugeschrieben, den vermeintlich »unbegrenzten Möglichkeiten« für jeden Einzelnen, sein Los zu verbessern. Heute ist dieser Traum für viele zerplatzt. Aber auch ihr Scheitern bewerten die sozial benachteiligten Amerikaner nicht als kollektives Schicksal, sondern als persönliche Schuld. Man muss nicht so weit gehen wie der bis zu seinem Tod in den USA lehrende deutsche Historiker Fritz Stern, der die USA als »christlich verbrämte Plutokratie« bezeichnet hat.[34] Aber man sollte erkennen, dass der oft als »Zivilreligion« verharmloste Glaube in den USA zwei wichtige Funktionen hat: Zum einen glauben die Privilegierten, aber auch die Verlierer, dass wirtschaftlicher Wohlstand Ausdruck eines gottgefälligen Lebens ist. Zum anderen dient die Zivilreligion als Kitt, der die Nation zusammenhält – häufig auch gegen innere und äußere Feinde, die publizistisch als Inbegriff des Bösen an den Pranger gestellt werden. Wer den Gegner nicht nur als Widersacher sieht, sondern ihn als das Böse schlechthin begreift, kann auch seine rechtlichen und moralischen Standards preisgeben, um ihn zu bekämpfen. So unterstützten die Wähler der Christlichen Rechten mit einer überwältigenden Mehrheit Donald Trump, um Hillary Clinton, der »Inkarnation des Teufels«, zu begegnen.

Die sogenannte Zivilreligion der USA bleibt gefährlich, sie gefährdet die Freiheit der Amerikaner und insbesondere jene der »Anderen«. Denn mittlerweile sind die durch die Terroranschläge und die sozioökonomischen Probleme verunsicherten Amerikaner merklich weniger selbstsicher und definieren ihre nationale Identität wieder verstärkt durch Abgrenzung gegen äußere

Feinde – seien es Outlaws, das sind mutmaßliche Terroristen, die keine Rechte »verdienen«, die »Verbrecher und Vergewaltiger« aus Mexiko oder die »gelbe Gefahr«, die in Asien darauf lauert, die Schwäche der USA auszunutzen. Während die Fremdenfeindlichkeit gegenüber Einwanderern aus Lateinamerika, die bei älteren Wählern der Republikaner stark ausgeprägt ist, künftig überwunden werden könnte, weil die Latinos eine immer wichtiger werdende Wählergruppe bilden, dürfte die »gelbe Gefahr« in den Köpfen der Amerikaner immer präsenter werden. Denn die Wahrnehmung äußerer Bedrohung ermöglicht es zum einen, von den massiven inneren sozialen Problemen wie Rassismus, (Bildungs-)Armut, Kriminalität und Drogenkonsum abzulenken, die viele Amerikaner daran hindern, am sozialen, wirtschaftlichen und politischen Leben teilzuhaben und gegen die Ungerechtigkeit des Wirtschafts- und Regierungssystems aufzubegehren. Zum anderen rechtfertigt ein klares Feindbild, weniger Steuergelder für Sozialhilfe und mehr für den militärischen und geheimdienstlichen Sicherheitskomplex auszugeben. Wenn Gefahr in Verzug ist, kann auch der ansonsten in seiner Handlungsfreiheit massiv eingeschränkte Präsident seine Machtbefugnisse ausweiten und die Machtkontrolle durch den Kongress aushebeln, die eigentlich persönliche Freiheit sichern soll. Persönliche Freiheitsrechte von Ausländern, aber auch jene von Amerikanern, werden bis auf Weiteres der nationalen Sicherheit untergeordnet. Insofern geht im militärisch mächtigsten Land der Welt nicht alle Macht, sondern immer mehr Ohnmacht, vom Volke aus.

Vertreter des Volkes oder Diener von Einzelinteressen?

Repräsentanten sollten, dem Wortsinn entsprechend, den Willen des Volkes repräsentieren. Zwar ist es dafür nicht nötig, dass sie im statistischen Sinne repräsentativ sind. Es ist auch denkbar, dass die Volksvertreter über ihren eigenen sozialen Schatten springen und sich für das oft zitierte Gemeinwohl einsetzen können. Doch die Mehrzahl der heute in den USA tätigen Abgeordneten und Senatoren sind Millionäre, die für die Belange der Menschen, die sie vertreten, kein Verständnis mehr haben.[35] Dementsprechend werden sie auch von der Bevölkerung abgelehnt.[36] Selbst wenn sie noch Empathie für die sozialen Verhältnisse ihrer Wähler hätten, müssten sie zunächst die Bedürfnisse ihrer Geldgeber im Blick behalten, die ihre immer teureren Wahlkämpfe finanzieren.[37] Das ist nicht ohne Belang, denn in einer Demokratie soll alle Macht vom Volke ausgehen und nicht von denen, die ihr vom Obersten Gericht garantiertes Recht auf Meinungsäußerung in Form von Wahlkampfspenden am lautesten zur Geltung bringen können.

Indem Macht nur für eine bestimmte Zeit gewährt wird, soll sie vom Volkssouverän unmittelbar kontrolliert werden. So wird der US-Präsident für eine Amtszeit von vier Jahren gewählt; seit dem 22. Verfassungszusatz von 1951 ist die maximale Amtszeit auf zwei Perioden – also acht Jahre – begrenzt. Damit soll ein reibungsloser Austausch des politischen Personals gewährleistet werden.

Auch wenn bei Präsidentschaftswahlen in den USA hin und wieder Ungereimtheiten beim Wahlvorgang die Gemüter erhitzt haben, wurden zwar Tränen, aber kein Blut vergossen. Nach der Wahlniederlage gegen Donald Trump versammelten sich Hillary Clintons Anhänger auf den Straßen größerer Städte zu »cry-ins«, um ihre Frustration auszudrücken – was von politischen Gegnern wie dem ehemaligen New Yorker Bürgermeister Rudy Giuliani als »Treffen von Heulsusen« verspottet wurde. Trotz einiger Ausschreitungen und Zusammenstöße mit der Polizei blieben die Proteste (bislang) mehr oder weniger friedlich, auch dank der mäßigenden Worte Clintons und des noch amtierenden Präsidenten Obama. Wer weiß jedoch, was passiert wäre, hätte Donald Trump die Wahl verloren! Hatte er doch schon im Wahlkampf deutlich gemacht, dass er eine Wahlniederlage nicht anerkennen würde, und seinen Unterstützern für diesen Fall empfohlen, auf die Barrikaden zu gehen. Als der vor Trump letzte Republikaner ins Weiße Haus »gewählt« wurde, konnten die Richter des höchsten Gerichts, des Supreme Court, eine der größten Verfassungskrisen der jüngsten amerikanischen Geschichte entschärfen, indem sie im Fall Bush vs. Gore am 12. Dezember 2000 den Ausgang der heftig umstrittenen Präsidentschaftswahl zugunsten des Republikaners George W. Bush entschieden. Ein Urteilsspruch des Obersten Gerichts verschaffte also Präsident Bush die Legitimation, die ihm durch den Wahlakt verwehrt geblieben war. Selbst wenn im Laufe seiner Amtszeit einige Kritiker den vier Jahre später regulär wiedergewählten George W. Bush mit George III., dem Monarchen des Mutterlandes Großbritannien, verglichen und seine »imperiale Herrschaft« geißelten, war (den meisten Amerikanern) doch klar, dass er trotz seiner religiösen Rhetorik nicht von Gottes Gnaden regierte und wegen der verfassungsmäßigen Begrenzung seiner Amtszeit bald wieder abtreten würde. Mit dieser temporalen Gewaltenkontrolle wird Machtmissbrauch verhindert.

Sicher hat diese Kontrolle auch einen Preis. Effektives Regieren wird erschwert, oft unmöglich. Gegen Ende der zweiten Amtszeit gilt jeder Präsident als »lahme Ente«, weil er nicht mehr wiedergewählt werden kann. Deshalb verfügt er in der legislativen Auseinandersetzung über weniger politisches Kapital: Beim politischen Kuhhandel – im Englischen als Pferdehandel bezeichnet – sichert sich der Präsident – mangels Parteidisziplin – die Unterstützung des einen oder anderen Gesetzgebers, indem er im Gegenzug versichert, künftig die eine oder andere wählerwirksame finanzielle Unterstützung in den Wahlkreis bzw. Einzelstaat des umworbenen Abgeordneten oder Senators fließen zu lassen. Diese Versprechungen verlieren jedoch gegen Ende der Präsidentschaft an Zugkraft.

Was viele Beobachter, die nur alle vier Jahre das Kopf-an-Kopf-Rennen der beiden Präsidentschaftskandidaten verfolgen, nicht auf dem (Fernseh-)Schirm haben: Mindestens genauso wichtig wie der Wettkampf um das Weiße Haus sind die Kongresswahlen. 435 Sitze im Abgeordnetenhaus und ein Drittel des 100-köpfigen Senats stehen alle zwei Jahre zur Wiederwahl. Während die Nation bei Präsidentschaftswahlen mittlerweile in zwei etwa gleich große Lager, die Demokraten und die Republikaner, gespalten ist, herrscht bei den Kongresswahlen in den Wahlkreisen und Einzelstaaten wenig Wettbewerb zwischen den Parteien. Die Amtsinhaber haben hohe Wiederwahlchancen.

Kritische Beobachter fordern seit Längerem eine maximale Amtsdauer von Mitgliedern des Kongresses, um mehr Wettbewerb bei den Wahlen zu ermöglichen. Denn nur Sitze, die frei werden – wenn ein Abgeordneter oder Senator etwa aus Altersgründen nicht mehr zur Wiederwahl antritt –, sind wirklich umstritten. Die Amtsinhaber genießen einen Amtsbonus aufgrund ihres Bekanntheitsgrades, ihrer Erfahrung sowie ihrer Wohltaten in ihren Wahlkreisen bzw. Einzelstaaten während ihrer bisherigen Mandatstätigkeit. Zudem gehen die üppigen Wahlkampfzuwendungen von Interessengruppen ungeachtet der Parteizugehörigkeit fast ausschließlich an die Amtsinhaber; Herausforderer haben somit nur Außenseiterchancen. Die Wiederwahlquote von Amtsinhabern im Abgeordnetenhaus liegt seit vier Jahrzehnten über 90 Prozent (mit einer Ausnahme, 2010: 85 Prozent); sie lag in vielen Wahlzyklen sogar bei 98 Prozent. Auch im Senat ist seit Anfang der 1980er-Jahre die Tendenz steigend; 2014 konnten 82 Prozent der Amtsinhaber ihre Herausforderer abwehren.[38] Die bisherigen Endergebnisse und vorläufigen Statistiken der Wahlen vom 8. November 2016 deuten darauf hin, dass dieser Trend sich fortgesetzt hat.

Der Wettbewerb bei den Wahlen zum Abgeordnetenhaus wird zudem durch den Zuschnitt der Wahlkreise eingeschränkt. Nach jeder alle zehn Jahre stattfindenden Volkszählung sind die Parlamente und/oder Regierungen der Einzelstaaten angehalten, die Wahlkreisgrenzen für die Wahl ihrer Repräsentanten in Washington den demografischen Entwicklungen anzupassen. Dabei versuchen diese seit jeher, Vorteile für die eigene Partei herauszuschlagen. Seitdem der Gouverneur von Massachusetts, Elbridge Gerry, Anfang des 19. Jahrhunderts einen Wahlkreis derart zuschnitt, dass er – wie ein zeitgenössischer Zeitungskarikaturist ironisch bemerkte – wie ein Salamander aussah, wird diese Manipulation als »Gerrymandering« bezeichnet. Das ist eine Wortschöpfung, die den Namen des Gouverneurs »Gerry« mit dem Wortende von »Salamander« verbindet. Mittlerweile ist die Technik des Zuschneidens derart verfeinert worden, dass in vielen Wahlkreisen der eigentliche Wettbewerb nicht mehr zwischen den Parteien, sondern innerhalb des jeweiligen Lagers ausgetragen wird.

Zudem grenzen sich die Lebensräume der beiden politischen Lager immer stärker voneinander ab. Viele Amerikaner wählen ihren Wohnort nach sozialen, ethnischen, religiösen und politischen Kriterien; sie lassen sich dort nieder, wo sie Gleichgesinnte vermuten. Damit werden die Wahlkreise homogener. Die Bewohner von demokratischen oder republikanischen »Inseln« haben so noch weniger Möglichkeiten, sich im Alltag mit der Meinung Andersdenkender auseinanderzusetzen, zumal viele auch aufgrund ihrer Berufswahl und ihres Medienkonsums in verschiedenen Welten leben.

Diese beiden Entwicklungen, das politische Gerrymandering und die gesellschaftliche Abgrenzung, haben dazu beigetragen, dass sich in den Vorwahlen immer mehr Kandidaten mit extremen Positionen durchgesetzt haben, weil sie nunmehr alles daransetzen mussten, den harten Kern der homogeneren eigenen Wählerschaft – die sogenannte Basis – anzusprechen, und sich weniger um heterogenere und gemäßigtere Wählerschaften der Mitte bemühen müssen.

Die so gewählten Repräsentanten sind bei ihrer Tätigkeit im Parlament denn auch gut beraten, extreme Positionen zu vertreten. Sie haben keine Anreize, in der Gesetzgebung die nötigen Kompromisse mit dem anderen Lager einzugehen, weil sie damit

Gefahr laufen, bei der nächsten Vorwahl von einem parteiinternen Herausforderer angegriffen zu werden, der vorgibt, die Interessen des Wahlkreises kompromissloser zu vertreten. Die Polarisierung, das Auseinanderdriften der Positionen in der politischen Auseinandersetzung im Abgeordnetenhaus, die das politische System lähmt, hat demnach auch strukturelle, im Wahlsystem und in der Gesellschaft angelegte Gründe.[39]

Bürgergesellschaft mit wenig Staat

Die sogenannte Tea-Party-»Bewegung« hat von den strukturellen Veränderungen profitiert. Sie ist nicht im Sinne einer Graswurzelbewegung von der Basis her gewachsen, sondern wurde von Wirtschaftsinteressen finanziert, von Lobbyisten kultiviert und von politisierten Medien[40] mit dem nötigen Rampenlicht fürs Wachstum versorgt, um extreme Ziele durchzusetzen: Wenn es schon nicht auf Anhieb möglich ist, den Staat abzuschaffen, dann soll der politische Prozess zumindest blockiert werden. Demokraten und Republikaner konnten sich seit den Zwischenwahlen 2010, mit der zahlreiche Aktivisten nicht zuletzt dank des Zuschneidens der Wahlkreise ins Abgeordnetenhaus gewählt wurden, bei den wichtigen Fragen denn auch nicht mehr auf Kompromisse verständigen. Viele Republikaner stehen der Tea Party nahe und benötigen deren Unterstützung, um wiedergewählt zu werden. Die Anhänger der Tea Party betreiben Fundamentalopposition, sodass unter anderem auch bei der Anhebung der Schuldenobergrenze im Sommer 2011 der Kongress und das Weiße Haus, namentlich Verhandlungsführer John Boehner und Barack Obama, sich nicht auf einen Kompromiss einigen konnten. Die Unfähigkeit der Politik hat schließlich die amerikanischen Ratingagenturen genötigt, die Kreditwürdigkeit der USA herabzustufen.

Obschon Obamas Nachfolger, der »Republikaner« Trump, in beiden Kammern des Kongresses republikanische Mehrheiten vorfinden wird, wird er nicht »durchregieren« können, wie deutsche Medienvertreter die Wahlergebnisse aus Washington fehlinterpretierten. Es bleibt abzuwarten, ob die fiskalkonservativen »Parteifreunde« ihm wirklich eine Billion Dollar für sein staatliches Infrastrukturprogramm gewähren werden, das er seinen Wählern in seiner ersten Rede nach dem Wahlsieg in Aussicht stellte. Es wird umso schwieriger werden, als schon im Frühjahr 2017 die nächste Anhebung der aus dem Ruder laufenden Gesamtverschuldung der USA anstehen dürfte. Diese Auseinandersetzungen könnten die US-Bürger und die »Märkte« einmal mehr verunsichern.

Wie sehr das Grundvertrauen der amerikanischen Bevölkerung in ihre Regierung inzwischen erschüttert ist, offenbarte eine repräsentative Umfrage der *Washington Post*,[41] wonach acht von zehn Befragten unzufrieden sind mit der Art und Weise, wie das politische System (immer weniger) funktioniert. Sieben von zehn Amerikanern stimmen der Begründung der Ratingagentur Standard & Poor's zu, dass ihr Regierungssystem »weniger stabil, ineffektiver und weniger berechenbar« geworden sei. Genauso viele potenzielle Wähler haben wenig oder keine Hoffnung, dass die Regierung in Washington die wirtschaftlichen Probleme des Landes lösen kann. Mittlerweile ist das »Vertrauen« in die eigene Regierung auf ein Rekordtief gesunken. Die Regierung wird – ganz im Sinne libertärer Themennetzwerker und ihrer Financiers – nicht mehr als Teil der Problemlösung, sondern, einmal mehr in der amerikanischen Geschichte, als das Problem selbst angesehen: »Amerikaner nennen die Regierung als das Hauptproblem«, lautete die Überschrift einer Gallup-Umfrage vom März 2015.[42]

Das Vertrauen der Amerikaner in ihre Regierung schwankt – häufig von einem zum anderen Extrem. Galt in den 1960er-Jahren die Politik noch als Teil der Lösung, so wurde sie zehn Jahre später, allen voran von neokonservativen Intellektuellen, als das Kernproblem identifiziert. Die zu hoch gesteckten und alsbald enttäuschten Erwartungen der Wirtschafts- und Sozialpolitik jener Blütezeit des Staatsinterventionismus beflügelten wieder den religiös unterfütterten Glauben an die Selbstheilungskräfte der Märkte, ihre »unsichtbare Hand«. Politiker hatten sich nunmehr aus dem Marktgeschehen herauszuhalten. Frühere Eingriffe wurden wieder rückgängig gemacht; der gesetzliche Rahmen, der ein faires Spiel der Kräfte ermöglichen sollte, wurde dereguliert. Insbesondere in den 1980er-Jahren wollte der republikanische Präsident Ronald Reagan mit seinem Dezentralisierungsprogramm des »New Federalism« das »Big Government« in Washington verkleinern. In der prosperierenden Clinton-Ära herrschte dann allgemein die Auffassung, dass jeder, der arbeiten wolle, auch Arbeit finde. Angesichts dieser Verhältnisse verkündete der Präsident 1996, dass die mit dem »New Deal« der 1930er-Jahre begründete Epoche des Staatsinterventionismus endgültig vorbei sei: »The era of Big Government is over.«[43] Unter dem Slogan »Ending welfare as we know it« wurde unter Bill Clinton die staatliche Fürsorge beschnitten.[44]

Nach den zwei Amtsperioden seines republikanischen Nachfolgers George W. Bush sah sich Amerika jedoch wieder mit massiven sozioökonomischen Problemen konfrontiert. Im Zuge der größten Wirtschafts- und Finanzkrise seit den 1930er-Jahren, an der auch die Deregulierungen der Clinton-Regierung ihren Anteil hatten, nahm die traditionell niedrige Wertschätzung staatlicher Eingriffe durch Wirtschafts- und Finanzpolitik wieder etwas zu. Präsident Obama stand in der Pflicht seiner Wähler. Der Demokrat Obama wurde zwar auch üppig von der Wall Street finanziert, aber in erster Linie von den afroamerikanischen und hispanischen Minderheiten gewählt, in der Hoffnung, dass er ihre prekäre wirtschaftliche Situation verbessern werde.

Barack Obama, der nur in den ersten beiden Jahren seiner Präsidentschaft Handlungsspielraum besaß, weil mit den Kongresswahlen vom November 2010 die Mehrheit der Demokraten im Abgeordnetenhaus verloren ging, nutzte diesen, um 2010 die Gesundheitsreform, den Patient Protection and Affordable Care Act, durch den Kongress zu bringen. Mit Hilfe ehemaliger Deregulierer der Clinton-Ära regulierte er mit dem 2010 verabschiedeten Dodd-Frank Wall Street Reform and Consumer Protection Act behutsam die Finanzindustrie, deren ungezügeltes Handeln wesentlich zur Wirtschafts- und Finanzkrise beigetragen hatte. Zwar wurden unter anderem mit dem Financial Stability Oversight Council und dem Federal Insurance Office zwei Behörden geschaffen, um die Aktivitäten der Banken bzw. Versicherungen etwas besser als bisher zu beaufsichtigen. Doch bleiben die Milliardengeschäfte wenig regulierter Schattenbanken, etwa Vermögensverwalter und private Kreditfonds, in welche auch die Banken ihre riskanteren Aktivitäten wieder verstärkt auslagern, mehr oder weniger unbehelligt.

Präsident Obama scheute nicht nur mit dieser nachsichtigen Reform, sondern auch mit der Auswahl seines Regierungspersonals den offenen Konflikt mit der Wall Street. Er machte gar die Böcke zu Gärtnern: In wirtschaftlichen Fragen federführend war sein Direktor des Nationalen Wirtschaftsrats, Larry Summers, der in der Clinton-Regierung von 1995 bis 1999 stellvertretender Finanzminister unter Robert Rubin war und danach, von 1999 bis 2001, als Rubins Nachfolger das US-Finanzministerium leitete. Larry Summers war mitverantwortlich, als die nach dem Börsencrash der 1930er-Jahre mit Bedacht errichtete Brandschutzmauer zwischen Kredit- und Investmentbanking im Sinne der Banken und Finanzindustrie dereguliert, sprich eingerissen, wurde. Ein weiterer Finanz-Insider war Timothy Geithner, der seinerzeit in der Clinton-Regierung noch hinter Rubin und Summers die Aktenkoffer hertrug, aber dann später in der Obama-Regierung von 2009 bis 2013 das Amt des Finanzministers bekleidete.

Dass dann einer der beiden »Rubin-Buben«, Schützlinge des ehemaligen Goldman-Sachs-Bankers Robert Rubin, zum Anwalt der Arbeiterbewegung wurde, ließ aufhorchen. Larry Summers' Ratschläge an die Demokratin Hillary Clinton, deren Wahlkampf üppig von der Finanzindustrie gesponsert wurde, gingen weit über das Ziel hinaus, »Startchancengleichheit« durch Bildung herzustellen. Er wollte mit einem progressiven Steuersystem »umverteilen«, damit auch die »einfachen Amerikaner«, die von der Clinton-Kampagne sogenannten Everyday Americans, wieder am wirtschaftlichen und politischen Leben teilhaben können.[45] Damit versuchte der Wirtschaftsberater, sehr zur Verwunderung seiner den Gewerkschaften nahestehenden Kritiker, seinen ehedem neoliberalen Marktglauben an die neuen prekären sozialen und politischen Verhältnisse im Lande anzupassen. So konnte er mit seinen neuen Ratschlägen die Aspirantin für das Weiße Haus programmatisch vor Widersachern im eigenen Lager schützen, etwa vor dem selbsterklärten Sozialisten Bernie Sanders oder der sozialliberalen Senatorin Elizabeth Warren, die dieses Mal noch nicht ins Rennen um das Weiße Haus einstieg. Nachdem ihr Ehemann Bill Clinton in den 1990er-Jahren die Steuern auf Kapitalerträge gesenkt hatte, übernahm Hillary Clinton mit der Ankündigung, diese wieder zu erhöhen, eine weitere zentrale Forderung gewerkschaftsnaher Demokraten – die aber für die Republikaner ein rotes Tuch darstellt.[46]

Die Kandidaten der Republikaner waren sich ohnehin in dem Ziel einig, den Staat zu schrumpfen. Der Texaner Ted Cruz, Fahnenträger der Tea Party und letzter ernst zu nehmender Widersacher Trumps bei den Vorwahlen der Republikaner, wollte gleich mehrere Ministerien abschaffen, darunter das Außen- und das Bildungsministerium, vor allem aber plante er, den Internal Revenue Service zu verbieten, der die ungeliebten Steuern eintreibt.[47] Ebenso vertrat der eigentliche Parteifavorit, Jeb Bush, das Parteidogma. Obwohl Bushs Familie insgesamt zwölf Jahre im Weißen Haus regiert hat und seine Kandidatur finanziell vom Lobbyisten-Netzwerk des Bush-Clans getragen wurde, positionierte sich der jüngste Spross der Bushs als Außenseiter. Er präsentierte sich als Reformer, der die Regierungsgeschäfte des Einzelstaates Florida als Gouverneur auf Vordermann gebracht hat und sich nunmehr anschickt, den Lobbyisten in Washington das Handwerk zu legen, weil diese wie die Maden im Speck der aufgeblähten Regierung lebten. Unter dem Banner »Reform D. C.« wollte er der »verschwenderischen, arroganten und inkompetenten« Regierung in Washington, D. C., zu Leibe rücken. Er kündigte an, als Präsident einen sofortigen Einstellungsstopp zu verordnen, in der ersten Amtsperiode die Belegschaft des Staatsapparats um ein Zehntel zu verkleinern, das öffentliche Dienstrecht zu reformieren, sodass unfähige Staatsdiener bestraft und entlassen werden könnten, und zudem eine Verfassungsänderung anzustoßen, um weitere Haushaltsdefizite illegal zu machen.[48] Mit dieser Beschneidung staatlicher Finanzmittel wäre dem politischen Gegner, den Demokraten, die Möglichkeit genommen worden, über Sozialpolitik ihre Klientel zu bedienen.

Donald Trumps Aussagen zur Rolle des Staates waren hingegen widersprüchlich. Im Wahlkampf pries er seine Unberechenbarkeit sogar als Stärke – offensichtlich mit Erfolg. Als Präsident wird er seinen erratischen Wahlkampfworten jedoch konkrete Taten folgen lassen müssen. Andernfalls würde er insbesondere jene Wähler enttäuschen, die, wie er es ausdrückte, »nichts mehr zu verlieren haben« und ihn als ihre »letzte Chance« wählten.

Geringe soziale und politische Teilhabe

Donald Trump hat die prekäre Lage und Stimmung vieler seiner Landsleute besser verstanden als seine Widersacher – seien es die etablierten Medien oder die Mehrzahl der Experten und Politiker in den USA. Heute haben viele Amerikaner nicht mehr die Möglichkeit, am gesellschaftlichen und wirtschaftlichen Leben, geschweige denn am politischen Geschehen, teilzunehmen. Gemessen mit dem »Demokratieindex« des *Economist* sind die USA im internationalen Vergleich mittlerweile weit zurückgefallen. Die ehemalige Vorbild-Demokratie ist gerade noch unter den Top 20 zu finden. Unter anderem ist auch das Kriterium »politische Teilhabe« besonders problematisch. Der Wert liegt nur noch hauchdünn über der Grenze zur unvollständigen Demokratie mit beträchtlichen Fehlfunktionen.[49]

Woran liegt das? Immer mehr Amerikanern fehlt es an der sozioökonomischen Grundausstattung, die sie befähigen würde, aus dem nur noch für wenige unbegrenzten Angebot an Gütern und Dienstleistungen auszuwählen. Ihre persönliche Notlage und schlechte Ausbildung hindern sie daran, Arbeit zu finden, um ihren Lebensunterhalt bestreiten zu können. Ihre miserable Lage entmutigt sie auch, politisch aktiv zu werden, zumal sie das Gefühl haben, dass sich ohnehin keiner der »abgehobenen« Politiker für sie interessiert. Es ist bezeichnend, dass erst ein Populist, ja Demagoge wie Donald Trump kommen musste, um viele dieser Nichtwähler anzusprechen und wieder für Politik zu begeistern – indem er in ihrer Sprache grundlegende Probleme artikulierte, die von den etablierten Politikern allzu lange übersehen oder ignoriert wurden.

Der »amerikanische Traum« vom sozialen Aufstieg ist für viele schon seit Längerem ausgeträumt. Stattdessen sind die Lebenschancen der meisten Amerikaner bereits mit der Geburt festgelegt. Es fehlt an Startchancengerechtigkeit. Von allen Industrienationen bieten die USA die niedrigste Chancengleichheit.[50] Die soziale Mobilität, die früher noch mehr Kindern aus unteren Einkommensschichten den Aufstieg ermöglicht hat, ist mittlerweile fast zum Stillstand gekommen. Nur noch zehn von hundert Amerikanern, die in einem Haushalt des unteren Einkommensfünftels geboren wurden, gelangen später auf eigenen finanziellen Beinen bis ins erste Fünftel. Die »falsche« Hautfarbe verschlechtert die Aufstiegschancen noch weiter: Nur drei von hundert afroamerikanischen Kindern aus der untersten Schicht schaffen es als Erwachsene in die erste Einkommensgruppe. Die meisten schwarzen Kinder werden als Erwachsene dasselbe prekäre finanzielle Dasein fristen wie ihre Eltern.[51]

Die Durchschnittseinkommen der Amerikaner haben, wenn

man die Inflation berücksichtigt und die Kaufkraft misst, sich zwar in den vergangenen drei Jahrzehnten etwas verbessert. Wirft man einen Blick hinter die Kulisse rechnerischer Durchschnittswerte, dann wird jedoch das gravierende soziale Problem sichtbar: Aufgrund der enormen Einkommensunterschiede gibt es heute viel weniger »Durchschnittsamerikaner« – die im Wahlkampf von Kandidaten beider Parteien rhetorisch einmal mehr hochgehaltenen »Average Americans«. Nach der Finanzkrise, zwischen 2008 und 2013, hat sich das verfügbare durchschnittliche Jahreseinkommen zwar um 2,5 Prozent verbessert. Doch die Einkommen im unteren Zehntel der Bevölkerung fielen um 3,2 Prozent, während das obere Zehntel um 10,6 Prozent zulegte.[52] Eine kleine Elite erhält also überproportional viel vom Einkommenskuchen, während sich sehr viele mit sehr wenig zufriedengeben müssen. Der Gini-Index, ein statistisches Maß, das die ungleiche Verteilung innerhalb einer Gesellschaft misst,[53] zeigt, dass die Ungleichheit der Einkommen in den USA seit den 1970er-Jahren beständig zunimmt.[54] Unter den Staaten der Organisation für wirtschaftliche Zusammenarbeit und Entwicklung (OECD) weisen heute nur noch Chile, Mexiko und die Türkei schlechtere Werte auf.[55] Bei den Vermögen ist die Ungleichheit noch gravierender. Die Finanzkrise – und auch die Rettungsaktionen des Staates – haben die Konzentration der Vermögen noch verstärkt. Eine Oberschicht von einem Zehntel der Bevölkerung besitzt heute über drei Viertel des Vermögens.[56]

Je größer die Ungleichheit wird, desto weniger Interessen teilen Wohlhabende mit weniger Wohlhabenden. Weil viele betuchte Amerikaner, nicht zuletzt dank ihrer Steuerprivilegien, wichtige Güter und Dienstleistungen wie Gesundheitsversorgung, Ausbildung, Sicherheit, Transportmittel oder Freizeiteinrichtungen selbst kaufen können oder sie in ihren privaten, abgeschlossenen Gemeinschaften vorfinden, sehen sie nicht mehr die Notwendigkeit, Steuern zu zahlen, damit der Staat öffentliche Leistungen finanziert, die allen zur Verfügung stehen.[57] Umverteilung in Form von Steuern oder Sozialleistungen ist in den USA sehr viel weniger ausgeprägt als in den meisten anderen OECD-Ländern.[58] »Warum haben die USA keinen Sozialstaat wie die Europäer?«, lautete die Forschungsfrage amerikanischer Ökonomen, die nicht gerade im Ruf stehen, sozialliberal zu sein. Alberto Alesina, Edward Glaeser und Bruce Sacerdote testeten eine Reihe von Hypothesen und erkannten am Ende einen dominanten Faktor: Die Ausnahmestellung, die die USA in der zivilisierten Welt bei der Behandlung sozial Schwächerer einnehmen, kann mit Rassismus erklärt werden. Die Hautfarbe gibt den Ausschlag dafür, ob Amerikaner Sozialpolitik unterstützen oder nicht.[59] Sozialpolitik ist in den USA auch deswegen in Verruf geraten, weil, anders als in den 1960er-Jahren, als noch mehr Weiße von ihr profitierten, Sozialpolitik heute mit der Unterstützung der »Anderen«, der Schwarzen, gleichgesetzt wird.

So gelang es Charles Murray Mitte der 1980er-Jahre mit seinem Buch *Losing Ground*[60], einer gnadenlosen Abrechnung mit der amerikanischen Sozialpolitik der vergangenen drei Jahrzehnte (1950–1980), eine nachhaltige Debatte anzustoßen, die – nicht zuletzt aufgrund massiver Einflussnahme konservativer Thinktanks, die üppig von privaten Interessen finanziert wurden – wesentlich dazu beitrug, dass die Clinton-Regierung 1996 dem Wohlfahrtsstaat ein »Ende« bereitete.[61] Das Buch gilt in den USA als eines der einflussreichsten Werke des 20. Jahrhunderts. Ganz offensichtlich hatte es auch Wirkung auf den amerikanischen Präsidenten: Im Dezember 1993, in einem Interview mit dem Sender *NBC News*, lobte Bill Clinton Murrays Gedanken:»Er hat dem Land einen großen Dienst erwiesen. Ich meine, er und ich haben oft unterschiedliche Meinungen, aber ich denke, dass seine Analyse im Wesentlichen richtig ist.« Mit dieser Aussage Clintons wirbt das Manhattan Institute, einer der konservativen Thinktanks, die Murrays Schaffen gefördert haben, in seinem Nachwuchsnetzwerk.[62]

In einem weiteren Bestseller mit dem Titel *The Bell Curve*[63], den Murray zusammen mit Richard Herrnstein Mitte der 1990er-Jahre schrieb, wurde jedoch der in Murrays Denken immanente Rassismus offensichtlich: Schwarze seien genetisch bedingt weniger intelligent als Weiße. Wer Sozialpolitik betreibe, trage nur dazu bei, dass die Schwarzen sich noch stärker vermehrten und die USA noch mehr verdummten. So lautete im Kern die These des Buches. Selbst- und Fremdwahrnehmungen, die von seriösen amerikanischen Soziologen erforscht wurden,[64] verdeutlichen, wie tief rassistische Haltungen in der amerikanischen Gesellschaft noch verankert sind. Wenn man bedenkt, dass vier Fünftel der vergleichsweise kurzen amerikanischen Geschichte von Sklaverei geprägt waren, verwundert es nicht, dass die über zwanzig Generationen verfestigten Verhaltensweisen auch heute noch gegenwärtig sind. Die meisten Weißen denken, so Joe Feagin, einer der führenden Rassismusforscher in den USA, dass soziale Unterschiede Realitäten reflektieren, die sie zu sehen glauben: eine bessere Arbeitsethik, überlegene Intelligenz oder andere Fähigkeiten und Tugenden von Weißen, die Anerkennung verdienen. Schon von Kindesbeinen an wird der American Walk of Life trainiert. Kinder von weißen und schwarzen Eltern werden für unterschiedliche Jobs und soziale Schichten sozialisiert. Kindern weißer Amerikaner wird vermittelt, dass sie leistungsfähig und überlegen seien. Schwarzen Kindern hingegen wird von der dominierenden weißen Gesellschaft schon in früher Kindheit das Gefühl gegeben, dass sie minderwertig seien.

Doch wissenschaftlichen Untersuchungen zufolge sind die Ungleichheiten zwischen schwarzen und weißen Bürgern in den USA im Wesentlichen darauf zurückzuführen, dass Weiße zumeist über Generationen hinweg von ungerechten Bereicherungen in Form von Grundbesitz, Geldvermögen oder »Sozialkapital« profitieren konnten. Auch heute habe Einkommens- und Vermögensverteilung wenig mit Leistung zu tun.[65] »Soziale Fiktionen« von der vermeintlich arbeitsamen und überlegenen weißen Rasse sollen zudem verdecken, dass, wie die Soziologin Nancy DiTomaso durch ihre Elitenforschung herausfand,[66] die meisten Angehörigen der weißen Elite ihre gut bezahlten Arbeitsplätze weniger ihrer Leistung wegen erhalten haben: Sie verdanken sie vielmehr den tradierten Familiennetzwerken, die häufig an privaten, für die meisten Normalsterblichen unerschwinglichen Eliteuniversitäten geknüpft und gepflegt werden.

Gute Schulbildung ist in den USA schon lange kein öffentliches Gut mehr, für das der Staat sorgt. Sie ist ein privates Privileg einer stetig schrumpfenden Oberschicht. In den USA gibt es eine Reihe herausragender Eliteuniversitäten, die auch international die Oberliga (Ivy League) dominieren. Doch auch ihre Vermögen blieben von der Finanzkrise nicht verschont; die horrend angestiegenen Studiengebühren können sich – sieht man von den wenigen Stipendiaten ab – nur noch einige wohlhabende Studenten leisten. Für die sogenannten oberen Zehntausend lohnt sich diese Investition allerdings allemal, denn sie werden – nicht zuletzt aufgrund ihrer in den Elite-Einrichtungen geknüpften Kontakte zu künftigen politischen und wirtschaftlichen Entscheidungsträgern – nach dem Studium ein Vielfaches dessen »verdienen«, was ihre mit schlechteren Startchancen versehenen Mitbürger zu erwarten haben. Ihr Einkommen wird auch nicht merklich durch Sozialabgaben oder Steuern geschmälert, mit denen man die verrottende öffentliche Infrastruktur (Parks, Straßen, Brücken, Eisenbahnlinien, Häfen etc.) oder die prekäre Lage sozial Schwächerer verbessern oder durch Bildung wieder für etwas mehr Startchancengleichheit sorgen könnte.

Für Liberale sollte Bildung jedoch eine elementar wichtige Rolle spielen, gilt ihnen der Mensch doch als lern- und aufklärungsfähig. Wie Bildung die Lebenschancen von Menschen verbessert und ihnen den sozialen Aufstieg ermöglicht, kann Bildungsmangel ihren Abstieg befördern. Kinder aus sozial schwachen und bildungsfernen Elternhäusern – und darunter sind besonders viele Kinder von Einwanderern (mit Ausnahme von Asiaten) – haben schlechtere Startchancen und finden seltener einen besser bezahlten Job – wenn sie überhaupt einen finden. Dagegen hilft nur eine effiziente Sozial- und Bildungspolitik, die letztlich zum Wohle aller ist. »Die Verbindung zwischen Geburt und Erfolg zu lockern, würde Amerika reicher machen – viel zu viel Talent verkümmert gegenwärtig«, mahnte der *Economist* in seinem Bericht über »Amerikas neue Aristokratie«.[67] Der technologische Wandel wird zwar weiterhin Arbeit durch Kapital ersetzen, aber auch dafür sorgen, dass künftig mehr besser und weniger schlecht ausgebildete Arbeitskräfte benötigt werden.

Selbst den Verfechtern der kapitalistischen Orthodoxie, die behaupten, dass der Markt dem Staat überlegen sei, weil rational handelnde Individuen selbst am besten wissen, was das Beste für sie ist, sollte Bildung wichtig sein. Denn diese Annahme, die den meisten ökonomischen Modellen nach wie vor zugrunde liegt, setzt voraus, dass diese Individuen lesen, schreiben und rechnen können, also über die Grundvoraussetzungen verfügen, ohne die man das Marktgeschehen nicht begreifen und nicht daran teilnehmen kann. Wer sich die Befunde zum Bildungsniveau jedoch genauer ansieht, muss feststellen, dass es in Amerika viele Analphabeten gibt und selbst in vermeintlich höheren Bildungsschichten erschreckend viele die Grundrechenarten nicht beherrschen und kein wirtschaftliches Basiswissen besitzen.[68]

Im Februar 2002, also in George W. Bushs erster Amtsperiode, wiesen wirtschaftliche und politische Entscheidungsträger bereits auf dieses Kernproblem einer »wissensbasierten Wirtschaftsordnung« hin. So räumte der damalige Notenbankchef Alan Greenspan bei einer Anhörung vor dem Kongress ein, dass eine finanzielle Grundbildung »verletzliche Konsumenten« davor schützen könnte, sich in finanziell ruinöse Kreditkonstruktionen verwickeln zu lassen.[69] Wie groß das Ausmaß der Verletzlichkeit und Verwirrung vieler Einzelner – und damit auch der gesamten US-Wirtschaft – tatsächlich war, sollte sich in den Jahren 2007 und 2008 im Zuge der Wirtschafts- und Finanzkrise offenbaren. Im Januar 2008 richtete der Präsident dann per Exekutivorder einen Advisory Council on Financial Literacy ein. Im Oktober 2009 riefen zwei renommierte akademische Einrichtungen – das Dartmouth College und die Wharton School – gemeinsam mit dem größten amerikanischen Thinktank, der RAND Corporation, das Financial Literacy Center ins Leben. Diese Einrichtung hat Programme entwickelt, die unzureichend ausgebildete Menschen in die Lage versetzen sollen, qualifizierte Finanzentscheidungen zu treffen.[70]

Soziale Ungleichheit ist also nicht nur ein moralisches, sondern auch ein wirtschaftliches Problem. In einer Wirtschaft, die zu zwei Dritteln vom Konsum getrieben wird, müssen möglichst viele das nötige Einkommen besitzen, um überhaupt konsumieren zu können.[71] Bislang haben viele Forscher unterschätzt, wie sehr sich in den vergangenen drei Jahrzehnten (1980 bis 2010) soziale Ungleichheit auf das Nachfrageverhalten ausgewirkt hat. Mittlerweile ist deutlich geworden, dass in den USA Einkommensungleichheit und Konsumungleichheit Hand in Hand gehen.[72] Das sollte eigentlich auf der Hand liegen: Wer weniger Geld in Händen hat, kann auch weniger ausgeben.

Dass in den USA die Umverteilung in Form von Arbeitslosengeld und Sozialabgaben im Vergleich zu anderen hochindustrialisierten Ländern recht gering ist,[73] hat zur Folge, dass immer mehr Amerikaner immer weniger kaufen können, weil seit dem Zerplatzen der Immobilienblase und der damit ausgelösten weltweiten Wirtschafts- und Finanzkrise auch das Konsumieren auf Pump nicht mehr im gleichen Ausmaß wie früher möglich ist.

Schulden galten vorher als Allheilmittel – insbesondere, um die von der Politik begünstigte Ungleichheit bei den Einkommen und Vermögen zu kompensieren. Durch politische Fehlsteuerung – vor allem Steuererleichterungen für Besserverdiener und Bezieher von Kapitaleinkommen – haben einige wenige immer mehr vom Einkommens- und Vermögenskuchen erhalten, während sich eine wachsende Mehrheit mit immer weniger begnügen musste. Während die ungleiche Einkommensverteilung in vielen (europäischen) Ländern durch Sozialpolitik ausgeglichen wurde, finanzierten die US-Bürger ihren Konsum hauptsächlich durch Kredite, insbesondere durch kreditfinanzierte Immobilien. Belief sich der Anteil der Verschuldung am Einkommen Ende der 1950er-Jahre noch auf etwa 50 Prozent, so stieg das Schulden-Einkommen-Verhältnis bis zum Ausbruch der Krise auf 130 Prozent.[74] Seit dem Ende des Zweiten Weltkrieges bis zum Platzen der Immobilienblase 2007/08 sind die Schulden der privaten Haushalte in den USA jedes Jahr um knapp zehn Prozent gewachsen – anders als die stagnierenden Löhne.

Die Kaufkraft der meisten Amerikaner ist in den vergangenen Jahrzehnten deutlich gesunken, vor allem in den beiden Amtszeiten von George W. Bush. Solange Geringverdiener ihre schrumpfende Haushaltskasse durch Kredite aufbessern konnten, ist das niemandem wirklich bewusst geworden. Im Gegenteil: Der gefühlte Reichtum war schier grenzenlos. Man konnte ja sein kreditfinanziertes Haus immer wieder beleihen und als Geldautomat missbrauchen – etwa, um ein weiteres, noch größeres Auto zu kaufen oder die Ausbildung der Kinder zu finanzieren. Jeder Amerikaner sollte sich seinen Traum vom eigenen Heim erfüllen, ganz egal, ob er das nötige Einkommen hatte, um die Kreditraten bezahlen zu können.

Präsident Clintons langjähriger Wirtschaftsberater Joseph Stiglitz hat rückblickend festgestellt, dass bis zum Platzen der Blase zwei Drittel bis drei Viertel der amerikanischen Wirtschaftsleistung allein vom Immobiliensektor getragen wurden. Indem man neue Häuser baute, einrichtete und die Eigenheime immer wieder belieh, wurden mit gepumptem Geld andere Konsumgüter gekauft:»Als die Immobilienpreise stark anzogen, konnten Eigenheimbesitzer aus ihrem Wohnungseigentum buchstäblich Kapital schlagen.«[75] Dieses Perpetuum mobile basierte auf der»riskanten Annahme«, dass die Preise weiter steigen würden. Als die Blase platzte, zerrann für viele Amerikaner der Traum vom eigenen Heim und vom grenzenlosen Konsum, der auf der Grundlage spekulativer Immobilien-»Werte« Wirklichkeit werden sollte.

Zudem dürfte mittlerweile klar geworden sein – wenn man die Wirtschaft von der Produktionsseite her betrachtet –, dass ein Mangel an qualifizierten Arbeitskräften ebenso die Produktivität und Leistungsfähigkeit einer Volkswirtschaft beeinträchtigt. Der demografische Wandel wird das Problem noch verschärfen, denn sobald die nach dem Zweiten Weltkrieg geborenen, gut ausgebildeten Babyboomer, die seit den 1960er-Jahren das Rückgrat der Industrieproduktion bilden, aus dem Erwerbsleben ausscheiden, wird der Mangel an qualifizierten Arbeitskräften noch gravierender werden.

Schon heute kann die amerikanische Wirtschaft ihr Potenzial nicht mehr ausschöpfen. David Stockman, der ehemalige Wirtschaftsberater Ronald Reagans, der bis heute nicht im Ruf steht, sozialliberal zu sein, versucht seinen Landsleuten die Augen zu öffnen, die sich von den glänzenden Statistiken vermeintlich niedriger Arbeitslosenzahlen blenden lassen: Im Vergleich zu der wünschenswerten Situation, in der jeder Amerikaner im arbeitsfähigen Alter von 16 bis 68 Jahren seine Arbeitskraft voll, das heißt ganztägig, einbringen könnte, liegt das tatsächliche Arbeitsvolumen Amerikas etwa 40 Prozent unter diesem Optimum.[76] Freilich ist diese Berechnung zu pauschal; sie ignoriert unter anderem, dass viele aufgrund ihrer familiären Situation nicht ganztägig arbeiten wollen oder die Ausbildung der meisten Jugendlichen länger dauert und sie erst später ins Arbeitsleben aufrücken. Dennoch ist diese Betrachtungsweise nicht ganz falsch, denn zu viele arbeitswillige Amerikaner müssen sich mit Teilzeitjobs begnügen. Noch mehr sind frustriert und haben es aufgegeben, nach Arbeit zu suchen. Ebenso wenig tauchen in den offiziellen Statistiken von angeblich nur fünf Prozent Arbeitslosigkeit (von denen sich auch deutsche Wirtschaftsvertreter gerne beeindrucken lassen) die älteren Arbeitnehmer auf, die angesichts der schwierigen Arbeitsmarktsituation in den Frühruhestand gehen mussten.

Viele Jüngere drücken mangels Beschäftigungsaussichten – auf eigene Kosten – noch mal die »Schulbank«. Die meisten sind mit der Unsicherheit geplagt, ob sie die Schulden, welche die immer höheren Studiengebühren ihnen aufbürden, später auch mit einem entsprechend höheren Einkommen abzahlen können. Navient Corp, der größte Dienstleister für Studienkredite, gab einen Einblick in die sich dramatisch verschlechternde Lage auf dem 1,2 Billionen Dollar schweren Markt. Seit dem Ausbruch der Finanzkrise 2008 haben sich die Schulden mehr als verdoppelt.[77] Nach Häuserkrediten (mit denen vor der Krise oft auch die Ausbildung der Kinder bezahlt wurde) sind Studienkredite die zweitgrößte Form der Konsumentenkredite geworden. Die US-Notenbank und das Finanzministerium sind wegen dieser Entwicklung bereits alarmiert, zumal immer mehr Kredite notleidend sind und nicht mehr zurückgezahlt werden – weil die Studienabgänger keine Arbeit finden, mit der sie ihren Lebensunterhalt und ihre Schulden finanzieren könnten. Selbst viele Abgänger von Law Schools finden nach ihrer teuren Ausbildung keine angemessene Beschäftigung. Steven Harper, Autor des Buchs *Die Juristen-Blase: Ein Berufsstand in der Krise*[78], verweist auf ein immer offensichtlicher werdendes »Marktversagen«, wenn die Ausbildungskosten drastisch ansteigen und Universitäten doppelt so viele Juristen ausbilden, wie auf dem Arbeitsmarkt beschäftigt werden können.[79]

In den USA mangelt es ohnehin nicht an eher im abstrakten Denken ausgebildeten Universitätsabgängern, seien es nun Juristen, Volks- oder Politikwissenschaftler, umso mehr jedoch an praktisch Ausgebildeten, insbesondere in technischen Berufen. In einer vom Industrieverband der National Association of Manufacturers (NAM) in Auftrag gegebenen Umfrage erwartete bereits 2011 über die Hälfte der mehr als 1.100 befragten Industriebosse, dass sich das Angebot auf dem Arbeitsmarkt in den kommenden drei bis fünf Jahren im Zuge der Verrentung vieler Arbeitnehmer merklich verschlechtern werde.[80] Obwohl die jüngste Wirtschaftskrise etwa zwei Millionen Arbeitsplätze im Industriesektor gekostet hat, können amerikanische Hersteller bereits heute mehr als 600.000 Stellen mangels qualifizierter Arbeitskräfte nicht besetzen. Zwei Drittel der Befragten beklagten, dass ihnen ausgebildete Arbeitskräfte fehlten; ebenso viele erklärten, dass diese »Qualifikationslücke« der Grund dafür sei, dass die Produktivität nicht erhöht und die Produktion nicht ausgeweitet werden könne. Es fehle vor allem an gut ausgebildeten Ingenieuren und Facharbeitern. Den aktuellen Bewerbern mangele es an Fähigkeiten zur Problemlösung, zudem sei die technische Grundausbildung ungenügend. Zwar unternimmt man immer wieder Anstrengungen, die Aus- und Weiterbildung zu verbessern, erzielt aber kaum Fortschritte, wie eine vor fünf Jahren angestellte Studie bestätigt.

Die Politik müsste dringend dafür sorgen, dass die USA gegenüber anderen Industrienationen nicht noch mehr ins Hintertreffen geraten. Doch anders als in vielen Ländern Europas, so beklagt Emily DeRocco vom Industrieverband NAM, können die Amerikaner sich zu staatlichen Eingriffen, also zu einer entsprechenden Bildungspolitik, nur schwer durchringen, und zwar nicht nur aus intellektuellen, sondern auch aus finanziellen Gründen,[81] weil der Staat das dafür erforderliche Geld gar nicht habe.

Doch die Zeit drängt. Seit den 1950er-Jahren nimmt der Anteil der Alten in der amerikanischen Gesellschaft zu, während der Anteil der Jungen schrumpft. 2030, wenn die zwischen 1946 und 1964 geborenen Babyboomer aus dem Arbeitsprozess ausgeschieden sind, wird voraussichtlich einer von fünf Amerikanern im Rentenalter sein.[82] Wie in anderen Industrienationen ist auch in Amerika die durchschnittliche Lebenserwartung in den letzten Jahrzehnten merklich gestiegen, mittlerweile auf knapp achtzig Jahre.[83] Auf der anderen Seite sind die jährlichen Geburtenraten seit den 1970er-Jahren zu gering, um die Bevölkerungszahl der USA zu halten.[84]

Doch wer Amerikaner auf die Schwächen ihrer Wirtschaft anspricht, wird auf den demografischen Vorteil gegenüber dem alten, »aussterbenden Europa« hingewiesen. Tatsächlich hat sich die US-Bevölkerung seit 1950 von 152 Millionen auf gegenwärtig

309 Millionen verdoppelt – dank der Einwanderung.[85] Mittlerweile übertrifft jedoch die »inländische Reproduktion« der Eingewanderten den Zustrom der Einwanderer. Das ist unter anderem darauf zurückzuführen, dass die Zuwanderung der größten Gruppe, der aus Mexiko stammenden Latinos, wegen der verschärften Grenzüberwachung und mangelnder Arbeitsperspektiven merklich zurückgeht. Dennoch hat sich die Gruppe der Mexican Americans vergrößert. Im Vergleich zur übrigen Bevölkerung sind Amerikaner mexikanischer Herkunft jünger und fruchtbarer.[86]

Die Altersstruktur der größten Minderheit – Amerikaner hispanischer Herkunft machen mittlerweile knapp ein Sechstel der amerikanischen Bevölkerung aus – ist dementsprechend: Kinder und Jugendliche sind in dieser Gruppe stark vertreten.[87] Nach den Untersuchungen des National Research Council ist die hispanische Bevölkerung in den USA aber nicht nur gekennzeichnet durch »eine jugendliche Altersstruktur«, sondern auch durch »niedrige Ausbildungsniveaus« sowie durch eine »unverhältnismäßig hohe Konzentration in Beschäftigungen mit niedrigen Qualifikationsanforderungen und geringer Bezahlung«.[88]

Die Erfolgsgeschichten Einzelner, die es vom Tellerwäscher zum Milliardär gebracht haben, können nicht darüber hinwegtäuschen, dass im Einwanderungsland USA wie in fast allen OECD-Ländern, die einen hohen Anteil von Immigrantenkindern ausweisen,[89] Menschen mit Migrationshintergrund sozial benachteiligt sind und oft nur mäßige schulische Leistungen vorweisen können.[90] Im Berufsleben haben sie dann sehr viel schlechtere Aussichten, ein Einkommen zu erzielen, mit dem sie ihren Lebensunterhalt bestreiten können.

Der Alterungsprozess und der Zuzug von Immigranten, die wegen ihrer unzureichenden Sprachkenntnisse und mangelhaften Ausbildung schlechte Chancen auf dem Arbeitsmarkt haben, zeigen bereits Wirkung. So verschlechtert sich auch in den USA das Verhältnis der arbeitenden zur unbeschäftigten, unterstützungsbedürftigen Bevölkerung (Kinder, ältere Menschen). Immer weniger und schlechter ausgebildete Arbeitnehmer und Angestellte müssen immer mehr Rentner unterhalten.

Neben der Frage der Generationengerechtigkeit wird längst auch die allgemeinere Frage gestellt, ob der Staat Fürsorge leisten sollte oder ob nicht vielmehr der Einzelne für sich selbst vorsorgen soll – und kann. In den USA ist – wie schon so oft in der amerikanischen Geschichte – ein heftiger Streit darüber entbrannt, welche Rolle dem Staat im Verhältnis zur Wirtschaft und zur Einwanderungsgesellschaft beigemessen werden soll.

Die Frage, ob mehr Einwanderer ins Land gelassen werden und sich illegal bereits im Lande aufhaltende Menschen eingebürgert und mit sozialpolitischen Maßnahmen unterstützt werden sollten, ist politisch brisant geworden. Denn die Veränderung der Bevölkerungsstruktur und des sozialen Status der mittlerweile größten Minderheit in den USA würde sich noch stärker, als es ohnehin schon der Fall ist, auf die Wählerstruktur auswirken.

Die soziale Lage ist ausschlaggebend für das Wahlverhalten, auch grundlegend dafür, ob Menschen überhaupt ihr Wahlrecht ausüben oder nicht. Zwar behaupten viele Politiker gerne, dass Bürger, die nicht wählen gehen, damit ihre Zufriedenheit ausdrücken. Ihre Unzufriedenheit würde sie hingegen an die Wahlurnen treiben. Demnach müssten die US-Bürger sehr zufrieden sein. Die Wahlbeteiligung in den USA lag seit den 1970er-Jahren meistens unter 60 Prozent, betrug häufig sogar nur etwa 50 Prozent. Bei den Zwischenwahlen – wenn nur Kongress- und nicht Präsidentschaftswahlen stattfinden – geben nur noch etwa 40 Prozent der Wahlberechtigten ihre Stimme ab.[91]

Die Entfremdung von der Politik bot eine Chance für den Demagogen Trump, der die tiefe Abneigung, vor allem vieler Nichtwähler, gegen das »Establishment« erkannte und sie bei den Präsidentschaftswahlen weiter anfeuerte. Er präsentierte sich als Außenseiter, der dank seines privaten Reichtums unabhängig sei und deshalb Washingtons »Sumpf austrocknen« und Politik für alle Amerikaner und nicht nur für Betuchte betreiben könne.

Während einerseits viele, vor allem weiße Amerikaner, auch jene, die sich sorgten, sozial abzusteigen, in ihm ihre »letzte Chance« wählten, waren andererseits nach acht Jahren Amtszeit Barack Obamas viele enttäuscht von ihrem »Heilsbringer«, der ebenso »Wandel« versprochen hatte. Selbst bei Obamas Wiederwahl vor vier Jahren strömten sie noch in Rekordzahlen an die Wahlurnen, um für ihn zu stimmen. Hingegen wollten sich weitaus weniger Afroamerikaner und Latinos für Hillary Clinton entscheiden.

Wahlsoziologische Untersuchungen haben ergeben, dass Bürger ihre Unzufriedenheit, ja Hoffnungslosigkeit gerade dadurch zeigen, indem sie nicht wählen gehen – etwa nach dem Motto: »Wenn ihr da oben euch nicht um uns kümmert, dann scheren wir uns auch nicht um eure Politik.« Die soziale Lage gibt Aufschluss über das Wahlverhalten: je geringer das Einkommen, desto niedriger die Wahlbeteiligung. Während das eine Prozent an der Spitze der Einkommenshierarchie eine fast hundertprozentige Wahlbeteiligung aufweist und vom obersten Zehntel über 80 Prozent wählen gehen, sind es im untersten Drittel nur noch die Hälfte, die ihren Willen in der Wahlkabine kundtun – ein Phänomen übrigens, das auch in Deutschland beobachtet wurde.[92] Auch im Bereich des passiven Wahlrechts sollte man – in den USA – an die ökonomischen Voraussetzungen denken, die mit einer erfolgreichen Wahl verbunden sind.

Neben dem Einkommen gibt es auch noch rechtliche Barrieren, die sozial Schwächere davon abhalten, ins Wahllokal zu kommen. Viele Amerikaner, insbesondere Afroamerikaner, sind vorbestraft und haben damit ihr Wahlrecht verloren. Fast sechs Millionen Amerikaner werden aufgrund strafrechtlicher Verurteilung zeitlich begrenzt oder permanent vom aktiven Wahlrecht ausgeschlossen. Bei den Afroamerikanern ist der Anteil viermal so hoch wie der nationale Durchschnitt. Drei von zehn schwarzen Männern der nächsten Generation dürften ihr Wahlrecht verlieren.[93] Aber auch jene, die oft wegen ihrer Hautfarbe für geringere Vergehen in Konflikt mit der Staatsmacht geraten sind, gehen von sich aus auf Distanz zu allem, was mit der Obrigkeit zu tun hat – insbesondere bleiben sie auch den Wahlen fern.

Sozial Schwächere werden durch weitere staatliche Regeln ausgeschlossen. Da die Organisation der Wahlen – auch von denen der nationalen Ebene – im Kompetenzbereich der Einzelstaaten liegt, gibt es kein einheitliches, bundesweites Wahlverfahren. In der heutigen Praxis gelten vielfältige Einzelbestimmungen, etwa bei der Registrierung und technischen Durchführung von Wahlen. Die mancherorts für amerikanische Verhältnisse hohen Auflagen (etwa die Pflicht, einen gültigen Ausweis oder Urkunden vorzulegen) hemmen die Wahlbeteiligung, insbesondere jene sozial schwacher Schichten. Mit dem Urteil des Supreme Court im Juni 2013 im Fall Shelby County vs. Holder ist diese Problematik erneut zum Gegenstand heftiger politischer Auseinandersetzungen geworden, nicht zuletzt zwischen dem Bund und den Einzelstaaten. Denn mit diesem Urteil können von Republikanern regierte, mit Rassentrennung historisch vorbelastete Einzelstaaten wieder dem politischen Gegner nahestehende afroamerikanische Minderheiten bei Wahlen benachteiligen, indem sie etwa die Zeit für die Stimmabgabe einschränken und von ihnen Papiere zur Wählerregistrierung verlangen. Zudem haben viele Latinos, sofern sie sich überhaupt politisch interessieren, schlechtere Karten, sich für Wahlen registrieren zu lassen, weil ihnen dafür die nötigen Dokumente fehlen.

Wenn es nach den meisten Präsidentschaftskandidaten der Republikaner ginge, sollte sogar jenen Amerikanern das von der Verfassung garantierte Geburtsrecht wieder entzogen werden, die – anders als ihre immigrierten Eltern – ihre Staatsbürgerschaft dank ihrer Geburt im Land der Freien erlangt haben. Donald Trumps erste Erfolge in den Umfragen haben weitere Kandidaten (etwa Rick Santorum, Rand Paul, Ben Carson, Chris Christie und Lindsey Graham) mit Blick auf die Vorwahlen bewogen, ihre in einigen Fällen liberale Position in der Einwanderungsfrage zu überdenken und der fremdenfeindlichen Linie Trumps zu folgen. Sogar der Gouverneur von Louisiana, Bobby Jindal, Sohn indischer Einwanderer, der seine Staatsbürgerschaft seiner Geburt in den USA verdankt, wollte das Geburtsrecht abschaffen und die »Illegalen« ausweisen.[94] Der Milliardär Donald Trump versicherte im Wahlkampf, die »Illegalen« zu deportieren und als Präsident mit einer Mauer dafür zu sorgen, dass nicht noch mehr ins Land kommen.[95] Wenn Trump oder konservative Medien nicht von illegal Eingewanderten oder illegalen Einwanderern, sondern verkürzt von »Illegalen« sprechen, dann stigmatisieren sie diese in Bausch und Bogen als Verbrecher (Trump wurde in seiner angeblich ehrlicheren, weil »politisch inkorrekten« Sprache noch deutlicher: »Drogenhändler und Vergewaltiger«), die keine Rechte verdienen.[96]

Weiße Minderheit gegen offene Grenzen

»Behaltet, o alte Lande, euren sagenumwobenen Prunk«, ruft sie
Mit stummen Lippen. »Gebt mir eure Müden, eure Armen,
Eure geknechteten Massen, die frei zu atmen begehren,
Den elenden Unrat eurer gedrängten Küsten,
Schickt sie mir, die Heimatlosen, vom Sturme Getriebenen,
Hoch halt' ich mein Licht am gold'nen Tore.«[97]

So lauten die bewegenden Verse des 1883 von Emma Lazarus unter dem Titel *The New Colossus* verfassten Sonetts, das 1903 an der Freiheitsstatue angebracht wurde. Lange Zeit galten die USA denn auch als Zufluchtsort. Viele Arme und Freiheitssuchende aus aller Herren Länder suchten in den USA ihren American Dream zu verwirklichen, das Versprechen des sozialen und wirtschaftlichen Aufstiegs auch für sich zu beanspruchen. Die USA haben insbesondere seit den 1940er-Jahren Millionen Einwanderer aus aller Welt aufgenommen (siehe Tabelle 1).

Tabelle 1: Einwanderung in die USA, 1931–2009

Zeitraum	Nettoeinwanderung[98]
1931–1940	−121.000
1941–1950	754.000
1951–1960	2.090.000
1961–1970	2.422.000
1971–1980	3.223.000
1981–1990	5.655.000
1991–2000	6.743.000
2001–2009	6.656.000

Quelle: Laura B. Shrestha und Elayne J. Heisler, The Changing Demographic Profile of the United States, Congressional Research Service (CRS), CRS Report for Congress, Washington, D. C., 31. März 2011, S. 12

Seit den 1970er-Jahren geht es in der politischen Debatte in den USA jedoch mit immer deutlicheren Worten darum, Einwanderung einzudämmen. Heute sehen immer mehr Einwohner der USA ihren Wohlstand und sozialen Zusammenhalt mit der aus ihrer Sicht zunehmenden illegalen Einwanderung gefährdet. Dabei hat sich die Zahl der illegal im Land Lebenden seit Ausbruch der Wirtschafts- und Finanzkrise nicht wesentlich verändert; das Pew Research Center schätzt sie konstant auf rund 11 Millionen.[99] Zwar sind Arbeitgeber in verschiedenen Branchen (Landwirtschaft, Gastronomie und Baugewerbe) an billigen Arbeitskräften interessiert, doch die Gewerkschaften wollen dieses »Lohndumping« verhindern. Solange die Wirtschaft wächst und Arbeitskräfte gesucht werden, bleiben die Türen für Einwanderer etwas weiter offen. Gerät das Wirtschaftswachstum aber ins Stocken, werden wieder chauvinistische Argumente laut, obwohl mit nachlassender Wirtschaftsleistung ohnehin der Zustrom sinkt, weil sich viele keine Arbeit mehr versprechen.

In der aktuellen amerikanischen Debatte um Einwanderung wird deutlich, dass sich immer mehr Amerikaner von ihrem

Nachbarn im Süden bedroht fühlen. Sie fürchten um ihre Jobs, glauben ihre Sicherheit, Kultur, ja sogar Identität durch Einwanderer aus Mexiko gefährdet. Mit der rhetorischen Frage »Who Are We?« schüren Vordenker wie Samuel Huntington schon seit geraumer Zeit die Angst, dass Amerika durch Einwanderung und »Reproduktion« seine »nationale Identität« verliert,[100] und bereiteten damit den intellektuellen Nährboden für gesellschaftlichen und politischen Chauvinismus. Selbst Top-Generäle, die eher dafür bekannt sind, dass sie Bedrohungslagen nüchtern einschätzen, schüren Existenzängste: John Kelly, der Oberbefehlshaber des U.S. Southern Command, das für Lateinamerika zuständige Regionalkommando der Streitkräfte der Vereinigten Staaten, bewertet den Zustrom von illegalen Einwanderern und Drogen aus dem Süden als »existenzielle Bedrohung« für die USA.[101]

Für die Heroine der Erzkonservativen Amerikas, Ann Coulter, deren aktueller Bestseller den bezeichnenden spanischen Titel ¡Adios, America![102] trägt, ist die Einwanderungsfrage der Lackmustest für die Republikaner. Coulter wettert regelmäßig in der vom konservativen Sender Fox News ausgestrahlten Fernsehshow von Bill O'Reilly gegen die Einwanderer. Die Republikaner sollten endlich damit aufhören, den Latinos »in den Hintern zu kriechen«, weil diese ohnehin nur die Demokraten wählten. Deshalb sollten sie erst gar nicht ins Land gelassen werden. Seit der Einwanderungsgesetzgebung von 1965 hätten die Demokraten mit unfairen Mitteln den politischen Wettbewerb zu ihren Gunsten verfälscht, da sie jede Immigrantengruppe als Wählerblock für sich gewinnen könnten.[103]

Im Präsidentschaftsvorwahlkampf bei den Republikanern sorgte allen voran der Milliardär Donald Trump für Aufsehen, als er Einwanderer aus Mexiko pauschal als Drogenhändler, Kriminelle und Vergewaltiger stigmatisierte.[104] Mit dieser gezielten Provokation und Versprechungen, als Präsident »eine große Mauer« an der amerikanisch-mexikanischen Grenze zu bauen, gelang es ihm, im Chor anderer Mitstreiter wie Senator Ted Cruz, dem Favoriten der Tea-Party-Bewegung, dem vermeintlichen Favoriten Jeb Bush den Rang abzulaufen. Der jüngste Sohn der Bush-Dynastie ist mit einer Mexikanerin verheiratet und versteht es, Latinos in ihrer Muttersprache anzusprechen. Er hat sich in der Einwanderungsfrage auf eine liberale Gangart festgelegt, in deren Rahmen er illegale Einwanderung nicht als kriminell verurteilte, sondern als »Akt der Liebe« bezeichnete.[105] Mit diesem politisch riskanten Kurs hat er sich im republikanischen Vorwahlkampf nicht durchsetzen können – erzkonservative Republikaner, die mental an den idyllischen Verhältnissen der »guten alten Zeit« festhalten, wollen die Veränderung der Bevölkerungs- und damit Wählerstruktur aufhalten oder sie ignorieren diese. Trump nahm genau diese Wählerschicht ins Visier, mobilisierte sie durch chauvinistische Parolen und ignorierte damit die Strategie des republikanischen Parteiestablishments.

Die Wahlstrategen der republikanischen Partei hatten sich darauf verständigt, bereits im Vorwahlkampf die Latinos als wichtige Wählergruppe zu berücksichtigen. Nicht ohne Grund: Der bis dahin letzte republikanische Präsident, George W. Bush, erzielte ein überdurchschnittlich gutes Wahlergebnis bei der hispanischen Bevölkerung, weil er diese in religiöser Hinsicht und in ihrer Muttersprache anzusprechen wusste. Die beiden Verlierer, John McCain und Mitt Romney, waren in ihrer politischen Karriere als Senator bzw. Gouverneur zwar durchaus liberal eingestellt, insbesondere in der Einwanderungsfrage. Um sich jedoch im Vorwahlkampf gegen ihre teilweise chauvinistisch argumentierenden Herausforderer durchsetzen zu können, mussten sie ihrerseits extremere Positionen einnehmen und schmälerten damit im Hauptwahlkampf ihre Siegeschancen.

Die hispanischen Wähler werden demografisch bedingt immer wichtiger,[106] zumal sie auch in hoher Konzentration in den für Wahlsiege ausschlaggebenden Einzelstaaten leben. Bereits bei der Wahl 2012 haben Romneys enorme 20 Prozentpunkte Vorsprung gegenüber Obama bei weißen Wählern nicht genügt, um die Hausmacht des amtierenden Präsidenten bei den Wählern aus den ethnischen Minderheiten, der hispanischen und afroamerikanischen Bevölkerung, auszugleichen.

Ein Blick auf die demografische Entwicklung in den USA zeigt, dass die weißen Wähler, die 1960 noch 85 Prozent der Bevölkerung ausmachten, voraussichtlich schon 2050 in der Minderheit sein werden. Die bislang als »ethnische Minderheiten« bezeichneten Afroamerikaner, Asiaten und Latinos werden die Mehrheit bilden; den größten Teil davon, etwa ein Drittel, werden die Latinos stellen.[107]

Latinos sind die am schnellsten wachsende Minderheit in den USA und haben bereits die Afroamerikaner als größte ethnische Minderheit in den Vereinigten Staaten abgelöst. Laut Angaben des Pew Hispanic Center machen die 53 Millionen Menschen lateinamerikanischer Herkunft derzeit rund 17 Prozent der Gesamtbevölkerung aus, Tendenz steigend.[108] Viele von ihnen dürfen, unter anderem aus Altersgründen, noch nicht wählen. Zudem beteiligen sich aus den Reihen der wahlberechtigten Latinos prozentual weniger Menschen an den Wahlen als auf Seiten der afroamerikanischen und der weißen Bevölkerung. Doch der »schlafende Riese« ist erwacht; der Anteil der Hispanics an der Wählerschaft dürfte sich laut den Berechnungen der Forscher des Pew Hispanic Center schon im Jahr 2030 von zehn Prozent im Jahr 2012 auf 20 Prozent verdoppelt haben.[109]

Aufgrund ihrer zunehmenden Beteiligung am politischen Geschehen können sie auch heute schon beachtlichen politischen Einfluss ausüben. Die Zahl der wahlberechtigten Latinos erhöhte sich 2016 im Vergleich zur Wahl 2012 um ein weiteres Fünftel auf etwa 28 Millionen.[110] Zwar ist ihr Anteil an der Gesamtwählerschaft verhältnismäßig klein, doch das US-Wahlsystem ermöglicht ihnen eine politische Hebelwirkung. In einigen hart umkämpften Bundesstaaten wie New Mexico, Arizona, Nevada, Florida und Colorado, die den Ausschlag für Sieg oder Niederlage bei den Präsidentschaftswahlen geben können, ist der Anteil hispanischer Wähler relativ groß. Und sie haben 2012 jeweils mit überwältigender Mehrheit für Obama gestimmt.[III]

Hillary Clinton musste umso mehr auf die Unterstützung der Latinos zählen, als es für sie jene Stimmen weißer Amerikaner auszugleichen galt, die Donald Trump wieder für das politische Geschehen begeistern konnte. Doch sie vermochte es nicht, die Minderheiten, Afroamerikaner und Latinos, in dem Maße für sich zu begeistern, wie es vier Jahre zuvor Barack Obama, dem ersten Afroamerikaner und Sohn eines Einwanderers, gelungen war.

Dennoch besteht für die Demokraten auf lange Sicht durchaus wieder Grund zur Hoffnung, berücksichtigt man die Bevölkerungsentwicklung. Allerdings ist sie kein Selbstläufer. Zwar ist der Großteil der Latino-Wählerschaft schon längere Zeit den Demokraten zugeneigt, doch während der vergangenen Dekade hat sich die traditionelle Verbundenheit etwas gelöst. 2000 gelang es dem Republikaner George W. Bush, 35 Prozent der hispanischen Wähler zu gewinnen; bei seiner Wiederwahl 2004 konnte er den Anteil sogar auf die Rekordmarke von 40 Prozent steigern. Doch bereits bei den Zwischenwahlen (nur Kongresswahlen) 2006 sank das Ergebnis wieder auf 28 Prozent, weil die Republikaner einen Drahtseilakt zu meistern hatten.

Einerseits versuchten sie, hispanische Wähler mit einer liberalen Einwanderungspolitik anzusprechen und Wirtschaftsliberalen entgegenzukommen, die an billigen Arbeitskräften interessiert sind. Aber andererseits riskierten sie damit, sicherheitsorientierte und teilweise auch chauvinistische Gruppen der konservativen Parteibasis zu verprellen. Der heikle, von Bush mit Nachdruck unterstützte Reformvorschlag sah vor, zum einen die Grenzen besser zu sichern und zum anderen den Arbeitsmigranten ohne gültige Aufenthaltserlaubnis Legalisierungsoptionen anzubieten. Doch Bush scheiterte mit seiner parteiübergreifenden Initiative – nicht nur an gewerkschaftsnahen Abgeordneten der Demokraten, sondern auch am harten konservativen Kern seiner eigenen Partei.

Widerstand gegen die sogenannte Amnestie wurde nicht zuletzt von konservativen Graswurzelorganisationen mobilisiert.

Für die republikanischen Bewerber um Bushs Nachfolge war es danach schwierig, das Vertrauen der Latino-Wählerschaft zurückzugewinnen. Zwar hatte sich John McCain – mit Blick auf das Wählerpotenzial der Latinos – in seiner Funktion als Senator für ein liberales Einwanderungsrecht starkgemacht. Doch nach heftigem Widerstand seiner Parteibasis versicherte McCain reumütig, dass er der Einwanderungsreform nur dann zustimmen werde, wenn die Grenzen gesichert seien. Ebenso musste sich Mitt Romney vier Jahre später im Vorwahlkampf auf einen harten Kurs in der Einwanderungspolitik festlegen, der ihn dann im Hauptwahlkampf bei hispanischen Wählern merklich Punkte kostete. Von dieser Situation konnte der Demokrat Barack Obama bei beiden Wahlen profitieren.

Langfristig machen sich die Wahlstrategen der Republikaner aber durchaus berechtigte Hoffnungen, wieder mehr hispanische Wähler gewinnen zu können, zumal diese sehr religiös sind. Trump hat zwar mit seinem chauvinistischen Wahlkampf viele Latinos verprellt. Sollte es ihm aber gelingen, mit Infrastrukturmaßnahmen auch ihre Lebenssituation zu verbessern, könnte er wieder Wählerterrain gutmachen – auch in anderer Hinsicht: Eine günstigere allgemeine Wirtschaftslage und ein verbesserter sozioökonomischer Status von Latinos würde künftig die Grundlage dafür bilden, dass mehr hispanische Wähler zur Wahl gehen und – wie die meisten Amerikaner – ihre Wahlentscheidung aufgrund ihrer religiösen Einstellung treffen. Mittlerweile gilt die Faustregel: Je häufiger Amerikaner den Gottesdienst besuchen, desto eher wählen sie einen Kandidaten der Republikaner.

Zwar hat Hillary Clinton keine Gelegenheit ausgelassen, ihre religiösen Überzeugungen mitzuteilen. Doch ihre Verpflichtung, vor allem gegenüber jüngeren Frauen, für das Recht auf Abtreibung einzustehen, machte sie zur idealen Bedrohung für das »Leben ungeborener Kinder«, wodurch sie Trump dabei geholfen hat, wertkonservative Wähler an sich zu binden. Geht es hier doch nicht um irgendein Thema, sondern um Leben und Tod. Christlich rechte Wähler stimmten mit überwältigender Mehrheit ganz pragmatisch für den nicht so bibelfesten und wenig keuschen Donald Trump, weil er mit Mike Pence einen der Ihren als Vizepräsidentschaftskandidat ausgewählt und ihnen zugesichert hatte, als Präsident nur von ihnen gebilligte Richter für das Oberste Gericht zu nominieren. Mit der Veränderung der Mehrheit des neunköpfigen Supreme Court soll vor allem das Abtreibungsurteil aus dem Jahre 1973 (Roe vs. Wade) revidiert werden, das die »schweigende moralische Mehrheit« überhaupt erst zum politischen Engagement bewogen hat.

Die Demokraten hatten ihr strukturelles Defizit bei der religiösen Wählerschaft schon vor Trumps Wahlsieg erkannt, und zwar als George W. Bush überraschend ins Weiße Haus einzog, und versuchten ihrerseits, »moralische Werte« im Wahlkampf stärker zur Geltung zu bringen, indem sie, über sexualmoralische Themen hinausgehend, den Begriff breiter interpretierten und neben Umweltschutz auch Armutsbekämpfung als moralisches Thema deuteten. So verlautbarten sie, in der Umweltpolitik »Gottes Schöpfung bewahren« zu wollen, und auch der ehemalige »Sozialhelfer« Barack Obama hat die von George W. Bush initiierte »glaubensbasierte Initiative« befürwortet, in deren Rahmen Kirchen mit staatlichen Mitteln soziale Dienstleistungen erbringen. Innen- und machtpolitisch war und bleibt demnach höchst relevant, wer letztlich die Deutungshoheit über »moralische Werte« gewinnt.

Der Aufstand bleibt aus – noch

Angeblich ist es auch der sogenannten Zivilreligion gutzuschreiben, dass Amerikaner trotz allem unbeirrt an ihrem Glauben und ihrer Hoffnung festhalten, sozial aufzusteigen. »Warum gibt es in den Vereinigten Staaten keinen Sozialismus?«, lautete die Frage des deutschen Soziologen Werner Sombart.[112] Seine Antwort: weil es die »unbegrenzten Möglichkeiten«, die Chance für jeden gebe, sein Los zu verbessern. Wer daran glaubte, versuchte, sich auf eigene Faust durchzuschlagen. Heute ist dieser amerikanische Traum jedoch trotz der zwischenzeitlichen Euphorie nach dem Wahlsieg Barack Obamas für viele zerplatzt.

Zwar gab es bereits vereinzelte Proteste. Aber bislang konnte die Staatsmacht die Lage beruhigen. Polizei und teilweise auch private Sicherheitsdienste haben die Protestcamps gewaltsam geräumt und dafür gesorgt, dass die Bewegung erst gar nicht in Schwung kam. Dabei waren die Occupy-Protagonisten ohnehin besser situierte Jugendliche und Studenten. Die am stärksten Betroffenen, vor allem Schwarze und Latinos, die ihre Kinder nicht mehr richtig ernähren können, sind bislang mehr oder weniger ruhig geblieben. Im angeblich reichsten Land der Welt wächst eines von fünf Kindern in Armut auf.[113] »Nur Rumänien weist unter den entwickelten Ländern eine höhere Kinderarmut auf«, mahnt der ehemalige Wirtschaftsberater der Clinton-Regierung Joseph Stiglitz.[114] Die Minderheiten sind besonders stark betroffen, drei von zehn hispanischen und gar vier von zehn afroamerikanischen Kindern. Knapp 60 Prozent der armen Kinder werden nur von einem Elternteil, in den meisten Fällen der Mutter, erzogen, die, wenn sie überhaupt einen Job hat, schlecht bezahlt wird und zu den sogenannten »arbeitenden Armen« zählt. Dass ein Aufstand des Prekariats bislang ausgeblieben ist, liegt vielleicht auch daran, dass viele alleinerziehende Mütter, die im Alltag kämpfen, um über die Runden zu kommen, nicht mehr die Zeit und Kraft für politische Aktivitäten aufbringen.

Eine Rolle spielt sicher auch, dass vereinzelte Proteste von der Polizei, teilweise auch mit Waffengewalt, niedergeschlagen wurden – etwa als im Sommer 2014 der schwarze Jugendliche Michael Brown in Ferguson von einem weißen Polizisten erschossen wurde und Tausende auf den Straßen im Bundesstaat Missouri demonstrierten. Der Generalsekretär der Vereinten Nationen, Ban

Ki Moon, forderte daraufhin die Verantwortlichen in den USA auf, »sicherzustellen, dass die Freiheit friedlicher Versammlungen und die Meinungsfreiheit geschützt werden« und US-Sicherheitsbeamte »amerikanische und internationale Standards im Umgang mit Demonstranten einhalten«.[115]

Dass es (bislang) noch zu keinen größeren Ausschreitungen und zu Widerstand gegen die Staatsmacht kam, liegt aber auch daran, dass mit dem ersten Afroamerikaner und Einwanderersohn Barack Obama einer der Ihren an der Spitze des Staates stand und sich redlich bemühte, die sozialen Probleme des Landes zu lindern, wenngleich er sich oft vergeblich an der von Interessengruppen verursachten Politikblockade abmühte. Er und sein enger Vertrauter, der ehemalige schwarze Justizminister Eric Holder, konnten mehrfach mäßigend auf die schwarze Gemeinschaft einwirken, etwa als am 25. Juni 2013 ein Meilenstein der Emanzipation, der Voting Rights Act von 1965, durch ein Urteil des Obersten Gerichts (Shelby County vs. Holder) mit einer denkbar knappen Mehrheit von fünf gegen vier Stimmen ausgehebelt wurde. Ohne Aufsichtsrecht Washingtons müssen schwarze Wähler nun wieder damit rechnen, durch Auflagen der Einzelstaaten, insbesondere im Süden des Landes, bei Wahlen diskriminiert zu werden, wenn sie etwa nicht die nötigen Papiere zur Wählerregistrierung vorweisen können oder die Zeit für die Stimmabgabe eingeschränkt wird. Viele Afroamerikaner waren bei der Präsidentschaftswahl im November 2016 ohnehin nicht mehr so enthusiastisch wie bei den beiden Wahlen Barack Obamas. Heute sind nicht wenige von ihrem einstigen Helden im Weißen Haus enttäuscht. Sie verstehen nicht, warum er nicht mehr tun konnte, um ihre miserable Lage zu verbessern.

Allmählich weicht in der gesamten Gesellschaft die Überzeugung, dass es der nächsten Generation besser gehen wird als der vorigen, der Furcht,[116] dass die Jugendlichen von heute einer »verlorenen Generation« angehören könnten. Im Vergleich zu der mittlerweile ins Rentenalter tretenden »goldenen Generation«

der Babyboomer wird die amerikanische Bevölkerung weniger gebildet und finanziell ärmer sein.

Die sozialen Verlierer fühlen sich in ihrem Scheitern auf sich allein gestellt. Sie sind wegen fehlender gewerkschaftlicher Strukturen und mangels Eigeninitiative schlecht organisiert, eher apathisch als politisch aktiv. Viele erleben ihre prekäre Lage als gottgewolltes Schicksal – nicht als kollektives, sondern als individuelles.[117]

Immer mehr Amerikaner ziehen sich aus dem gesellschaftlichen und politischen Leben zurück. Wer denkt, dass er durch seine Stimme oder durch Protest nichts an seinem Los verändern kann, wählt den inneren Rückzug aus der Gemeinschaft,[118] in drastischen Fällen durch Verbrechen, Drogen oder Selbstmord. Der Mangel an Möglichkeiten, den Lebensunterhalt durch legale Arbeit zu bestreiten, wird sich auch in den Kriminalstatistiken niederschlagen und das Gemeinwohl wie die öffentlichen Kassen der Bundesstaaten und Kommunen belasten. In den letzten zwanzig Jahren vor Ausbruch der Wirtschafts- und Finanzkrise hatte sich die Zahl der Gefängnisinsassen bereits auf 2,3 Millionen vervierfacht.[119] In dieser Statistik liegen die USA pro Kopf der Bevölkerung einsam an der Spitze. Weit abgeschlagen auf dem zweiten Platz folgt China, das viermal so viele Einwohner zählt, von denen aber »nur« 1,6 Millionen hinter Gittern sitzen. Nach Angaben des International Centre for Prison Studies lebt weniger als fünf Prozent der Weltbevölkerung in den USA, doch knapp ein Viertel der weltweit zehn Millionen Inhaftierten sitzen in amerikanischen Gefängnissen.[120]

Auch die Haftbedingungen sind in die Kritik geraten. Waren Bildungsreisende wie Alexis de Tocqueville in der ersten Hälfte des 19. Jahrhunderts noch beeindruckt von den »milden« und »vorbildlichen« Haftbedingungen in der Neuen Welt, so würde heute keine Delegation eines westlich orientierten Landes mehr auf die Idee kommen, die USA zum Vorbild zu erheben: »Weit davon entfernt, der Welt als Modell zu dienen, wird das heutige

Amerika mit Entsetzen gesehen«, urteilt etwa James Whitman, der an der Yale-Universität unterrichtet und seine Forschung auf den Vergleich von Rechtssystemen spezialisiert hat.[121]

In Zeiten knapper Kassen lassen sich hier die Verhältnisse aber nur schwer verbessern. Eine Reihe von Bundesstaaten, allen voran Texas und Florida, versuchen schon, ihre Haushalte zu sanieren, indem sie Gefängnisse »outsourcen«. Der wichtigste Grund für die Privatisierung solcher staatlichen Aufgaben ist nach Einschätzung von David Fathi von der American Civil Liberties Union die Finanzkrise: »Die Bundesstaaten begreifen, dass Geld knapp wird und dass 40.000 Dollar, die sie jährlich für einen Inhaftierten ausgeben müssen, sehr viel Geld sind« – Geld, das nicht mehr für andere Vorhaben, etwa Lehrer und Schulen, zur Verfügung steht.[122]

Um das Problem einer breiteren Öffentlichkeit bewusst zu machen, besuchte Barack Obama als erster amtierender US-Präsident in der Geschichte der USA am 16. Juli 2015 ein Gefängnis. Mit seinem öffentlichkeitswirksamen Besuch in der Bundeshaftanstalt El Reno bei Oklahoma City versuchte Obama, eine Kampagne für eine liberale Strafrechtsreform anzustoßen. Barack Obama, der zugab, als Jugendlicher selbst Drogen wie Marihuana und Kokain konsumiert zu haben, bekundete offen Empathie für die Inhaftierten: Ihre Jugendsünden seien mit seinen eigenen vergleichbar. Der Unterschied, der es jedoch ermöglicht habe, dass er nicht eingesperrt wurde, sondern Präsident des Landes werden konnte, seien »soziale und familiäre Strukturen« gewesen, die ihm eine »zweite Chance« gaben, Fehler zu korrigieren. Es ergebe auch gesellschaftlich und wirtschaftlich keinen Sinn, so viele Menschen einfach wegzusperren. Mit einem Großteil der 80 Milliarden Dollar, die in den USA jährlich für den Betrieb von Gefängnissen ausgegeben würden, könnten, so der Präsident, in erster Linie Schulen und Lehrer finanziert werden. Obama appellierte in seiner Gefängnisrede auch noch an andere, schwerer quantifizierbare, aber wichtigere Werte. »Etwa eine Million Väter sind hinter Gittern. Etwa eines von zehn afroamerikanischen Kindern hat ein Elternteil im Gefängnis. Was macht das mit unseren Gemeinschaften? Was richtet das bei unseren Kindern an?«, fragte der Präsident die sichtlich ergriffenen Zuhörer.[123] Das Wachstum der Gefängnispopulation könnte nach Dafürhalten des Präsidenten gebremst werden, indem Drogendelikte, bei denen keine Gewalttaten im Spiel waren, nicht weiterhin mit Haftstrafen von bis zu zwanzig und in manchen Fällen sogar bis zu dreißig Jahren geahndet werden.[124] Seit November 2015 haben insgesamt etwa 50.000 Insassen von Bundesgefängnissen Aussicht auf vorzeitige Entlassung, weil nach einer Empfehlung der U.S. Sentencing Commission die vor allem in den 1980er-Jahren verhängten drakonischen Haftstrafen nach einer richterlichen Einzelfallprüfung rückwirkend verkürzt werden können. Leichtere Drogendelikte auch künftig nicht mehr mit langjährigen Gefängnisstrafen zu ahnden ist nicht zuletzt einer pragmatischen Abwägung geschuldet: Andernfalls wären die Kapazitäten der Vollzugsanstalten und die Haushalte der Einzelstaaten gesprengt worden.[125]

Der Konsum von Drogen gehört mittlerweile zum Alltag in den USA. Der Rückzug vieler Amerikaner in eine Drogenwelt mag in einigen Fällen Ausdruck stiller Rebellion sein. Er hält die meisten jedoch davon ab, politisch aktiv zu werden und aufzubegehren. Heute konsumiert einer von zehn Amerikanern täglich illegale Drogen. Gar doppelt so viele Arbeitslose verfallen der Drogensucht. Ein Fünftel der Jugendlichen und Erwachsenen in den USA haben im Laufe ihres Lebens schon Antidepressiva »aus nicht medizinischen Gründen« konsumiert.[126] Nach einem Bericht der U.S. Centers for Disease Control and Prevention[127] haben 2013 über zwölf Millionen Menschen in den USA verschreibungspflichtige Opiate genommen, etwa 16.000 sterben jährlich an einer Überdosis ihrer Schmerzmittel. Aber auch wohl dosiert können diese »Schmerztöter« (Pain-Killers) als Einstiegsdroge in den Tod führen. Die Wahrscheinlichkeit, heroinsüchtig zu werden, ist vierzigmal höher, wenn jemand von diesen Schmerzmitteln abhängig ist. Da Heroin fünfmal billiger und in größeren Städten fast an jeder Straßenecke zu haben ist, verfallen viele dieser gefährlichen Droge. Heroinabhängigkeit und tödliche Überdosierungen haben in den vergangenen zehn Jahren rapide zugenommen. Die Zahl der Konsumenten hat sich von 2002 bis 2013 um mehr als 60 Prozent erhöht, von 1,6 auf 2,6 pro 1.000 Einwohner. Im selben Zeitraum hat sich die Rate derjenigen, die an einer Überdosis starben, vervierfacht, auf 2,7 pro 1.000 Einwohner. Die »Heroinepidemie« hat sich auch schon über die Großstädte hinaus ausgebreitet und verwüstet bereits Gemeinden ländlicher Gegenden. Im Sommer 2015 meldeten die Behörden in einem Landkreis fünfzig Kilometer südlich von Pittsburgh im Bundesstaat Pennsylvania innerhalb von vierundzwanzig Stunden sechzehn Überdosis-Fälle. Rick Gluth, Chef des lokalen Drogeneinsatzkommandos, beobachtet seit zwei Jahren eine erschreckende Entwicklung: »Ich bin seit siebenundzwanzig Jahren im Polizeieinsatz und arbeite seit fünfzehn Jahren in der Drogenbekämpfung. Das ist das Schlimmste, was ich bisher gesehen habe.«[128] Angesichts dieser Entwicklung wünscht sich Polizeichef Gluth die »gute alte Zeit der Crack-Epidemie« zurück. (Crack, eine Form von rauchbarem Kokain, verursacht nicht minder große psychische Abhängigkeit. Überdosierungen können ebenso zum Herzstillstand führen.) »Hätten wir einen Serienmörder, der nur einen kleinen Bruchteil dieser vielen Menschen zur Strecke bringen würde, wären die Nationalgarde und der Nachrichtensender *CNN* vor Ort«, beklagt Neil Capretto, Psychiater für Drogenabhängige und Direktor eines Rehabilitationszentrums, das mangelnde nationale Interesse an diesem Problem.[129]

Immer mehr Menschen in den USA ziehen sich durch Selbstmord endgültig aus der Gemeinschaft zurück. Die Suizidrate in den USA ist weiter gestiegen, auf 12,6 Selbstmordtode pro 100.000 Einwohner im Jahr 2012, im bislang letzten Jahr, für das Daten verfügbar sind.[130] »Als Nation haben wir eine Krise psychischer Erkrankungen«,[131] lautet die eindringliche Warnung der American

Foundation for Suicide Prevention vom Oktober 2014. Selbstmord ist eine der häufigsten Todesursachen in den USA, die verhindert werden könnten: mit Aufklärung und psychologischer Betreuung – die sich aber nur wenige Betroffene leisten können.

Der dritte Sektor
und die rationale Ignoranz

Zudem fehlt es an institutionellen Mechanismen, die öffentliches Aufbegehren gegen die prekären Verhältnisse in den USA kanalisieren könnten, um politische Veränderungen zu bewirken. Thomas Edsall, Kolumnist der *New York Times*, hatte im Juni 2015 eine weitere Erklärung dafür, warum es so wenig politische Rebellion gegen die »fest verwurzelte soziale und ökonomische Ungerechtigkeit« gab: Diejenigen, die am härtesten von Ungleichheit betroffen sind, seien irrelevant für die »Themen-Setzer« beider Parteien.[132] Es lässt tief blicken, dass der Populist Trump beiden Parteien eine Kampfansage machte und viele vom sozialen Abstieg bedrohte Wähler mit dem Versprechen gewinnen konnte, dass er »den Sumpf austrocknen« werde. Vertreter elitärer Medien wie Edsall von der *New York Times* waren in bester Gesellschaft jener, die die Stärke der »Bewegung« der Trump-Anhänger lange übersahen. Auch die Granden der republikanischen Partei unterschätzten den Außenseiter Trump und konnten den Unberechenbaren am Ende nicht mehr verhindern.

Das Unvermögen der Parteien, Politik zu gestalten und auch für personellen Nachschub zu sorgen, eröffnet sowohl Thinktanks (das sind politikorientierte Forschungsinstitute des Dritten Sektors, der als Bindeglied zwischen Politik und Privatwirtschaft oder Gesellschaft fungiert) als auch Interessengruppen größere Aufgabengebiete und Einwirkungsmöglichkeiten.[133] Jene Thinktanks, die wegen ihrer offenen politischen Parteinahme oder Anwaltschaft für bestimmte Interessen als »advokatische« Thinktanks[134] bezeichnet werden und oftmals auch den entsprechenden rechtlichen Status erwerben, um Graswurzel-Lobbying betreiben zu können,[135] arbeiten strategisch mit politisch gleichgesinnten Gruppen von Abgeordneten und Senatoren sowie Lobbyisten und Journalisten in »Themennetzwerken«[136] oder »Tendenzkoalitionen«[137] zusammen, um ihre Politikvorstellungen in die Tat umzusetzen.

So wurde das staatskritische Gedankengut gemäß dem Slogan »Ideen haben Konsequenzen«[138] mit Hilfe von Netzwerkern wie dem Lobbyisten Grover Norquist und der Finanzierung von Milliardären wie den Brüdern Charles und David Koch, die neben libertären Thinktanks wie Cato auch die Tea Party mit Geld unterstützen, in praktische Politik übersetzt. Die in den USA überwiegend privat, hauptsächlich von der Wirtschaft und großen Stiftungen finanzierten Thinktanks führen also die Diskussion, setzen die Agenda und bestimmen den Rahmen des Denk- und Machbaren.

Wer jedoch von Thinktanks erwartet, dass sie sich im Sinne des Wissenschaftstheoretikers Popper ausschließlich mit Fakten beschäftigen, logische Zusammenhänge analysieren und Thesen falsifizieren, ist fehlgeleitet. Denn wir leben in einer Welt »rationaler Ignoranz«, so Fred Smith jr., langjähriger Leiter des Competitive Enterprise Institute, eines libertären Thinktanks, der auch Graswurzel-Lobbying betreibt.[139] Wer Menschen schlauer machen wolle, sei selber dumm. Denn die meisten Amerikaner seien rational, indem sie ignorant blieben, was Politik angeht: Warum sollten sie elitäre Zeitungen oder Studien lesen oder sich mit komplizierten politischen Zusammenhängen beschäftigen, wenn sie die Politik ohnehin nicht beeinflussen können? Es sei doch viel klüger, seine Zeit damit zu verbringen, seinen Lebensunterhalt zu verdienen, zwei oder drei Jobs zu bewältigen, um über die Runden zu kommen.

Doch wie kommuniziert man mit »rational ignoranten« Menschen? Indem ein Vertrauensverhältnis zu ihnen hergestellt wird. Denn nur wenn sie einem vertrauen, hören sie auch zu. In Amerika gibt es, so Smith jr. konkreter, bewährtes »Einwickelpapier«, vertraute Werte, mit denen politische Inhalte verpackt werden müssen, damit sie beim Gegenüber auch ankommen. Neben individualistischen Werten (»Habe ich damit größere Freiheiten?«) sind auch hierarchische Werte zweckdienlich:»Is it the thing that God would have us do?«

Zivilreligion: Gute und Böse

So hat auch George W. Bush kommuniziert. Er und sein bibelfester Redenschreiber Michael Gerson haben es verstanden, die Religiosität ihrer Landsleute unter anderem auch für ihre machtpolitischen Zwecke zu nutzen – etwa, als innenpolitische Unterstützung für den Angriffskrieg der USA gegen den Irak benötigt wurde. »Wir gehen mit Zuversicht voran, weil dieser Ruf der Geschichte das richtige Land erreicht hat. [...] Die Freiheit, die wir schätzen, ist nicht Amerikas Geschenk an die Welt, sie ist das Geschenk Gottes an die Menschheit. Wir Amerikaner glauben an uns, aber nicht nur an uns. Wir geben nicht vor, alle Wege der Vorsehung zu kennen, aber wir vertrauen in sie, setzen unser Vertrauen in den liebenden Gott, der hinter allem Leben und der gesamten Geschichte steht. Möge Er uns jetzt leiten. Und möge Er weiterhin die Vereinigten Staaten von Amerika segnen.« So lauteten die Schlusssätze der kriegsvorbereitenden Rede des amerikanischen Präsidenten zur Lage der Nation, gehalten am 28. Januar 2003.[140] Mit diesen religiös aufgeladenen Worten konnte George W. Bush seine Parteigänger schließlich für den Krieg begeistern[141] und später seine Wiederwahl betreiben.[142]

Um auf Nummer sicher zu gehen, haben der Präsident und seine Entourage vor dem Waffengang auch die Angst instrumentalisiert, die seit den Anschlägen vom 11. September 2001 im Land herrschte. In seiner kriegsvorbereitenden Ansprache zur Lage der Nation hatte Präsident Bush den Irak noch einmal mit der existenziellen Bedrohung der USA durch Massenvernichtungswaffen in den Händen von Terroristen in Verbindung gebracht: »Stellen Sie sich diese 19 Luftpiraten mit anderen Waffen und anderen Plänen vor – dieses Mal von Saddam Hussein bewaffnet. Eine Phiole, ein Kanister, eine in dieses Land geschmuggelte Kiste würde ausreichen, einen Tag des Grauens zu veranstalten, wie wir ihn noch nie erlebt haben.«[143]

Auf dem Altar der Sicherheit wurde demnach im Namen der Freiheit und in Gottes Namen die Freiheit geopfert. Der amtierende Präsident gab sich den evangelikalen Christen darüber hinaus häufig durch die Wahl seiner Sprache als einen der Ihren zu erkennen. George W. Bush, der seine Wahl und Wiederwahl insbesondere evangelikalen Christen verdankte, war nicht der erste Präsident, der religiöse Rhetorik bemühte, um seine Politik zu legitimieren und Unterstützung zu mobilisieren. Gerade in Krisenzeiten – Amerika sieht sich seit dem 11. September 2001 im Krieg – fand das Bemühen um eine religiöse Sinngebung immer wieder Eingang in »historische« Reden amerikanischer Präsidenten.

Herrschaft und das Freiheitsversprechen (imperium et libertas) bilden seit jeher das Janusgesicht amerikanischer Außenpolitik. »Diese Verschmelzung von Christentum und Aufklärung, von Christentum und demokratischer Mission hat die besondere zivile Religion Amerikas hervorgebracht, eine unverwechselbare Mischung von christlichem Republikanismus und demokratischem Glauben: eine Nation mit der Seele einer Kirche. Die amerikanische Nation hat keine Ideologie, sie ist eine«,[144] brachte es der Historiker Detlef Junker auf den Punkt.

Das Sendungsbewusstsein Amerikas war zumeist gegen äußere Feinde gerichtet, gegen Böses, das mit allen Mitteln bekämpft werden musste. »Auch die amerikanische Zivilreligion hat die notwendigen Feindbilder entwickelt, die eine Nation mit der Seele einer Kirche zum Überleben braucht. Nach dem Muster des spätantiken Religionsstifters Mani haben die Amerikaner besonders ihre Kriege als radikale Gegenüberstellung eines guten und eines bösen Weltprinzips gedeutet. Jeder Feind saß damit automatisch in der manichäischen Falle.«[145]

Wer im Gegner nicht nur einen Widersacher sieht, sondern ihn als das Böse schlechthin begreift, kann auch seine eigenen moralischen und rechtlichen Standards preisgeben, um ihn auszurotten. »Outlaws« oder »Schurkenstaaten«, die sich selbst nicht an Gesetz und (Welt-)Ordnung der USA halten, verdienen es demnach auch nicht, dass man bei ihrer Bekämpfung Normen einhält.[146] Der Zweck heiligt die Mittel.

So ist auch die Terrorgefahr als totalitäre Bedrohung existenzieller Natur gedeutet worden, die es mit allen Mitteln auszurotten gilt. Im Februar 2004 erläuterte zum Beispiel der neokonservative Kolumnist Charles Krauthammer die Wahrhaftigkeit seiner Anfang der 1990er-Jahre aufgestellten These:[147] Gott sei Dank habe Amerika das historische Zeitfenster, den »unipolaren Moment« nach dem Niedergang der Sowjetunion, genutzt und seine unbestrittene Machtstellung gefestigt, um nunmehr gewappnet zu sein. Der Visionär Krauthammer sieht sich von der Geschichte bestätigt, denn das Böse zeige einmal mehr seine Fratze in Form der »existenziellen Bedrohung« durch den arabisch-islamistischen Totalitarismus: »Am 11. September 2001 standen wir wieder einmal im Angesichte von Armageddon, aber dieses Mal weicht der Feind nicht zurück. Dieses Mal kennt der Feind keine Vernunft. Wäre dies der einzige Unterschied zwischen heute und gestern, dann wäre unsere Lage hoffnungslos. Aber es gibt einen zweiten Unterschied: die Einzigartigkeit unserer Macht, konkurrenzlos, nicht nur heute, sondern für immer.«[148] Mit dieser Anspielung auf den existenziellen Entscheidungskampf sollten sich insbesondere evangelikale Christen – der Kern der Wählerbasis der Republikaner[149] – angesprochen und berufen fühlen, die Sicherheit Amerikas weltweit, wenn nötig auch mit militärischen Mitteln zu gewährleisten.[150]

Freiheitsrechte durch Gewaltenkontrolle?

Präsident Bush, der in seiner Außenpolitik ebenso mit »moralischer Klarheit« zwischen Gut und Böse unterschied, konnte sich nach den Anschlägen des 11. September 2001 als Schutzpatron gerieren, der die traumatisierte Nation vor weiteren Angriffen bewahrt, und so seine Machtbefugnisse erweitern – und auch gegen die Legislative durchsetzen.

Schon unmittelbar nach dem Amtsantritt ließen Präsident Bush und seine Entourage keinen Zweifel daran aufkommen, dass sie die Position der Exekutive auf Kosten der Machtbefugnisse des Kongresses zu stärken beabsichtigten. Diese offensive Strategie des Weißen Hauses, den vor allem in der Amtszeit des Vorgängers Bill Clinton erstarkten Kongress wieder in eine untergeordnete Rolle zu drängen, erhielt mit den Terroranschlägen ihre Legitimation: die in der amerikanischen Bevölkerung gemeinhin gehegte Überzeugung, dass dies angesichts der nationalen Bedrohung rechtens, ja notwendig sei.[151] Im Zuge des globalen Krieges gegen den Terror hat Präsident George W. Bush als Oberster Befehlshaber vor allem bei der inneren Sicherheit seine Handlungsmacht auf Kosten der Legislative und Judikative ausgeweitet. Die eigenmächtigen Einschränkungen persönlicher Freiheitsrechte, insbesondere der Habeas-Corpus-Rechte mutmaßlicher Terroristen, verdeutlichen die Defizite der einstigen Vorbild-Demokratie USA.[152]

Im weltweiten Krieg gegen den Terror – der trotz etwas veränderter Rhetorik unter Amtsnachfolger Obama andauerte – können Präsidenten nunmehr die dominante Rolle des Obersten Befehlshabers spielen und bei Bedarf oder im Notfall die Gewaltenkontrolle aushebeln. Unter dem Vorzeichen der nationalen Bedrohungswahrnehmung kann die Regierungsgewalt, insbesondere die des Präsidenten, erheblich erweitert werden. Solange der Kongress am kürzeren Hebel sitzt, funktioniert die Gewaltenkontrolle nur unzureichend. Die amerikanische Demokratie läuft Gefahr, ihren liberalen Charakter im Zuge des globalen Krieges gegen den Terror preiszugeben. In der amerikanischen Geschichte gab es immer wieder Phasen äußerer Bedrohung, in denen sich die Machtbalance zugunsten der Exekutivgewalt verschob. In einer eingehenden Analyse dieses Phänomens warnte William Rehnquist, bis zu seinem Tode Anfang September 2005 Vorsitzender Richter des Supreme Court, vor der Gefahr, dass der Oberste Befehlshaber in Kriegszeiten durch zusätzliche Machtbefugnisse dazu verleitet werde, den konstitutionellen Rahmen zu überdehnen.[153]

Dabei haben die Verfassungsväter der Gewaltenkontrolle besondere Aufmerksamkeit gewidmet, denn das Grundprinzip der konkurrierenden, sich gegenseitig kontrollierenden Staatsgewalten (Checks and Balances) hat eine grundlegende Bedeutung für die Sicherung individueller Freiheitsrechte. Neben der horizontalen Gewaltenteilung in die gesetzgebende (Legislative), die ausführende (Exekutive) und die richterliche Gewalt (Judikative) wurde in der amerikanischen Verfassung auch eine vertikale Gewaltenkontrolle angelegt: Die Befugnisse wurden zwischen den Einzelstaaten und dem Bundesstaat aufgeteilt. Mit horizontaler und vertikaler Gewaltenteilung sollte verhindert werden, dass die Rechte und Freiheiten des Einzelnen und jene der Einzelstaaten über Gebühr eingeschränkt werden.

Gleichwohl wurden die Rechte der Einzelstaaten, die States' Rights, mit Billigung des Obersten Gerichts auch dazu missbraucht, um bis ins 20. Jahrhundert in den Südstaaten der USA die Rassendiskriminierung aufrechtzuerhalten. Erst in den 1950er- und 1960er-Jahren gelang es der Bürgerrechtsbewegung, dem Civil Rights Movement, die Rassentrennung und -diskriminierung im Grundsatz zu überwinden. So erklärte der Supreme Court 1954 im Fall Brown vs. Board of Education die Rassentrennung an staatlich finanzierten Schulen für unzulässig. Der Voting Rights Act von 1965 ermöglichte schließlich auch der afroamerikanischen Bevölkerung verbesserte Rechte zur politischen Teilhabe.

Rassendiskriminierung ist jedoch bis heute ein politisch brisantes Thema geblieben. Am 25. Juni 2013 urteilte das Oberste Gericht im Fall Shelby County vs. Holder mit einer denkbar knappen Mehrheit von fünf gegen vier Stimmen, dass im »Lichte gegenwärtiger Bedingungen«, insbesondere aufgrund der verbesserten politischen Beteiligung von Minderheiten, eine elementare Bestimmung (Sektion 4) des Voting Rights Act überholt und damit verfassungswidrig sei. Bisher unterstanden die mit Diskriminierungspraktiken historisch vorbelasteten Südstaaten bei Wahlen einer besonderen Bundesaufsicht. Die Gesetzgeber sind nun aufgefordert, neue, an die heutige Zeit angepasste Kriterien zu finden, die weiterhin eine bundesstaatliche Aufsicht der von den Einzelstaaten organisierten Wahlen rechtfertigen würden. Da im extrem polarisierten Politikbetrieb Washingtons, zumal in dieser heiklen Frage, auf absehbare Zeit keine Einigung erzielt werden kann, sind den Einzelstaaten bis auf Weiteres Tür und Tor geöffnet, Minderheiten bei Wahlen wieder zu benachteiligen.

Dabei sollte im Sinne einer liberalen Verfassung durch Prinzipien der Gewaltenkontrolle Missbrauch verhindert werden, um individuelle Grundrechte vor staatlicher Willkür zu schützen. Die wichtigsten Civil Liberties (im Weiteren als individuelle oder persönliche Freiheitsrechte bezeichnet) werden durch die ersten zehn Verfassungszusätze garantiert. Diese auch unter dem Begriff der Bill of Rights zusammengefassten Grundsätze wurden am 15. Dezember 1791 als Ganzes in die US-Verfassung aufgenommen. Nach dem Bürgerkrieg (1861–1865) kamen weitere Verfassungszusätze dazu, wobei der 14. besonders bedeutsam für den Schutz der individuellen Freiheitsrechte jeder Person ist. Er gilt nämlich ungeachtet der Staatsbürgerschaft. Allerdings haben die Regierungspraxis und auch die verfassungsrechtliche Auslegung des Supreme Court gezeigt, dass einige der individuellen Freiheitsrechte ausschließlich Amerikanern vorbehalten sind.

An den einzelnen Bereichen, in denen die Einschränkung persönlicher Freiheitsrechte im Zuge des globalen Krieges gegen den

Terror internationale Aufmerksamkeit erregte, lässt sich erkennen, dass die Verantwortlichen in den USA zwischen zwei Klassen von Rechtsträgern unterschieden: zwischen amerikanischen Bürgern und »Nicht-Amerikanern«. Ungeachtet der verfassungsrechtlichen »Due Process«- bzw. »Equal Protection«-Bestimmungen, in denen vom Schutz der individuellen Freiheitsrechte »jeder Person« die Rede ist, genossen die sich in den USA aufhaltenden Ausländer nach Auffassung der Bush-Administration grundsätzlich nicht den gleichen Rechtsschutz wie die Staatsbürger der Vereinigten Staaten. Wenn sie als mutmaßliche Terroristen eingestuft wurden, hatten sie zudem auch noch diesen »minderen Anspruch« verwirkt. Sie wurden gar als Outlaws (Gesetzlose) behandelt, wenn sie sich nicht auf dem souveränen Staatsgebiet der Vereinigten Staaten befanden – wie die gefangenen Taliban- und Al-Qaida-Kämpfer auf dem US-Marinestützpunkt in Guantánamo Bay, Kuba. Unter den jahrelang Inhaftierten befanden sich auch viele, die irrtümlich festgenommen wurden. Die Entscheidung, wer welche Rechte »verdiente«, wurde allein von der Exekutive getroffen. Die Bush-Administration versuchte dabei auch, sich der Kontrolle juristischer und parlamentarischer Instanzen zu entziehen.

Heute, unter Bushs Nachfolger Barack Obama, werden Terrorverdächtige nicht mehr ohne Gerichtsurteil in »vorbeugende Haft« (preventive detention) genommen. Mit ihnen wird gleich an Ort und Stelle kurzer Prozess gemacht: Mutmaßliche Terroristen – und häufig auch andere Menschen, die zur falschen Zeit am falschen Ort sind – werden im globalen Krieg gegen den Terror weltweit mit Drohnen getötet. Allein durch die knapp 650 Drohnenangriffe in Pakistan, Somalia und Jemen sind nach Angaben des Bureau of Investigative Journalism über 1.100 Zivilisten getötet worden, darunter 225 Kinder.[154] Unter Barack Obamas Präsidentschaft sind weltweit die gezielten Tötungen des US-Militärs, aber auch der Central Intelligence Agency (CIA) fortgeführt, ja forciert worden.

Nach den für die USA traumatischen islamistischen Terroranschlägen vom 11. September 2001 auf das World Trade Center in New York und das Pentagon bei Washington haben die Bemühungen von US-Präsident George W. Bush, mehr Sicherheit auf Kosten der Freiheit zu erlangen und die Welt mit militärischen Mitteln zu demokratisieren, zu einem merklichen Qualitätsverlust der amerikanischen Demokratie geführt. Barack Obamas Wahl zum 44. Präsidenten der Vereinigten Staaten von Amerika gab Anlass zur Hoffnung auf einen Kurswechsel. »Change we can believe in« hatte sein Wahlkampfmotto gelautet, und in seiner Amtsantrittsrede verurteilte er die Politik seines Vorgängers: »Wir verweigern uns der irreführenden Entscheidung zwischen unserer Sicherheit und unseren Idealen.« Er bekundete dagegen die Absicht, unter seiner Führung der von den Gründervätern verfassten Charta zur Gewährleistung von Rechtsstaatlichkeit und Menschenrechten wieder neuen Glanz zu verleihen. »Diese Ideale erleuchten immer noch die Welt, und wir geben sie nicht preis, nur weil es zweckdienlich erscheint«, so Obama in seiner Ansprache.[155] Doch Obama scheiterte an der Aufgabe, den nationalen Sicherheitsstaat wieder zurückzubauen.[156] Dass es auch dem Verfassungsjuristen Obama bislang nicht gelungen ist, die inneren Kollateralschäden des globalen Krieges gegen den Terror und den internationalen Ansehensverlust der einstigen liberalen Vorbilddemokratie zu reparieren, stimmt bedenklich. Der Zustand der US-Gesellschaft beeinflusst aufgrund ihres Vorbildcharakters die weltweite Wahrnehmung demokratischer Rechtsstaatlichkeit und internationaler Rechts- und Ordnungsvorstellungen.[157]

Die Macht der Wirtschaft –
wo das Geld über
die Politik entscheidet

Zwar ist auch hierzulande vielen mittlerweile bewusst geworden, dass es in den USA im gesellschaftlichen und politischen Bereich durchaus Einschränkungen der Freiheit gibt, aber in wirtschaftlichen Fragen gelten die USA, trotz großer Ernüchterungen in den vergangenen Jahren, vor allem in Deutschlands Wirtschaftskreisen immer noch als das Mekka des Liberalismus. Amerikanische Eliteuniversitäten und ihre Lehren von der freien Marktwirtschaft prägen nach wie vor die Kader wirtschaftlichen und politischen Führungspersonals im In- und Ausland. Mit dieser »weichen Macht« konnten die USA den sogenannten Washington Consensus, das Evangelium der freien Wirtschaft, weltweit verbreiten, dem zufolge andere Länder ermutigt werden sollen, ihre politischen und wirtschaftlichen Ordnungen nach amerikanischem Vorbild zu liberalisieren.

Auch hinsichtlich ihrer Wirtschaftsstruktur galten lange Zeit die USA als vorbildlich. In der Sichtweise der auch in Europa breit rezipierten Drei-Sektoren-Lehre[158] haben sich die USA am schnellsten von der Agrar- über die Industrie- hin zur Dienstleistungsgesellschaft entwickelt. Die USA haben seit Beginn des 20. Jahrhunderts im Vergleich der größeren Staaten das höchste Wirtschaftswachstum pro Kopf. In bestimmten Phasen haben andere, etwa Deutschland und Japan, aufgeholt. Dieser Prozess ist aber in den 1990er-Jahren zu Ende gegangen, als die USA das Turbotriebwerk der Finanzliberalisierung starteten. Finanzdienstleistungen galten nun als Speerspitze der wirtschaftlichen Entwicklung. In diesem Sektor gab es viele begrüßenswerte Innovationen, leider aber auch einige, die in die Wirtschafts- und Finanzkrise geführt haben, von der sich die USA – und auch die von ihr in Mitleidenschaft gezogene Weltwirtschaft – immer noch nicht erholt haben. Dieser Finanzdienstleistungssektor, dessen vermeintlicher Fortschritt gepriesen wurde, während die Europäer auf dem geschmähten »alten Kontinent« immer noch im Produktions- und Industriegewerbe verhaftet schienen, hat sich als problematisch erwiesen. Mittlerweile verstehen die Verantwortlichen auch in den USA wieder, dass der Industriesektor nicht vernachlässigt werden darf und dass die Deregulierung im Finanzsektor zu weit ging.

Die Fehlentwicklung wurde ermöglicht, weil sich der Staat als Ordnungshüter zurückgezogen hatte. Die Rücknahme staatlicher Regulierungen im Finanzsektor haben die Wirtschafts- und Finanzkrise maßgeblich begünstigt. Um den »freien Fall«[159] seiner Wirtschaft aufzuhalten, musste der amerikanische Staat dann umso massiver eingreifen – nämlich nicht mehr nur durch Rahmensetzung, sondern in den Wirtschaftsprozess selbst. Dank Rettungsprogrammen, De-facto-Verstaatlichungen und massiven Geldspritzen der US-Notenbank konnte bislang ein Zusammenbruch verhindert werden. Die Illusion einer freien Wirtschaft wird vom Staatstropf genährt.

Trugbilder und Fakten

Der Glaube an die Wunderheilung des »amerikanischen Patienten« wird von vielen ansonsten eher realistisch denkenden deutschen Industrieführern geteilt. Trotz gegenteiliger Fakten herrscht hierzulande noch verbreitet die Erwartung, die seit Jahrzehnten schrumpfende US-Industrie werde dank des Standortvorteils eigener Energieressourcen die internationale Konkurrenz überflügeln. Auch die meisten Analysten sahen die »neue« Technologie des Fracking als Deus ex Machina. Dank ihrer billigen Energie hätten die USA nunmehr einen dauerhaften Standortvorteil. Sie verleihe der US-Wirtschaft wieder neuen Schwung und beschere den USA einen strategischen Vorteil.[160] Wegen der Reindustrialisierung der USA kämen insbesondere die Europäer wirtschaftlich und auch geopolitisch in die Bredouille. Weil die USA jetzt »energieunabhängig« und nicht mehr auf Einfuhren angewiesen seien, zögen sie sich aus dem Nahen und Mittleren Osten zurück. Um nur eine prominente Stimme zu nennen: Laut Friedbert Pflüger, der seit seinem Rückzug aus der deutschen Politik als Direktor des European Centre for Energy and Resource Security am King's College in London wirkt, ist wegen der vergleichsweise niedrigeren Gaspreise die Reindustrialisierung in Nordamerika bereits in vollem Gange. Der deutsche Energieexperte schreibt dem amerikanischen Schieferöl ein »ähnlich großes Potenzial« zu. »Während die Welt im 21. Jahrhundert um die knappen Energieressourcen kämpft«, so Pflüger, »könnten die USA in absehbarer Zeit große Schritte in Richtung Energieautarkie gehen.« Amerikas Energieunabhängigkeit würde sich auch auf die Weltordnung auswirken: »Wären die Bürger der Vereinigten Staaten dann noch bereit, Milliarden Dollar für Militär und Soldaten weit entfernt der Heimat auszugeben? Mit der wachsenden Energieautarkie und dem daraus fast zwangsläufig folgenden schrittweisen Rückzug der USA verbliebe China die dominierende weltpolitische Kraft«, warnte Pflüger, der auch als Vorsitzender des Arbeitskreises Rohstoffe der Atlantik-Brücke die Meinungsbildung transatlantisch gesinnter Eliten in Deutschland beeinflusst.[161] Die Europäer und Asiaten müssten demnach selbst zusehen, wie sie dieses Machtvakuum füllen und ihre Energie sichern.

Einige deutsche Unternehmer nahmen diese Prophezeiungen so ernst, dass sie ihre Produktionsstandorte in die USA verlegten. Trotz ihrer Investitionen – sie müssen mancherorts wider Erwarten öffentliche Infrastruktur wie Straßen und Brücken errichten und erst die Arbeiter ausbilden – konnte sich die US-Industrie jedoch bis heute nicht nachhaltig erholen. Zwar können bestehende kapitalintensive Bereiche wie die chemische Industrie bis auf Weiteres von den billigen Rohstoffen profitieren. Doch die erwartete umfangreiche Reindustrialisierung der USA und das erhoffte Arbeitsplatzwunder sind bislang ausgeblieben.[162]

Nichtsdestotrotz bleiben deutsche Unternehmensführer unbeirrt in ihren Lobpreisungen der amerikanischen Marktwirtschaft. Dass die aktuellen Börsenwerte einer Handvoll IT-Unternehmen jene der führenden zwanzig deutschen Industrieunternehmen übertreffen, wird als weiterer Beleg für die Innovationskraft der USA herangezogen. Von diesen »Wert«-Schöpfungen werden aber wieder nur wenige profitieren. Im Vergleich zu den über 400.000 Arbeitsplätzen, die nur ein deutsches Unternehmen, nämlich Siemens, weltweit bietet, nehmen sich die Beiträge amerikanischer »Spitzen«-Unternehmen zur Arbeitsmarktstatistik eher bescheiden aus: Apple (mit etwa 100.000 Jobs), Amazon (90.000), Google (50.000), Facebook (9.000).[163] Dabei sollte man auch bedenken, dass in diesen Firmen prekäre Arbeitsverhältnisse üblich sind, die einem Vergleich mit den gut bezahlten und sicheren Arbeitsverhältnissen der deutschen Industrie nicht standhalten. Wer die aktuellen Börsenwerte einiger aktuell hoch gehandelter US-Unternehmen für bare Münze nimmt, ignoriert zudem die Tatsache, dass die derzeitigen Kurse an den Börsen nicht zuletzt auch dank der Geldschwemme der US-Notenbank nach oben befördert wurden und die »Werte« sich beim Platzen einer möglichen Blase an den US-Aktienmärkten als weitere Illusion herausstellen könnten.

Anders als früher, als man die Finanzdienstleistungen in den USA hochjubelte und die Industrie verschmähte, wird von PR-Agenturen und Unternehmensberatern ein sogenanntes »datengetriebenes Narrativ« vermarktet[164] – eine neue Erfolgsgeschichte publizistisch verkauft, die auf der Vernetzung von Konsumentenbedürfnissen, Produktion und Vermarktung beruhen soll. Wer den Lobpreisungen der neuen »Industrie 4.0« folgt, sieht Deutschland wieder in Gefahr, seine industrielle Führungsstellung an die USA abzugeben. Um den Anschluss an neue informationstechnologische Entwicklungen nicht zu verlieren, so die Propheten, müssten auch in Europa Regulierungshemmnisse abgebaut und Industriepolitik betrieben werden.[165] Und das sollte laut den Befürwortern möglichst schnell geschehen. Denn wir befinden uns angeblich schon in der »vierten industriellen Revolution«: »Nach Mechanisierung, Elektrifizierung und Informatisierung der Industrie läutet der Einzug des Internets der Dinge und Dienste in die Fabrik eine 4. Industrielle Revolution ein. Unternehmen werden zukünftig ihre Maschinen, Lagersysteme und Betriebsmittel als Cyber-Physical Systems (CPS) weltweit vernetzen.«[166] Demnach sollten in »intelligenten Betrieben« (smart factories) Produktions- und Logistikprozesse sowie die dazugehörenden Dienstleistungen miteinander vernetzt werden. Mit der richtigen Verarbeitung der Daten könnten, je nach persönlichem Bedarf, »on demand« maßgeschneiderte Produkte erstellt oder individualisierte Dienstleistungen erbracht werden. Auch der Produktionsfaktor Arbeit müsse optimiert werden. Wenn nicht ohnehin Roboter und 3-D-Drucker die Arbeit selbstständig erledigten, dann sollen »Wearables«, das sind digitale Geräte, die am (noch menschlichen) Körper getragen werden, laufend die Vitalität und Produktivität des Humankapitals messen und erhöhen.

»Big Data« heißt das neue Zauberwort. Wer die Macht der Daten habe, verfüge auch über Wirtschaftsmacht. Über die Präferenzen und das Konsumverhalten von Menschen Bescheid zu wissen und die Produktionsketten und Lieferwege optimieren zu können sei heute das A und O neuer komplexer Produktions- und Wertschöpfungsnetze.

Doch auch diese neue, vernetzte Industriewelt ist wohl wieder einmal zu schön, um wahr zu werden. Neben handfesten persönlichen Datenschutzproblemen, die in den neuen virtuellen Räumen entstehen, müssten sich wirklich »smarte« Unternehmer auch fragen, ob sie ihren Konkurrenten noch weiter Tür und Tor öffnen wollen, damit diese umso leichter Industriespionage betreiben können. Bereits heute sollte sich vor allem in Industriekreisen herumgesprochen haben, dass China auch Cyber-Spionage betreibt, um industrielle Kapazitäten und Know-how noch schneller zu entwickeln. Von den weltweit führenden amerikanischen IT-Unternehmen, die Hand in Hand mit den noch besser gerüsteten Nachrichtendiensten ihres Landes zusammenarbeiten, gar nicht erst zu reden.

Trotz gegenteiliger Wahrnehmung (auch der meisten Amerikaner) hat der amerikanische Staat seit jeher eine wichtige Rolle im Wirtschaftsleben Amerikas gespielt, indem er Innovationsleistungen selbst erbrachte oder indirekt ermöglichte, indem er Forschung und Entwicklung finanzierte. »Es gibt eine Fülle an Beispielen, die belegen, dass Militärtechnologie extrem wichtig für das Wachstum des privaten Sektors gewesen ist«, hob der ehemalige Notenbankchef Ben Bernanke bei einer Diskussionsveranstaltung der Brookings Institution hervor, die sich mit den Kürzungen des Verteidigungsetats und deren negativen Folgen für die US-Wirtschaft beschäftigte.[167] Zwar gab der Wirtschaftswissenschaftler zu bedenken, dass das Geld besser in Grundlagenforschung außerhalb des Militärs investiert gewesen wäre. Aber das politische System der USA sei eben denkbar schlecht geeignet, dafür zu sorgen, dass im zivilen Bereich langfristige Investitionen mit unsicherem Ausgang getätigt würden. »Mangels einer stetigen, dringend erforderlichen nichtmilitärischen Entwicklungsstrategie«, sekundierte sein Kollege Mark Muro, »dienten Verteidigungsausgaben als verdeckte Industriepolitik.«[168] Die Spitzenstellung amerikanischer Firmen etwa in der Rüstungstechnologie, im Luft- und Raumfahrtwesen, aber auch im IT-Sektor, wäre ohne staatliches Zutun – im mehrfachen Wortsinn – »undenkbar« gewesen. Das Internet – die Grundlage der amerikanischen IT-Industrie – wurde in Militärkreisen entwickelt.

Das war jedoch nicht nur Industriepolitik, sondern auch geheimdienstlich-militärisches Kalkül. Nach Einschätzung des Geostrategen Walter Russell Mead waren die USA in der Lage, ihre wirtschaftliche und militärische Dominanz zu bewahren, weil sie sehr schnell und wirksam die zivile und militärische Nutzung neuer Kommunikationsformen, darunter Radio, Fernsehen, Satelliten und das Internet, etabliert und beherrscht haben.[169]

Was von Staatskritikern der sogenannten freien Wirtschaft oft übersehen wird: Auch die Sicherheitsapparate sind staatliche Einrichtungen. Das amerikanische Militär, die Nachrichtendienste und die Behörden des Heimatschutzes sind die größten Arbeit- und Auftraggeber in den USA. Im Zuge der militärischen und sicherheitsdienstlichen Aufrüstung im Zweiten Weltkrieg erhielt die Bundesregierung umfangreiche Aufgaben. Im Kalten Krieg gegen die Sowjetunion etablierte sich eine Interessenverbindung zwischen Militär, Rüstungsindustrie und politischen Eliten, der vom scheidenden US-Präsidenten Eisenhower sogenannte »militärisch-industrielle Komplex«. Dieser Komplex ist seit den Angriffen vom 11. September 2001 durch eine weitere massive Erhöhung des Militärbudgets und die Ausweitung des Heimatschutzes und nachrichtendienstlicher Kapazitäten für die Feinde und möglichen Rivalen der USA noch bedrohlicher geworden.

Künstlich aufgeblähte Ökonomie

Die »harte Macht« der USA garantiert das »Dollar-Privileg« der USA. Dieses wiederum hat es dem Staat selbst und der amerikanischen Gesellschaft ermöglicht, seit Jahrzehnten über ihre Verhältnisse zu leben. Länder, die der Sicherheit der USA vertrauen, zollen der Weltmacht dafür Tribut. Dank der Vermutung des »sicheren Hafens« fließen die Ersparnisse und Währungsreserven anderer Länder in die USA. Insbesondere das Ausland hat seit Mitte der 1980er-Jahre die wachsenden Staatsschulden der USA finanziert. Allein von 2011 bis 2014 haben Geldgeber aus Übersee den amerikanischen Staatshaushalt mit zusätzlichen 2,5 Billio-

nen Dollar versorgt. Insgesamt steht der amerikanische Bundesstaat gegenüber dem Ausland heute mit über 6,2 Billionen Dollar
in der Kreide – das ist knapp die Hälfte aller seiner über die Märkte
öffentlich finanzierten Schulden. Allen voran haben asiatische
Zentralbanken massiv amerikanische Staatsanleihen erworben:
China und Japan finanzieren mit jeweils 1,2 Billionen Dollar einen
Gutteil der Schuldenlast der Weltmacht.[170] Auch die erdölprodu-
zierenden Länder reinvestierten lange Zeit ihre Erlöse aus ihrem
Ölgeschäft in den USA. Der Kapitalzufluss aus dem Ausland und
die durch die US-Notenbank geförderten niedrigen Zinsen führten zu einem Geldsegen, der es den USA erlaubte, über ihre Verhältnisse zu leben und die soziale Ungleichheit durch Schuldenmachen zu kaschieren.

Zudem ermöglichten der Geldsegen und die Deregulierung
der Finanzmärkte – die nach der Krise der 1930er-Jahre errichtete
Brandmauer zwischen Kreditgeschäft und Investmentbanking
wurde in der Amtszeit Clintons eingerissen – es den Banken und
Private-Equity-Firmen, mit immer geringerem Eigenkapital immer größere Geschäfte zu machen. Insbesondere spezialisierten
sich viele Finanzinstitute darauf, Immobilienkredite an Gläubiger mit geringer Bonität zu vergeben und diese zweifelhaften Forderungen in vermeintliche »Wert«-Papiere zu verpacken (der be-
schönigende Fachausdruck lautet »Strukturierung«) und weltweit
an renditehungrige Investoren zu verkaufen. Die Renditejäger investierten ruhigen Gewissens, weil amerikanische Rating-Agenturen – in ihrem eigenen finanziellen Interesse – diese Finanz-
produkte mit Bestnoten (»AAA«, sprich »Triple A«) versahen.
Die Folgen sind bekannt: Mit dem Platzen der Immobilienblase
platzte nicht nur der amerikanische Traum von der Eigentümer-
gesellschaft, sondern dem einen oder anderen Anleger in Übersee
auch die Gewinnillusion.

Einerseits hat das Laisser-faire bei Regulierungen, andererseits
haben staatliche Eingriffe, insbesondere massive Subventionen,
großen Firmen der Informationstechnologie, der Wall Street, der

Öl- und Gas- sowie der Rüstungsindustrie noch größere Profite beschert, von denen sich europäische Beobachter weiterhin blenden lassen. So wurden durch die Rettungsaktionen nach dem Zerplatzen der Immobilienblase jene »systemrelevanten« Banken, die angeblich zu groß waren, um sie fallenzulassen (»too big to fail«), noch größer gemacht. Im Energiesektor wird es zugleich versäumt, die externen Kosten, die fossile Brennstoffe für die amerikanische Gesellschaft in Form von Umwelt- und Gesundheitsschädigungen verursachen, etwa durch CO_2-Steuern einzupreisen. Das Versagen der Märkte, die gesellschaftlichen Kosten mitzuberücksichtigen, würde eigentlich staatliches Handeln nahelegen, um dafür zu sorgen, dass die Preise wieder die wahren Kosten widerspiegeln und die Verteilung knapper Güter entsprechend funktioniert. Im Gegenteil: Der amerikanische Staat greift in den Wirtschaftsprozess ein, um die Öl- und Gasindustrie sogar noch zu subventionieren, und benachteiligt damit alternative Energien. In seiner Analyse des globalen Anstiegs von staatlicher Unterstützung der Öl- und Gasindustrien hat der Internationale Währungsfonds (IWF) die USA als einen der Hauptschuldigen identifiziert. Anders als andere »Sünder«, vor allem jene in der Dritten Welt wie Nigeria, die mit Subventionen helfen, die Benzinpreise für die arme Bevölkerung erschwinglich zu halten, unterstützen die USA jedes Jahr, zuletzt 2015 mit knapp 670 Milliarden Dollar, fast ausschließlich die Produzenten und erhöhen damit deren Profite.[171]

Staatliches Handeln durch Subventionen und unterlassene Regulierung haben dazu beigetragen, dass in strategisch wichtigen Geschäftsfeldern große Unternehmen noch größer geworden sind. So gibt es in den USA bereits eine besorgniserregende Konzentration wirtschaftlicher und politischer Macht in den Bereichen der Medien, der Informationstechnologie, Finanzdienstleistungen, Öl- und Rüstungsindustrie. Diese Unternehmen bestimmen wiederum, ob und wie der Staat handelt. Sie beeinflussen die Spielregeln der politischen Auseinandersetzung und die allgemeinverbindlichen Entscheidungen zu ihren Gunsten.

Eine der größten Wachstumsbranchen in den USA ist die sogenannte Lobbyindustrie. Die Unternehmen und ihre Ausgaben haben in den vergangenen drei Jahrzehnten enorm zugenommen. Seit der amerikanische Staat in den 1960er-Jahren zwischenzeitlich die Wirtschaft etwas umfassender reguliert hat, haben sich auch die Wirtschaftsunternehmen gerüstet und ihre Interessengruppen, Thinktanks und Lobbying-Apparate in Stellung gebracht, um erfolgreich auf die Politik Einfluss zu nehmen, die staatliche Rahmensetzung wieder abzubauen, sprich: zu deregulieren. Insofern hatte Jeb Bush, einer der Präsidentschaftsaspiranten der Republikaner, nicht ganz Unrecht, wenn er behauptete, dass die Ausweitung der Staattätigkeit in Form von Regulierungen dazu beigetragen habe, dass Lobbying zur stärksten Wachstumsindustrie geworden sei. »Ausgaben für Lobbying haben um mehr als 45 Prozent innerhalb der vergangenen Dekade zugenommen«, beklagte Bush.[172] Nach seiner Logik könnte denn auch das Problem des Lobbyings gelöst werden, wenn die Interessengruppen ihr und Bushs Ziel erreicht hätten – nämlich den Staat wieder so klein wie möglich zu machen, sprich die Steuern weiter zu senken und die Regulierungen aufzuheben.

Gemessen an seiner Regulierungstätigkeit und an den Möglichkeiten, durch Steuermittel Marktversagen bei öffentlichen Gütern wie Bildung zu beheben, ist der amerikanische Staat im Vergleich zu anderen zivilisierten Ländern ohnehin nicht groß. Doch wenn man die »negativen Steuern«, sprich die Subventionen betrachtet, mit denen der amerikanische Staat strategisch wichtige »Industrien« direkt oder indirekt unterstützt, dann wird umso verständlicher, warum die in den USA schwach regulierten Medien-, Informationstechnologie-, Finanz-, Energie- und Militärunternehmen – auch im weltweiten Maßstab – so groß und dominant geworden sind.

Giganten der Medien
und Informationstechnologie

Bei seinem Bemühen um eine reduzierte Regierungstätigkeit, also die Aufhebung von Regulierungen, konnte Jeb Bush prominente Vorbilder ins Feld führen: Die Reagan-Regierung weichte in den 1980er-Jahren unter anderem auch die Regelungen gegen Medienkonzentration auf. Mit dem unter der Clinton-Regierung im Februar 1996 verabschiedeten Telecommunications Act wollte man eigentlich den Wettbewerb erhöhen, erreichte damit aber das Gegenteil: Die Marktmacht einzelner Anbieter verstärkte sich weiter. Die grundlegende Frage, ob staatliche Regulierung nötig sei, um Wettbewerb zu schützen, wurde einmal mehr zugunsten des Laisser-faire beantwortet. Massiver Einfluss von Interessenvertretern und ihnen nahestehenden Experten in Thinktanks haben dafür gesorgt, dass der Markt der Telekommunikation fast vollständig dereguliert wurde.[173] Sogenannte Cross-Ownership wurde erlaubt; alsbald kam es zu einer Reihe von Fusionen. Die Lockerung gesetzlicher Regulierungen hat es den Megakonzernen erleichtert, auch ihre vertikalen Integrationsstrategien durchzusetzen, das heißt Produktion und Verteilung von Medieninhalten unter ein Firmendach zu bekommen. Insbesondere werden Fernsehen und Hochgeschwindigkeitsinternet in den USA von einem Oligopol weniger Firmen beherrscht.

Damit nehmen amerikanische Firmen auch weltweit dominante Marktstellungen ein. Gemessen an ihren Umsätzen führen die »großen Sieben« der USA auch das Ranking der weltweit größten Medienkonzerne an (siehe Tabelle 2).

Tabelle 2: Die 20 größten Medienkonzerne weltweit
(Umsatz 2014, in Mio. Euro)

Rang	Unternehmen	Umsatz
1	Comcast (USA)	48.684
2	Google Inc. (USA)	45.046
3	The Walt Disney Company (USA)	33.914
4	News Corp. Ltd./21st Century Fox (USA)	27.539
5	DirecTV, LLC (USA)	23.909
6	Time Warner Inc. (USA)	22.434
7	Viacom Inc./CBS Corp. (USA)	21.894
8	Sony Entertainment (Japan)	17.830
9	Bertelsmann SE & Co. KGaA (Deutschland)	16.356
10	Cox Enterprises Inc. (USA)	11.972
11	Liberty Media Corp./Liberty Interactive (USA)	10.774
12	Vivendi S.A. (Frankreich)	10.197
13	Dish Network Corporation (USA)	9.860
14	Thomson Reuters Corporation (USA)	9.859
15	Rogers Comm. (Kanada)	9.285
16	The Hearst Corporation (USA)	7.530
17	Lagardère Media (Frankreich)	7.216
18	Reed Elsevier PLC (Großbritannien)	7.106
19	Bloomberg L. P. (USA)	6.777
20	ARD (Deutschland)	6.284

Quelle: Mediendatenbank media.db.eu, abrufbar unter:
http://www.mediadb.eu/de/forum/daten-fuer-archiv/int-mk-2014.html.

Der amerikanische Medienmarkt wird heute von sieben Medien-
imperien dominiert: Comcast, Google, Disney, Rupert Murdochs
News Corporation/FOX, DirecTV, Time Warner und Viacom/CBS.
Der Zeitungsmarkt konzentriert sich auf immer weniger Anbieter. Vier von fünf Tageszeitungen in den USA befinden sich in der
Hand von Konzernen; dem größten, der Thompson-Gruppe, gehören mittlerweile über hundert Tageszeitungen.[174] Die zunehmende Kommerzialisierung hat zur weiteren Konzentration und

zur Ausdünnung der Medienvielfalt geführt. Es gibt in den USA heute nur noch wenige Städte, in denen die Bewohner mehr als eine Tageszeitung zu lesen bekommen. Auch die überregionalen, landesweit verbreiteten Blätter wie das *Wall Street Journal*, *USA Today*, die *New York Times*, die *Los Angeles Times* und die *Washington Post* kann man an einer Hand abzählen. Hinzu kommen die Wochenmagazine *Time*, *Newsweek* und *US News and World Report*.

Mit der schrumpfenden Zahl der Medienanbieter sinkt auch das Angebot an Arbeitsplätzen für Journalisten. Während große Tageszeitungen ihr Fachpersonal 2014 im Vergleich zum Vorjahr um fast 14 Prozent aufgestockt haben, müssen kleinere versuchen, mit wenigen Generalisten ihren Lesern die immer spezifischer werdenden Sachverhalte zu erklären – oder sie übernehmen einfach die Meldungen der Nachrichtenagenturen. Insgesamt ist die Zahl amerikanischer Journalisten in nur einem Jahr um über zehn Prozent auf 32.900 gesunken. Der Trend zeigt deutlich nach unten. 1990 waren es noch knapp 57.000, fast doppelt so viele. Zudem müssen sich Arbeitnehmer insbesondere bei den reinen Online-Medien mit immer prekärer werdenden Anstellungen begnügen. Knapp 40 Prozent von ihnen beschäftigen mehr Teilzeitkräfte und Freiwillige als bezahlte Vollzeitkräfte.[175]

Das mag sich für den einen oder anderen Konzern rechnen. Aber Kommerzialisierung und Konzentration haben ihren Preis für die Konsumenten: weniger Auswahl und noch weniger Qualität. In den USA ist Qualitätsjournalismus damit zur Ausnahme geworden; der Großteil des Landes gleicht, so das Urteil kritischer Beobachter, einer »Informationswüste«, in der es keine Vielfalt, sondern »nur die Vervielfältigung weitgehend gleicher, häufig sehr seichter Inhalte« gibt.[176]

Auch der politisch interessierte Fernsehzuschauer hat nur noch die Wahl zwischen wenigen kommerziellen Stationen: der *ABC* (American Broadcasting Company), dem *CBS* (Columbia Broadcasting System) und der *NBC* (National Broadcasting Company), dem vom Medienmogul Ted Turner geschaffenen Nachrichtensender *CNN* (Cable News Network) sowie dem vom australischen Geschäftsmann Rupert Murdoch finanzierten *Fox TV*. Staatlich geförderte Qualitätssender wie *PBS* (Public Broadcasting System), *C-SPAN* (Cable-Satellite Public Affairs Network) oder *NPR* (National Public Radio) sind aufgrund finanzieller Nöte vom Aussterben bedroht.

Gleichwohl hat seit den 1960er-Jahren das Fernsehen die Zeitungen als Informationsquelle abgelöst. Bereits 2010 bezogen sechs von zehn Amerikanern ihre Informationen aus dem Fernsehen; nur noch ein Drittel informierte sich über die Tageszeitungen, etwas weniger nutzten Radio und Internet.[177] Wer sich jedoch das aktuelle Kommunikationsverhalten (siehe Abb. 1) ansieht, insbesondere den Medienkonsum von Jugendlichen,[178] die auch ihre politisch relevanten Informationen immer häufiger im Internet und dabei vor allem über soziale Netzwerke beziehen, muss befürchten, dass die etablierten Medien, insbesondere Tageszeitungen und Fernsehen, künftig nur noch die Altersgruppe der Rentner bedienen werden.

Abb. 1: Durchschnittliche Dauer der täglichen Mediennutzung in den USA im Jahr 2015 (in Minuten)

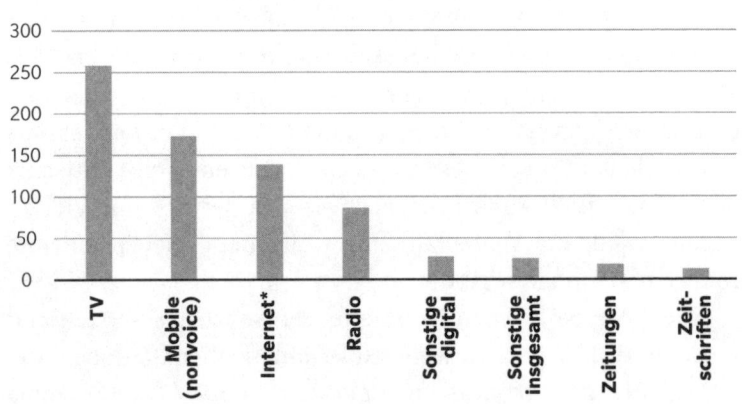

* In dieser Kategorie sind alle Internetaktivitäten über Desktop-PCs und Laptops enthalten.

Quelle: eMarketer 2015

Es ist eine Frage der Zeit, bis Fernsehen und vor allem Beiträge von »Zeitungen« ohnehin nur noch über das Internet konsumiert werden. Selbst das renommierte US-Magazin *Newsweek* stellte nach achtzig Jahren seine Printausgaben ein, unter anderem wegen der mangelnden Werbeeinnahmen. Wenn Marketing-Abteilungen von Firmen zur Kenntnis nehmen, dass nur noch etwas über fünf Prozent der täglichen Mediennutzungszeit von Amerikanern auf Zeitungen oder Zeitschriften entfallen, dürften sie künftig noch weniger in Printwerbung investieren und damit dazu beitragen, dass noch mehr Zeitungen und Zeitschriften überhaupt nicht mehr oder nur noch online erhältlich sein werden.

Heute erhalten die meisten Jüngeren ihre Nachrichten über soziale Netzwerke. »Ich bin sehr daran interessiert, unsere Message an ein jüngeres Publikum zu pushen [in der Sprache etwas älterer Menschen: eine Nachricht mit Nachdruck versenden], um diejenigen zu erreichen, die nicht *MSNBC* oder *Fox News* sehen. Sie schauen kein Fernsehen, sie sind den ganzen Tag auf Snapchat«, erklärt Vincent Harris, Chef von Harris Media. Die PR-Firma wurde unter anderem damit beauftragt, mit einer digitalen Medienkampagne zu verhindern, dass der Kongress den Nuklear-Deal von Präsident Obama mit dem Iran billigt.[179] »Journalisten müssen heute mit Unterhaltung, Ratespielen, Tratsch und Babyfotos um die Aufmerksamkeit konkurrieren«, bringt Ravi Somaiya, der Medienexperte der *New York Times*, die neue Wettbewerbslage auf den Punkt.[180]

Bestenfalls googeln Jugendliche noch »selbstständig« nach Information. Mittlerweile (seit der 2004 herausgegebenen 23. Auflage) wurde das neudeutsche Verb auch schon in den deutschen Rechtschreib-Duden aufgenommen – und auf Empfehlung des Unternehmens in der 24. Auflage präzisiert, um seinen Markenschutz zu gewährleisten: »mit Google im Internet suchen«. Das allein spricht schon Bände über die Marktmacht des 1998 in Kalifornien gegründeten Unternehmens. Die von Sergey Brin und Larry Page bereits während ihres Studiums entwickelte Suchmaschine Google dominiert immer stärker den Markt. Google ist heute der zentrale Ort für kontextbezogene Werbung im Internet. Denn um »kostenlos« in Sekundenbruchteilen Informationen im Internet recherchieren zu können, geben Milliarden von Menschen täglich ihre Nutzerdaten und Privatsphäre preis. In ebenso atemberaubender Geschwindigkeit wurde Google durch die an die Werbeindustrie weiterverkauften Daten zum Marktführer in der Medien- und Online-Technologie-Branche. Hinzu kommt, dass Google auch mit Android bei mobilen Betriebssystemen von Smartphones und Tablets, mit Chrome bei Browsern, mit Youtube bei Online-Videos und mit Gmail bei E-Mail-Diensten Marktführer ist. Um seine verschiedenartigen Geschäftsbereiche – darunter Google Fiber, das in den USA mehrere Städte mit Internet über Glasfaserkabel versorgt, die medizinische Forschungssparte Calico, Google X, das unter anderem selbststeuernde Autos entwickelt, oder der Kartendienst Google Maps – unter ein Firmendach zu bekommen, gründete der Konzern im Sommer 2015 eine Holding mit dem Namen Alphabet. Kenner der Industrie vermuten, dass Google mit der neuen Konzernstruktur einer möglichen Regulierung durch die Federal Communication Commission vorbeugen will, sollte eine künftige Regierung je auf den (in politischer Hinsicht selbstmörderischen) Gedanken kommen, auch Internetinhalte wie den E-Mail-Dienst, Googles Suchfunktion oder den Kartenservice zu regulieren.[181]

Allein die schiere Größe des Konzerns, insbesondere aber das Wissen um die Interessen, Kaufpräferenzen, ja Gewohnheiten seiner Kunden, bedeutet wirtschaftliche und soziale Macht. Wie ein auktorialer, allwissender Sprecher eines Romans oder Films, der Gott ähnlich weiß, was seine Figuren bewegt, gab Google-Chef Eric Schmidt zu bedenken: »Wir wissen, wo du bist. Wir wissen, wo du warst. Wir können mehr oder weniger wissen, was du gerade denkst.«[182] Wer die Interessen, Kauf- und Lebensgewohnheiten von Menschen erfasst, könnte sie vielleicht auch beeinflussen wollen.

Die Marktmacht des Megakonzerns – über 90 Prozent der Suchanfragen laufen in Europa über Google – hat die Monopolaufsicht der Europäischen Union (EU) auf den Plan gerufen. Die Klage richtet sich zunächst gegen die Praxis des Konzerns, bei den Suchergebnissen seine eigenen Produkte (zum Beispiel Google Shopping) ganz oben zu platzieren und die Konkurrenz zu benachteiligen: zum Beispiel jene Firmen, die bei der EU-Kommission Beschwerde eingereicht haben. So geraten die »organischen«, nach einem vermeintlich objektiven Suchalgorithmus besten Ergebnisse ins Hintertreffen. Seine eigenen Angebote, die oft schlechter sind als die Angebote von Wettbewerbern, werden bei Googles Suchergebnissen ganz nach oben geschoben. Google droht nun eine Milliardenstrafe der EU-Kommission, sollte es seine Geschäftspraxis nicht ändern. Einmal mehr sind europäische Kartellwächter kritischer als ihre amerikanischen Kollegen. Schon Microsoft konnte in den USA mehr oder weniger tun und lassen, was es wollte.

Sicherlich sollte man dabei auch bedenken, dass seinerzeit Microsoft-Chef Bill Gates recht behalten sollte mit seiner Aussage, dass ein Monopol im IT-Bereich schnell der Vergangenheit angehören kann, als er um die Jahrtausendwende die Kartellwächter davon abhalten konnte, sein Unternehmen aufzuspalten (in eine Firma für Betriebssysteme und eine für Büro-Software). 2009 untersagte die Europäische Kommission Microsoft aber, seinen Browser Internet Explorer unzulässig mit der Betriebssoftware Windows zu verknüpfen, und verhängte eine Strafe in Höhe von 561 Millionen Euro wegen Nichterfüllung der Vorgaben. Microsoft musste viel Zeit, Energie und am Ende die beträchtliche Summe von drei Milliarden Dollar aufwenden, damit das Verfahren der europäischen Wettbewerbshüter eingestellt wurde.[183] Sie trugen also dazu bei, dass Microsoft seine Marktmacht nicht weiter festigte, und haben damit vielleicht auch Bill Gates geholfen, am Ende recht zu behalten. Denn heute ist das ehedem dominante Unternehmen ins Hintertreffen geraten. Microsoft ist von Apple und Google überholt worden, die heute immer stärker den Markt beherrschen.[184]

Die jungen Wilden der »Tech Industry« wollen nicht nur die Märkte revolutionieren, sondern auch die Politik aufmischen. Um zu verhindern, dass die Regierung ihren Businessplänen am Ende noch einen Strich durch die Rechnung machen könnte, indem sie etwa Geschäfte im Internet besteuert oder reguliert, investieren sie auch massiv in Lobbying. Mark Zuckerberg, Chef von Facebook, brachte die Lobby-Gruppe fwd.us in Stellung und will mit ihr »eine der mächtigsten politischen Kräfte« werden. Jungunternehmer wie Zuckerberg geben sich selbstbewusst, denn »wir, sowohl als Firmen als auch als Einzelne, kontrollieren die Verteilungskanäle«. Von den »alten Kanälen« wurden bereits die Zeitschrift *New Republic* von Facebook-Mitbegründer Chris Hughes erworben, und mit der *Washington Post* wurde eine der wichtigsten überregionalen Tageszeitungen von Amazon-Chef Jeff Bezos gekauft. Hinzu kommen die »neuen Kanäle«, etwa das Medienimperium Yahoo. Googles Wahlkampfkomitee (Political Action Committee, PAC), eine Lobbygruppe, gibt mehr Geld für Wahlkämpfe aus als Goldman Sachs – eine Firma, die legendär ist für ihre politischen Verbindungen. Die Wallfahrt ins Silicon Valley, um neue Inspirationen zu schöpfen und Gelder einzuwerben, gehört heute zum Ritual von Politikern, die immer teurer werdende Wahlkämpfe gewinnen wollen. Die Mitarbeiter aus dem Silicon Valley sind mittlerweile ebenso Teil der Drehtürkultur geworden und wechseln häufig die Seiten, um selbst hin und wieder aktiv Politik mitzugestalten.

Die damit garantierte Minimalregulierung wird es amerikanischen Konzernen weiterhin ermöglichen, durch Fusionen noch größer zu werden, mit anderen zu kooperieren und ihre Geschäftsfelder auszuweiten. Dafür werden auch Finanzinvestoren wichtig bleiben,[185] deren Einfluss auf die Medienbranche ohnehin schon sehr ausgeprägt ist. Vielleicht haben die Medien, die sich in den USA als »Wachhunde der Demokratie« bezeichnen, auch deshalb eine der größten Fehlentwicklungen verschlafen, die nach wie vor das politische System bedroht: die von der Politik, nicht zuletzt auch der Clinton-Regierung, entfesselten Kräfte der Finanzmärkte. Sie haben zur größten Wirtschafts- und Finanzkrise seit den 1930er-Jahren geführt und den politischen Handlungsspielraum noch mehr eingeschränkt.

Immobilien und Finanzimperien

Dem amerikanischen Staat gelingt es nicht, auf den Immobilien- und Kreditmärkten für mehr Wettbewerb zu sorgen. Im Gegenteil: Durch staatliches Eingreifen in der Wirtschafts- und Finanzkrise ist die Konzentration im Kreditgewerbe noch größer geworden. »Heute haben die größten sechs Finanzinstitute in den USA ein Gesamtvermögen von 10 Billionen Dollar, legte Bernie Sanders,[186] der Herausforderer Hillary Clintons im Vorwahlkampf der Demokraten, den Zeigefinger in die Wunde der oligopolistischen Wirtschaftsstruktur der USA.

Nachdem die Banken wegen ihrer schieren Größe und angeblichen Systemrelevanz gerettet werden mussten (»too big to fail«), sind die großen unter ihnen noch viel größer als vorher geworden, während die kleinen pleitegingen. Auch durch die »Politik« des billigen Geldes der US-Notenbank schwimmen die Finanzinstitute in Geld, das ihre Manager dafür verwenden, eigene Aktien zu kaufen und mit den damit hochschnellenden Kursen ihren »Shareholder-Value« und ihre von diesem »Markterfolg« abhängige Bezahlung hochzutreiben. Hohe Kurse schützen auch vor feindlichen Übernahmen. Denn auch das Geschäft mit den Firmenzusammenschlüssen und -übernahmen boomt. 2015 versprach wieder ein besonders gutes Jahr für die Mergers & Acquisitions (M&A) zu werden. In den vier Monaten von März bis Juni 2015 waren allein im Finanzsektor über 127 Milliarden Dollar im Spiel.[187] In diesem »Monopoly« (wirtschaftlich korrekt eigentlich:

»Oligopoly«) werden die Großen noch größer. Ziel auch dieses – leider realen – Spiels ist es, Imperien aufzubauen und möglichst viele andere Mitspieler in die Insolvenz zu treiben. Wer an der Schlossallee (Wall Street) residiert, hat bei diesem ungleichen Spiel große Vorteile gegenüber den Bewohnern etwa der Hafenstraße, der in den USA sogenannten Main Street der einfachen Leute, auf der in den USA mittlerweile unzählige Obdachlose leben[188] – denen oft nur eine Krankheit einen Strich durch ihre Lebensplanung gemacht hat.

Man muss kein Sozialist wie Bernie Sanders sein, um das grundlegende Problem zu erkennen: Großbanken, die durch den Staat rückversichert und durch den Geldsegen der Notenbank begünstigt werden, streichen enorme Gewinne ein, während die Steuerzahler (auch anderer Länder) die Rechnung dafür bezahlen. Es ist überraschend, dass im Vorzeigeland der freien Marktwirtschaft der Hypothekenmarkt nicht von der unsichtbaren Hand des Marktes, sondern von der öffentlichen Hand gesteuert wird. Das wird zu weiteren Fehlanreizen führen. Künstlich niedrig gehaltene Zinssätze, staatliche Bürgschaften und Zuschüsse bewirken weitere Fehlallokationen: Sie führen zu Investitionen, die nicht benötigt werden, oder im schlimmsten Fall zu weiteren Blasenbildungen.

Nach Ansicht des damaligen Notenbankchefs Ben Bernanke ist der Immobilienmarkt seit dem Zweiten Weltkrieg stets eine der wichtigsten Stützen gewesen, wenn das Land in eine wirtschaftliche Schieflage zu geraten drohte. »Die schlechte Situation auf dem Immobilienmarkt hat nicht nur Auswirkungen auf die Bauindustrie, sondern auch auf eine große Zahl an Zulieferern für diese Bereiche sowie auf die Finanzmärkte und die Kreditvergabe«, umriss Bernanke die nunmehr veränderte Lage, in der das unbewegliche Vermögen sich nicht als Rettungsanker, sondern als Problem erweist.[189]

Die durch das Zerplatzen der Immobilienblase ausgelöste Wirtschafts- und Finanzkrise hat zu einer weiteren Konzentration im Bankensektor geführt. Großbanken konnten ihre ehemaligen Konkurrenten übernehmen, die sich im Immobilienkreditgeschäft verspekuliert hatten und in eine finanzielle Schieflage geraten waren. So schluckte Wells Fargo den Konkurrenten Wachovia und stieg zum führenden Hypothekenanbieter auf. Die Hypothekenvergabe beschränkte sich nunmehr auf einige wenige Finanzinstitutionen, was sich auf das Marktgeschehen auswirkte: Obwohl die US-Notenbank seit dem Crash durch »quantitative Lockerung« die Leitzinsen niedrig gehalten und den Banken ihre prekären Kreditforderungen abgekauft hat, haben diese die historisch niedrigen Zinsen nicht an ihre Kunden weitergegeben und sich mit der Kreditvergabe zurückgehalten.

Ihre Zurückhaltung erklären die Banken auch mit den jetzt etwas höheren Garantieauflagen vonseiten staatlicher Rückversicherer. 2011 wurden neun von zehn Hauskrediten direkt oder indirekt durch staatliche Stellen gesichert[190] – in erster Linie, um Banken vor dem Konkurs zu bewahren –, zumeist von den de facto verstaatlichten Hypothekenbanken Fannie Mae und Freddie Mac. 2008 mussten beide Institute vom Staat gerettet werden – mit 150 Milliarden Dollar.[191] Mit ihrer Hilfe hatte man den amerikanischen Traum verwirklichen wollen, eine »Gemeinschaft von Eigentümern in Amerika« zu schaffen, wie Präsident George W. Bush es euphorisch nannte.[192] Eigentlich dienten die beiden Immobilienfinanzgiganten dem Ziel, die Zahl der Hauseigentümer zu erhöhen. Indem sie Banken und anderen Hypothekenfinanzierern ihre Forderungen abkauften, sollten diese befähigt werden, weitere Kredite zu vergeben. Diese Forderungen wurden dann an institutionelle Anleger im In- und Ausland weiterverkauft. So haben renditehungrige Financiers in China, Japan und auch in Deutschland bis zum Platzen der Blase den amerikanischen Traum vom eigenen Heim finanziert.

Durch die Finanzkrise unsanft in die Realität zurückgeholt, legte die neue Regierung unter Federführung von Finanzminister Timothy Geithner dem Kongress im Februar 2011 Reformpläne vor, die den Rückzug des Staates aus dem Immobilienmarkt vorsahen.[193] Angesichts der »prekären Lage auf dem Immobilienmarkt« müsse dies allerdings behutsam und in einem »richtig bemessenen Tempo« geschehen, damit die Erholung der Wirtschaft nicht gefährdet werde.[194]

Bis heute hängt der amerikanische Immobilienmarkt am Staatstropf. Zum einen sorgt die Notenbank weiterhin dafür, dass die Zinsen niedrig bleiben. Zum anderen ist es bislang nicht gelungen, die Marktmacht der beiden staatlichen Hypothekenbanken Fannie Mae und Freddie Mac zurückzunehmen. Der Staat versichert weiterhin über 70 Prozent aller neuen Hauskredite.[195]

Dafür sorgen auch die Finanzindustrie und die Politiker, die von ihr weiterhin üppige Wahlkampfspenden erhalten. Versicherungsgesellschaften, Investmentfirmen, Immobilienunternehmen und Banken sind nach wie vor führend, wenn es darum geht, die Politik in ihrem wirtschaftlichen Sinne zu beeinflussen. Dies geschieht durch ihre ehemaligen Mitarbeiter, die politische Ämter übernehmen, oder durch üppige Wahlkampfspenden, die die »Kommunikation« mit den Politikern verbessern, oder indem sie professionelle Lobbyisten engagieren.

Sogar nach dem Ausbruch der Finanzkrise 2007/08, die durch die von der Finanzindustrie in den 1990er-Jahren forcierte Deregulierung begünstigt wurde, investierte sie bei den Wahlen 2008 weitere 470 Millionen Dollar an Wahlkampfspenden – 80 Prozent mehr als in den beiden vorherigen Wahlzyklen.[196] Von diesem Geldsegen profitierten grundsätzlich Politiker beider Parteien; die Demokraten hatten jedoch bei den Präsidentschaftswahlen von 2012 das Nachsehen. Barack Obama konnte von der Finanzindustrie »nur« etwas über 21 Millionen Dollar einwerben, während sein Herausforderer Mitt Romney mit über 61 Millionen fast dreimal so viel verbuchen konnte. Wenn vier Jahre später, 2015/16, der überwiegend selbstfinanzierte Milliardär Donald Trump im Wahlkampf damit drohte, als Präsident den »Sumpf in Washington« trockenzulegen, dann prangerte er vor allem jene Wahlkampfspenden an, die seine Rivalin Hillary Clinton von der Finanzindustrie erhalten hatte. Am Ende waren es über 100 Millionen Dollar.[197] Wegen der Niederlage Clintons waren denn auch die nicht minder üppigen Investitionen der Finanzbranche (270 Millionen Dollar) in die Kandidaten beider Parteien bei den Kongresswahlen sicherer angelegt. Rechnet man noch jene Ausgaben hinzu, die nicht direkt an die Kandidaten gingen, sondern an externe Organisationen, die ihrerseits massiven Einfluss auf die Wahlkämpfe nahmen, dann beziffern sich die Gesamtausgaben – allein der Finanzindustrie – auf knapp eine Milliarde Dollar.

Neben den üppigen Wahlkampfspenden investierte die Finanzindustrie nach Angaben des Center for Responsive Politics für das politische Alltagsgeschäft jährlich auch wieder knapp eine halbe Milliarde Dollar in über 2.300 Lobbyisten, darunter ehemalige Abgeordnete und Senatoren, die aufgrund ihrer Kontakte die Interessen der Industrie bei der politischen Entscheidungsfindung zwischen Parlament und Regierung noch professioneller vertreten. Der Kreis der Lobbyisten ist etwas geschrumpft, die Intensität des Lobbyismus bleibt davon offensichtlich unberührt. Zwar ist die Anzahl der knapp 3.000 Lobbyisten, die noch vor Ausbruch der Finanzkrise 2007 insbesondere die ehrwürdigen Hallen des Kongresses bevölkerten, mittlerweile (2015) auf 2.335 gesunken.[198] Doch diese verdienen mehr als zuvor: Die Ausgaben für Lobbyisten der Finanzindustrie sind seit der Jahrtausendwende merklich gestiegen, auf nunmehr 486 Millionen Dollar im Jahr (2015).[199]

Aus Sicht der Geldgeber sind sie ihr Geld wert. Denn die Repräsentanten der Finanzbranche haben ganze Arbeit geleistet, vor allem wenn man bedenkt, wie wütend die US-Bürger seit dem Ausbruch der Finanzkrise auf die Finanzindustrie sind. So wurden einerseits die Finanzimperien mit dem Verweis auf ihre »Systemrelevanz« durch massive staatliche Eingriffe, also durch Steuergelder, gerettet. Sie konnten aber andererseits bislang verhindern, dass ihr Finanzgebaren umfangreicher reguliert oder besteuert wurde. Im Herbst 2014 scheiterte ein weiterer Versuch, höhere

Hürden für die Kreditvergabe einzuführen. Bereits im Sommer davor verlief ein parteiübergreifendes Vorhaben, den Kreditmarkt zu reformieren, im Sande.

Der amerikanische Gesetzgeber konnte bislang auch noch nicht die sogenannten Schattenbanken regulieren. Die größte Schattenbank ist BlackRock mit Sitz in New York, ein weltweit führendes Investmentunternehmen, das Finanzwerte von knapp fünf Billionen Dollar verwaltet.[200] Nach der Definition des Financial Stability Board (FSB), einer internationalen Organisation, die das Finanzsystem analysiert, handelt es sich hierbei um Institute, die bankähnliche Funktionen wahrnehmen, insbesondere auch Kredite vergeben, aber keine Banken sind und somit nicht der Regulierung für Kreditinstitute unterliegen. Um die Regulierung zu unterlaufen, haben nicht wenige Kreditinstitute ihre Geschäfte an Schattenbanken ausgelagert. Von 2002 bis 2007 hat sich das »Vermögen« der Schattenbanken auf 25 Billionen Dollar verdoppelt. Nach dem Finanzcrash, der nicht zuletzt auf diese unkontrollierten Geschäfte zurückzuführen ist, wurden die Gesamtvermögen zwischenzeitlich etwas reduziert. Doch bereits 2013 wurde der alte Vorkrisen-Rekord wieder gebrochen.[201] Das lässt noch viel Schlimmeres befürchten.

Die internationalen Bemühungen, Schattenbanken zu regulieren, weil von ihnen weiterhin »systemische Risiken« ausgehen, wurden jedoch bislang von den USA torpediert. Nach wie vor können einige wenige große Finanzimperien die Stabilität des gesamten Finanzsystems bedrohen, wenn auch nur eines von ihnen wegen seiner hochriskanten Kreditgeschäfte wieder in Schwierigkeiten geraten sollte. Wegen ihrer »Systemrelevanz« müssten sie wieder vom Staat gerettet werden. Sie haben deshalb nach wie vor Anreize, risikoreiche Geschäfte einzugehen und die damit verbundenen Gewinne einzustreichen, denn eventuelle Verluste übernimmt ohnehin wieder der Steuerzahler.

Offensichtlich wollen die Finanzindustrie und die von ihr abhängigen Politiker das »business as usual« fortführen. Anders als in Deutschland, wo Immobilien beliebter geworden sind, weil sie eine sichere Geldanlage für Erspartes versprechen, werden in den USA Häuser immer noch als Kreditkarten missbraucht,[202] nach dem Motto:»Lass Dein Haus Dich in den Urlaub bringen«, wie die Werbung einer Hypothekenbank ihre Kundschaft zum Konsum auf Pump animiert. Die tiefere, seit Jahrzehnten wirkende Ursache der jüngsten, noch nicht überwundenen Finanzkrise wirkt weiter: die Wohlstandsillusion, die durch die von der Finanzwirtschaft inspirierten und staatlich verordneten Kreditblase genährt wird. Ferner ist zu befürchten, dass das billige Geld der Notenbank und das Gebaren der Finanzindustrie für eine weitere Blase in einem anderen Sektor gesorgt haben: im Energiesektor.

Gas- und Ölmagnaten

Es bleibt abzuwarten, ob der in Expertenkreisen und in den Medien gefeierte»Ölrausch« in den USA im Nachhinein, wieder etwas nüchtern betrachtet, sich nicht doch noch als Blase herausstellt. Es ist zu befürchten, dass das billige Geld der US-Notenbank (die»quantitative Lockerung«) auch im Energiebereich bereits zu Fehlallokationen geführt hat. Viele kleinere Pionierunternehmen, die von Private-Equity-Firmen finanziert und vertraglich zu Mindestmengen verpflichtet wurden, können aufgrund des gegenwärtigen Überangebots und Preisverfalls bei Schiefergas nicht mehr ihre Investitions- und Produktionskosten decken. Die meisten Pioniere werden sich wirtschaftlich zu Tode»fracken«.

In erster Linie sind Produzenten gefährdet, die nicht eigenes Kapital investiert, sondern sich hoch verschuldet haben. Viele sind von Investoren abhängig, die nicht langfristig anlegen, sondern den schnellen Profit suchen. Beide, klamme Produzenten und gierige Investoren, dürften sich jedoch mit dem Fracking-Boom verspekuliert haben. Es bleibt zu hoffen, dass die zu erwartenden Forderungsausfälle nicht das Finanzsystem von Einzelstaaten oder gar wieder das US-Finanzsystem insgesamt gefährden. Die Bank für Internationalen Zahlungsausgleich schätzt, dass sich weltweit die Verschuldung der Öl- und Gasindustrie seit 2006 mehr als verdoppelt hat, auf 2,5 Billionen Dollar im Jahr 2014.[203] Die meisten Schulden wurden von der amerikanischen Fracking-Industrie gemacht. Bei den aktuell niedrigen Preisen können viele Unternehmen schon jetzt ihre Schulden nicht mehr bedienen. Wie in neuen Märkten üblich, wird sich auch der Fracking-Markt bereinigen, wenige größere Anbieter werden übrig bleiben. Die Preise sollten dann aber wieder steigen.

Darauf hofft auch Harold Hamm, einer der Fracking-Pioniere, der das Unternehmen Continental Resources leitet, das sich auf die Fracking-Technologie spezialisiert hat. Seine persönliche Geschichte, sein Aufstieg aus ärmlichen Verhältnissen zum Ölmilliardär, schien den alten amerikanischen Traum wiederzubeleben. Auf dem Höhepunkt des Fracking-Booms, als die Ölpreise 2012 und 2013 im Jahresdurchschnitt bei über 100 Dollar pro Fass lagen und sein Ölgeschäft enorme Gewinne abwarf, wähnte sich Hamm reicher als der Medienmogul Rupert Murdoch.[204] Auf dem Höhepunkt seiner gefühlten Wirtschaftsmacht wollte er sogar der »desaströsen« Kontrolle der Ölmärkte durch Saudi-Arabien ein Ende bereiten. Doch der Aufsteiger hatte seine Rechnung ohne die Konkurrenz gemacht.

Anders als von den meisten Experten und auch vom Unternehmer Hamm erwartet, haben die Saudis auf die erhöhte Produktion der US-Fracking-Industrie nicht mit einer Begrenzung ihres Angebots reagiert, um den Preisverfall zu verhindern. Im Bewusstsein ihres strategischen Vorteils, der darin besteht, dass sie zu weit günstigeren Konditionen produzieren können und einen längeren Atem haben als die amerikanische Konkurrenz, haben sie ihre Produktion sogar noch erhöht, um die Preise weiter nach unten zu treiben.

Der Preiskampf zeigte schnell Wirkung. Viele US-Unternehmen konnten alsbald nicht mehr ihre Produktionskosten decken.

Als im Sommer 2015 der Ölpreis auf knapp über 50 Dollar pro Fass fiel, reduzierte sich auch die Zahl der Bohrlöcher auf 645 – von über 1.500, die noch ein Jahr zuvor gezählt wurden.[205] Die Verantwortlichen in Saudi-Arabien könnten dafür sorgen, dass die Fracking-Blase in den USA noch etwas früher platzt und der amerikanische Energiemarkt weiter konsolidiert. Denn viele der kleinen und mittelgroßen Produzenten, die viele Amerikaner auf ein Energie- und Arbeitsplatzwunder hoffen ließen, werden schon bald Konkurs anmelden. Am Ende werden nur noch größere Unternehmen überleben, die sich in der Phase niedriger Preise länger über Wasser halten können, weil sie finanzstärker sind und ihre Geschäftsbereiche diversifiziert haben.[206]

Ein Blick auf die Liste der nach Börsenwert zehn größten Öl- und Gasunternehmen in den USA ist ein Indiz dafür, dass der Markt ohnehin von zwei großen Firmen, Exxon Mobil und Chevron, dominiert wird (siehe Abb. 2). Allein der Marktwert von Exxon Mobil belief sich 2015 auf über 350 Milliarden Dollar.

Abb. 2: Top 10 der Öl- und Gasunternehmen in den USA (nach Marktwert 2015, in Mrd. Dollar)

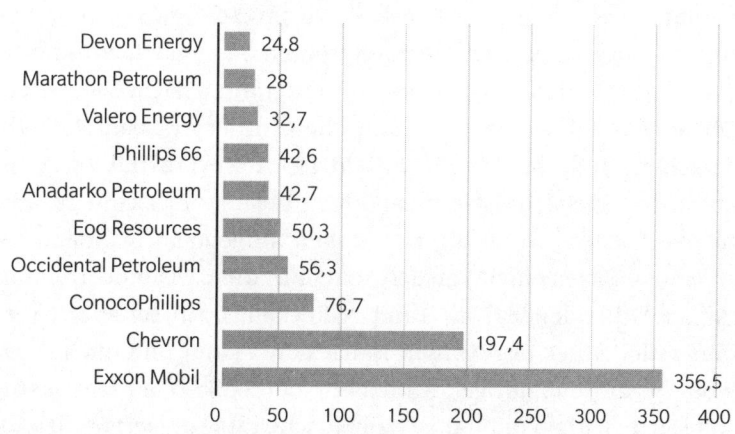

Quelle: Global-500-Liste der *Financial Times*, abrufbar unter: http://www.ft.com/intl/cms/s/2/1fda5794-169f-11e5-b07f-00144feabdc0.html#axzz3phlhURCe

Große amerikanische Ölfirmen haben größere Geschäfte im Sinn. Sie haben daher seit Längerem ihr gesteigertes Interesse auf die Atomverhandlungen mit dem Iran gerichtet. Denn mit der Einigung vom Sommer 2015 werden die Sanktionen auch im Öl- und Gassektor des Landes aufgehoben. Damit ist der Iran über kurz oder lang wieder mit voller Produktionskraft zurück auf dem Weltmarkt. Wood Mackenzie, ein im Ölgeschäft führendes Beratungsinstitut, erwartet, dass der Iran bis 2020 wieder auf eine Produktionskapazität von 3,4 Millionen Fässern pro Tag kommen könnte; im Falle von dringend benötigten ausländischen Investitionen würden täglich sogar noch eine Million Fässer mehr gefördert. Die Erwartungen für die künftige Gasförderung sind noch optimistischer, doch eher auf längere Sicht.[207] Die zusätzliche Förderung, selbst wenn sie nicht so hoch wie erwartet ausfallen sollte, dürfte die Ölpreise weiter nach unten und die heimische Förderung in den USA noch mehr in den Ruin treiben.

Umso interessierter sind amerikanische Ölfirmen, in Teheran wieder einen Fuß in die Tür zu bekommen, zumal ihnen seit über drei Jahrzehnten verwehrt war, Geschäfte im Iran zu machen. Sie sind erpicht darauf, in die kostengünstige Förderung der üppig vorhandenen iranischen Rohstoffe zu investieren. Der Iran verfügt nach Russland über die zweitgrößten Gas- und nach Venezuela, Saudi-Arabien und Kanada die viertgrößten nachgewiesenen Ölreserven der Welt.[208] Der iranische Ölminister Bijan Namdar Zanganeh hatte bereits im Vorfeld der Atomverhandlungen in Aussicht gestellt, dass sein Land bereit wäre, mit Exxon zusammenzuarbeiten, wenn die Sanktionen aufgehoben würden. Bereits 1995 gab es einen Versuch Teherans, die US-Ölindustrie mit einem Milliardendeal ins Land zu locken. Doch seinerzeit vereitelte der Druck des Weißen Hauses die Pläne von Conoco. Obwohl bis zur endgültigen Aufhebung der Sanktionen amerikanische Firmen nicht mit iranischen Entscheidungsträgern (offiziell) verhandeln durften, haben diese bereits seit geraumer Zeit Vorbereitungen getroffen. Exxon Mobil etwa beauftragte eine Lobbying-

Firma, um sich über den Stand der Verhandlungen mit dem Iran zu »informieren«.[209]

Bis zur Einigung im Nuklearstreit profitierte vor allem China davon, dass auch andere, etwa ein japanisches Konsortium (Inpex Corp), Vereinbarungen mit dem Iran aufgekündigt haben, um nicht gegen die von den USA forcierten Sanktionen gegen Teheran zu verstoßen.[210] Die USA beeinflussten auch die Entscheidung Indiens, auf den Bau der geplanten Iran-Pakistan-Indien-Pipeline zu verzichten und damit dem iranischen Regime diese wirtschaftliche Unterstützung zu entziehen. Europäische Firmen haben ihr Engagement ebenfalls eingeschränkt, um gemeinsam mit Washington den Druck auf den Iran zu erhöhen, sein Nuklearprogramm aufzugeben.

Mit der Einigung vom Sommer 2015 gelten diese Beschränkungen nun nicht mehr. Wirtschaftsvertreter westlicher Länder hatten bereits im Vorfeld begonnen, um die besten Investitionsmöglichkeiten zu buhlen. Auch der Bundesverband der Deutschen Industrie (BDI) erwartet Geschäftsvorteile für deutsche Unternehmen. »Insbesondere die Modernisierung der Ölindustrie eröffnet große Marktchancen für deutsche Maschinen- und Anlagenbauer«, so BDI-Präsident Ulrich Grillo euphorisch.[211] Experten beziffern den Investitionsbedarf allein im Ölsektor auf über 200 Milliarden Dollar.

Ebenso wittern Automobil- und Flugzeughersteller das große Geschäft. Doch auch in diesen Sektoren rechnen sich US-Firmen bessere Chancen aus, um die traditionell von europäischen Firmen dominierten Märkte jetzt zu ihren Gunsten neu zu strukturieren. So hofft der US-Luftfahrt- und Rüstungskonzern Boeing auf große Aufträge, wenn die veraltete zivile Flugzeugflotte Irans erneuert werden soll. Die staatliche Zivilflugorganisation Irans erwartet Investitionen in Höhe von knapp acht Milliarden Dollar, um in den kommenden fünf Jahren mindestens dreißig Flugzeuge pro Jahr zu erwerben. In der nächsten Dekade wollen iranische Fluggesellschaften mehr als dreihundert Flugzeuge kaufen.[212]

Mit dem Iran-Deal werden die Großen der Öl- und Militär-industrie gleichermaßen bedient. Neben den direkten Subventio-nen, die die amerikanische Ölindustrie trotz Milliardengewinnen immer noch erhält, unterstützt der amerikanische Staat seine Öl-firmen auch indirekt. Die militärische Sicherung der Ressourcen in diesen geostrategisch wichtigen Regionen kostet insbesondere den amerikanischen Staat sehr viel Geld, das für andere, weit-aus produktivere Investitionen fehlt. Die dem Pentagon naheste-hende RAND Corporation schätzt, dass etwa 12 bis 15 Prozent des jährlichen Verteidigungshaushalts eingespart werden könnten, wenn man allein die Sorge um die Sicherung der Ölimporte aus dem Persischen Golf nicht hätte.[213] Aber mit diesen »Kosten« sub-ventionieren der amerikanische Staat und die ihn finanzieren-den Steuerzahler und Kreditgeber aus dem Ausland indirekt auch Amerikas Rüstungsindustrie.

Militärisch-industrieller Komplex

Durch ihre Bündnispolitik und ihre Wirtschafts- oder Militärhil-fen unterstützen die USA auch ihre Militärindustrie. So erhalten Israel und Ägypten jedes Jahr drei bzw. zwei Milliarden Dollar Aus-landshilfen von den USA, für die sie freilich zu einem Gutteil wie-der US-Rüstungsgüter und -dienstleistungen bezahlen müssen. Um Verbündete wie Israel und Saudi-Arabien zu beruhigen, die sich vom Iran bedroht fühlen und Washingtons Deal mit Teheran sehr kritisch gegenüberstehen, wurden die Sicherheitsgarantien der USA mit zusätzlichen Waffenverkäufen untermauert. Im Mai 2015 stellte Obama den Verantwortlichen Saudi-Arabiens und klei-nerer Golfstaaten beim Treffen in Camp David »extensive« mili-tärische Zusammenarbeit in Aussicht.[214] Des Weiteren wird die mit drei Milliarden Dollar jährlich ohnehin üppig veranschlagte Militärhilfe der USA an Israel in den kommenden zehn Jahren auf knapp vier Milliarden Dollar pro Jahr erhöht werden.[215]

Saudi-Arabien, dessen Ölmonarchie auch von den USA protegiert wird, muss mehr für seine Sicherheit in Form von Rüstungskäufen vorschießen. Allein in den vier Jahren von Oktober 2010 bis Oktober 2014 investierte Riad insgesamt 90 Milliarden Dollar in Rüstungsgüter aus den USA. Die teuerste Anschaffung waren F-15-Kampfflugzeuge im Wert von knapp 30 Milliarden Dollar und Apache-Kampfhubschrauber für weitere 31 Milliarden Dollar, die 2010 in Auftrag gegeben wurden.[216] Saudi-Arabien ist bei Weitem nicht das einzige Land, das amerikanische Rüstungsgüter kaufen darf – um die Lasten der Sicherheitsgarantie der USA zu schultern. In den vergangenen fünfzehn Jahren waren es über hundert Länder, die durch Waffenkäufe in den USA in ihre Sicherheit investiert und damit auch die Geschäfte der amerikanischen Rüstungsindustrie gefördert haben.

Militärgüterexporte, darunter auch an autokratische Staaten, sind ein wichtiger Aktivposten im Außenhandel der USA. Nach den Statistiken des Stockholm International Peace Research Institute (SIPRI)[217] haben allein in der vergangenen Dekade, von 2005 bis 2014, internationale Waffenverkäufe um knapp ein Fünftel (16 Prozent) zugenommen. Über 94 Länder kauften Waffen von den USA; knapp die Hälfte aller Waffen (48 Prozent) ging nach Asien und Ozeanien, ein Drittel (32 Prozent) landete im Mittleren Osten. Die fünf wichtigsten Importländer waren neben der Demokratie Indien die vier Autokratien Saudi-Arabien, China, die Vereinigten Arabischen Emirate und Pakistan. Die größten Exporteure waren die USA, gefolgt, mit großem Abstand, von Russland, China, Deutschland und Frankreich. Insbesondere die Verkäufe des ohnehin größten Exporteurs USA haben überdurchschnittlich, um weitere 23 Prozent, zugelegt.

Für ihre interventionistische Außenpolitik müssen die USA auch selbst gut gerüstet sein. Im Kalten Krieg konnten die USA das Wettrüsten gegen die Sowjetunion für sich entscheiden, nicht zuletzt wegen der Rüstungsoffensive Ronald Reagans in den 1980er-Jahren. Nach dem Zerfall der Sowjetunion wurde der Ver-

teidigungshaushalt wieder etwas zurückgefahren. Doch die sogenannte Friedensdividende währte nicht lange. Nach den Terroranschlägen vom 11. September 2001 wurde der Militärhaushalt im
Vergleich zu den späten 1990er-Jahren fast verdoppelt.[218] Sie ver-
anlassten Präsident Bush, seine im Wahlkampf noch als bescheiden und zurückhaltend angekündigte »humble foreign policy«
auf eine revolutionäre Außenpolitik umzustellen.[219]

Im Haushaltsjahr 2015 war das Verteidigungsbudget der USA
auf nunmehr 554 Milliarden Dollar gestiegen.[220] Die Ausgaben
für Verteidigung bestreiten mittlerweile mehr als die Hälfte der
Ermessensausgaben (discretionary spending) des gesamten US-
Haushalts, die anders als die gesetzlichen Ansprüche (entitle-
ments) jedes Jahr in einem Aushandlungsprozess zwischen dem
Kongress und dem Weißen Haus festgelegt werden können. Auch
im internationalen Vergleich kann sich das amerikanische Verteidigungsbudget sehen lassen: Auf das Konto der USA gehen knapp
die Hälfte aller weltweiten Rüstungsausgaben. Obwohl die USA
über einen größeren Militärhaushalt verfügen als die neun Länder
mit den nächstgrößten Etats zusammengenommen,[221] sorgt man
sich in Washington, dass China den Abstand verringert. Dank
neuer Technologien, so fürchtet man, könnte das Reich der Mitte
den USA den Zugang zum Südchinesischen Meer verwehren (im
Militärcode: Area Denial und Anti-Access) und die Vormachtstellung der USA in Asien herausfordern.

Um die technologische Überlegenheit zu wahren, läutete bereits George W. Bushs Verteidigungsminister Donald Rumsfeld
die »Transformation« des Militärs ein, die darin besteht, den Umfang und die Kosten der Streitkräfte zu reduzieren und dafür in
moderne Technologie zu investieren. Der Druck gestiegener Per-
sonalkosten und die seit den gescheiterten Haushaltsverhandlun-
gen zwischen Republikanern und Demokraten drohenden Kürzungen haben diesen Trend verstärkt. Unbemannte (autonome)
Systeme sowie Cyber- und Weltraumtechnologien sollen es den
USA ermöglichen, kostengünstiger »Räume« zu kontrollieren.[222]

In nur zehn Jahren nach den Anschlägen vom 11. September 2001 wurden Rüstungsgüter im Wert von über einer Billion Dollar beschafft[223] – ein Riesengeschäft für die amerikanische Rüstungsindustrie. Trotz notwendiger Kürzungen des Gesamthaushalts erhöhte die Obama-Regierung in ihrem Haushaltsentwurf für 2016 allein den Etat für Technologieentwicklung und Rüstungsbeschaffung gegenüber dem Vorjahr um weitere 22 auf nunmehr 190 Milliarden Dollar.[224] Insgesamt vergibt das Pentagon mehr Aufträge als alle anderen Ministerien zusammen. Im Haushaltsjahr 2014, dem bislang letzten Jahr, für das Daten öffentlich zugänglich waren, wurden wieder 445 Milliarden Dollar für Forschung und Entwicklung, Rüstungsgüter und Dienstleistungen veranschlagt.[225]

Der globale Krieg gegen den Terror wurde zu einem großen Teil privatisiert. In seinem preisgekrönten Buch *Corporate Warriors*[226] beschreibt der amerikanische Politikwissenschaftler Peter Singer den »Aufstieg der privatisierten Militärindustrie«. Allen voran verfügt Blackwater über die weltweit größte Privatarmee. Wegen möglicher Haftungsansprüche und des Imageschadens, der dem Unternehmen durch die öffentlich gewordenen Kriegsverbrechen seiner Mitarbeiter im Irak entstanden ist, hat dieses mehrere Häutungen durchlaufen und firmiert seit 2011 unter dem Namen Academi. 2014 wurde Academi mit Triple Canopy in die Constellis Holdings integriert. Das größte amerikanische private Sicherheits- und Militärunternehmen – mit beschränkter Haftung – leistet im Auftrag des Außenministeriums und des Pentagons weltweit Söldnerdienste.

Neben diesen Söldnern stehen auch Spezialeinheiten, die Special Operation Forces (SOF), und paramilitärische Operationen der CIA für das Prinzip des nunmehr »leichteren militärischen Fußabdrucks« der USA. Militärische und zivile Mitarbeiter der Geheimdienste führen weltweit geheime »Spezialoperationen« aus – um militärische, diplomatische und wirtschaftliche Ziele zu erreichen.[227] Allein die ebenso im Verborgenen tätigen Spezialkräfte des Militärs sollen bis 2019 auf etwa 70.000 Mann aufgestockt werden[228] – darunter die berüchtigte Einheit der Navy Seals, sozusagen die Wolpertinger unkonventioneller Kriegsführung, die im Meer, aus der Luft und am Boden agieren. (Das Akronym SEAL setzt sich zusammen aus SEa, Air und Land.) Die Trennlinie zwischen diesen Soldaten und Söldnern ist schwer zu erkennen, zumal die Übergänge fließend sind. So wechselten Ende der 1990er-Jahre ehemalige Soldaten der Navy Seals in die Privatwirtschaft und verrichteten ihre Söldnerdienste für Blackwater. Das Unternehmen arbeitet heute fast ausschließlich mit ehemaligen Angehörigen der US-Streitkräfte.

Wer sich die im globalen Krieg gegen den Terror zusätzlich aufgebauten Kapazitäten ansieht, insbesondere die Militär- und Drohnenstationen, kann – vor allem aus chinesischer Sicht – den Eindruck gewinnen, dass damit eine weitere Gefahr eingedämmt werden sollte: Der wirtschaftliche Aufstieg Chinas, der durch Peking auch militärisch flankiert wird, ist in den Augen von Sicherheitsstrategen in Washington die größte Bedrohung der USA. Die Hinwendung nach Asien, die entgegen den Befürchtungen vieler Experten nicht dazu geführt hat, dass sich die USA vom Nahen und Mittleren Osten abwenden, weil unter anderem auch dort Chinas Einflussnahme eingehegt werden muss, ist nicht zuletzt wirtschaftlich motiviert.

Der außenpolitische Antrieb der USA kann mit dem oft zitierten Ausspruch des 30. US-Präsidenten Calvin Coolidge (1923–1929) auf den Punkt gebracht werden: »Das Hauptanliegen der Amerikaner ist das Geschäft.«[229] Mit ihrer Initiative der Transpazifischen Partnerschaft (Transpacific Partnership, TPP), die sich explizit nicht an China richtete, haben die USA auf dessen Bemühungen reagiert, die Region Asien in eine Wirtschaftsgemeinschaft zu integrieren. China antwortete wiederum auf die Ausgrenzungsversuche der USA, indem es seinerseits mit dem Regional Comprehensive Economic Partnership (RCEP) ein Forum gründete, zu dem die zehn ASEAN-Staaten[230] sowie Australien, China, Indien, Japan, Südkorea und Neuseeland, nicht jedoch die USA, gehören sollen. Das stärkste Argument der USA, mit dem sie Länder wie Japan dazu bewegen konnten, sich gegen ihre wirtschaftlichen Interessen mit China zu entscheiden und sich der amerikanischen Initiative anzuschließen, die China außen vor lässt, war der Schutzschild der USA.

Indem die USA ihre Verbündeten vor China schützen, eröffnen sie ihrer Militärindustrie weitere Aufträge und sorgen mit ihrer als Freihandelsinitiative verkauften Machtpolitik auch dafür, dass das Exportgeschäft anderer Industriezweige verbessert wird. Die unsichtbare Hand des Marktes funktioniert offensichtlich besser mit der leicht sichtbaren Faust in der Tasche. Die Pax Americana hat ihren Preis: Länder wie Südkorea, Japan und Australien, die den militärischen Schutz der USA gegenüber China in Anspruch nehmen, müssen dafür zahlen, indem sie in der Handelspolitik ihre Interessen hinsichtlich guter Beziehungen mit dem Reich der Mitte preisgeben[231] und vor allem auch amerikanische Rüstungsgüter kaufen (siehe Abb. 3).

Abb. 3: Käufe von US-Rüstungsgütern nach Abnehmerländern, 2000–2014 (in Mio. Dollar; TIV*)

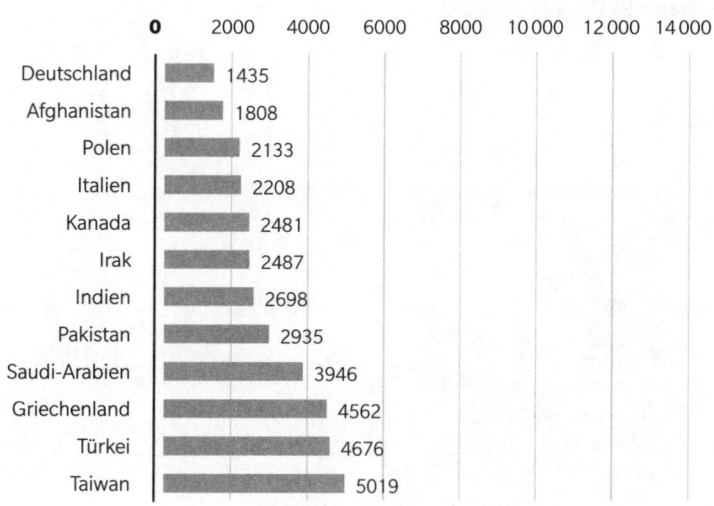

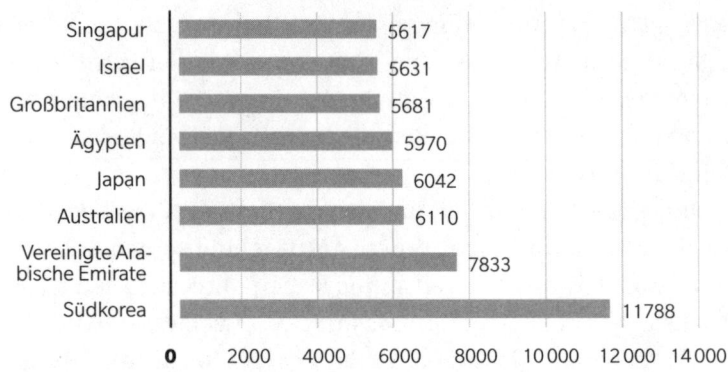

* trend-indicator value (ein Indikator zum Mengenvergleich, keine Wertangabe)
Quelle: SIPRI »Arms Transfers«-Datenbank

Hauptsächlich US-Firmen profitieren von der Waffenproduktion und von Militärdienstleistungen. Unter den Top 20 befinden sich überwiegend US-Firmen. Die größte, überwiegend Militärgüter produzierende Firma, Lockheed Martin, beschäftigt 115.000 Mitarbeiter und erwirtschaftete 2013 einen Gewinn von knapp drei Milliarden Dollar (siehe Tabelle 3).

Tabelle 3: Die weltweite Militärindustrie 2013

Rang	Firma	Land	Waffen-verkäufe (Mio. Dollar)	Gesamt-verkäufe (Mio. Dollar)	Anteil Waffenver-käufe (in %)	Gewinn (Mio. Dollar)	Arbeit-nehmer
1	Lockheed Martin	USA	35 490	45 500	78	2 981	115 000
2	Boeing	USA	30 700	86 623	35	4 585	168 400
3	BAE Systems	GB	26 820	28 406	94	275	84 600
4	Raytheon	USA	21 950	23 706	93	2 013	63 000
5	Northrop Grumman	USA	20 200	24 661	82	1 952	65 300
6	General Dynamics	USA	18 660	31 218	60	2 357	96 000

7	EADS	Transeuro-päisch	15 740	78 693	20	1 959	144 060
8	United Technologies Corp.	USA	11 900	62 626	19	5 721	212 000
9	Finmeccanica	Italien	10 560	21 292	50	98	63 840
10	Thales	Frankreich	10 370	18 850	55	761	65 190
11	L-3 Communications	USA	10 340	12 629	82	778	48 000
	BAE Systems Inc. (BAE Systems UK)	USA	10 300	11 363	91	--	--
12	Almaz-Antey	Russland	8 030	8 547	94	399	--
	EADS Cassidian (EADS)	Transeuro-päisch	6 750	7 936	85	566	28 800
13	Huntington Ingalls Industries	USA	6 550	6 820	96	261	38 000
14	Rolls-Royce	GB	5 550	24 239	23	2 155	55 200
15	United Aircraft Corporation	Russland	5 530	6 913	80	1 395	--
16	Safran	Frankreich	5 420	19 515	28	1 584	66 230
17	United Shipbuilding Corporation	Russland	5 120	6 377	80	94	--
18	Honeywell	USA	4 870	39 055	12	3 924	131 000
	Pratt & Whitney (United Technologies USA)	USA	4 800	14 501	33	1 876	31 700
19	DCNS	Frankreich	4 460	4 460	100	138	13 650
20	Textron	USA	4 380	12 104	36	498	32 000

Quelle: Stockholm International Peace Research Institute (SIPRI), The SIPRI Top 100 Arms-producing and Military Services Companies, 2013, SIPRI Fact Sheet, December 2014, abrufbar unter: http://www.sipri.org/research/armaments/production/recent-trends-in-arms-industry.

Was bedeutet das für die Politik? Diese Firmen können gewichtige Argumente in die politische Willensbildung und Entscheidungsfindung in Washington einbringen. Denn durch Waffenexporte und Aufrüstung des eigenen Landes werden angeblich nicht nur das Heimatland, sondern auch Arbeitsplätze gesichert. Lockheed Martin, der größte und vielseitigste Auftragnehmer des Pentagons, produziert in nahezu allen fünfzig Einzelstaaten der USA. Vor der Übernahme des Hubschrauberherstellers Sikorsky Aircraft im Sommer 2015, mit neun Milliarden Dollar Kaufpreis der größte Deal der vergangenen zwanzig Jahre,[232] gab es noch einige wenige weiße Flecken auf der (politischen) Landkarte der Vereinigten Staaten. Mit der Übernahme der über 8.000 Arbeitsplätze in Connecticut, an denen weitere in Zulieferfirmen hängen, ist Lockheed Martin nun auch in der nordöstlichen Region Neuengland präsent. Die breite Streuung der Produktionsstandorte erfordert einen immensen logistischen Aufwand und ergibt deshalb betriebswirtschaftlich wenig Sinn – politisch aber umso mehr: Wenn man nur an einem Standort produzierte, hätte man (für einen Bundesstaat) nur zwei Senatoren und wenige Abgeordnete auf seiner Seite, wenn es darum geht, Kürzungen im Militärhaushalt abzuwenden. Aufgrund seiner breit über das ganze Land verstreuten Produktionsstandorte kann der Rüstungskonzern eine Vielzahl von Senatoren und Abgeordneten einspannen, die zusehen müssen, dass Arbeitsplätze nicht in ihren Einzelstaaten bzw. Wahlkreisen verloren gehen. Dass eines der umstrittensten Rüstungsbeschaffungsprojekte, der Kauf von F-35-Tarnkappen-Mehrzweck-Kampfflugzeugen, die das Pentagon am Ende mehr als eine Billion Dollar kosten werden, überhaupt bewilligt worden ist, liegt wohl auch daran, dass allein dieses Rüstungsgut in Zusammenarbeit mit über 1.300 Zulieferern in 44 Einzelstaaten hergestellt wird. Joe Lieberman, der den Staat Connecticut von 1989 bis 2013 als Senator in Washington vertrat, ist davon überzeugt, dass die nunmehr auch auf Neuengland erweiterte Präsenz die politische Macht des Konzerns noch weiter gefestigt hat,[233] wohl auch, um das »Auslaufmodell« weiter laufen zu lassen – trotz drohender Kürzungen im Gesamthaushalt und der geplanten Modernisierung und »Transformation« hin zu unbemannter Kriegführung.

Schon seit Längerem wird in den USA mehr Personal an Drohnen geschult als an Kampfflugzeugen.[234] Es ist zehnmal günstiger, Personal – ohne traditionelle Flugerfahrung – im Fernsteuern von Drohnen auszubilden als Kampfpiloten alter Schule. Piloten wie Kampfflugzeuge gelten inzwischen als Auslaufmodelle. Schon der damalige Verteidigungsminister Robert Gates erklärte, dass die F-35 wohl die letzte Generation von bemannten Kampfflugzeugen darstelle. Das Sortiment unbemannter Luftfahrzeuge ist dagegen erheblich erweitert worden. Drohnen gibt es mittlerweile in allen Preislagen, Formen und Größen. Die größten, etwa der RQ-4A Global Hawk, können aus bis zu 20.000 Metern Flughöhe jedes Objekt erkennen, eine Fläche von der Größe Griechenlands innerhalb von 24 Stunden aufklären und ohne Zwischentanken eine Entfernung wie die zwischen den USA und Australien überwinden. Die kleinsten Modelle kann das menschliche Auge nicht mehr von Vögeln oder Insekten unterscheiden. Bei der Produktion von Drohnen ist Lockheed Martin ins Hintertreffen geraten. Marktführend sind in diesem Bereich israelische Hersteller und insbesondere die US-Unternehmen General Atomics mit 20 Prozent und Northrop Grumman mit 19 Prozent Anteil am Weltmarkt.[235]

Egal, ob es sich um Rüstungskonzerne alter oder neuer Waffengattungen handelt, sie verwenden alle die bewährten Kommunikationsmethoden, um mit den Abgeordneten und Senatoren ins Geschäft zu kommen: Wahlkampfspenden, Lobbying und Personalaustausch. Seit 1990 haben die Rüstungsindustriellen, allen voran die politischen »Schwergewichte« Lockheed Martin, Boeing, General Dynamics, Northrop Grumman und Raytheon, insgesamt fast 200 Millionen Dollar an Wahlkampfspenden ausgegeben, mit leichter Präferenz für republikanische Kandidaten (57 versus 43 Prozent).[236] Doch auf die Parteizugehörigkeit kommt es im Politikbetrieb Washingtons ohnehin nicht an. Ausschlaggebend für das Wohlverhalten von Abgeordneten und Senatoren ist, wie viele Arbeitsplätze der Rüstungsindustrien in ihren Wahlkreisen bzw. Einzelstaaten sie bei ihrer Stimmabgabe berücksichtigen müssen.

Obwohl die Rüstungsindustrie im Vergleich zu anderen, etwa der Finanz- oder Ölindustrie, weitaus weniger Geld spendet, ist sie politisch nicht weniger mächtig. Das liegt daran, dass sie das Argument der über das ganze Land verstreuten Arbeitsplätze nicht nur an der Wählerbasis geltend machen kann, sondern auch in Washington gezielt kommuniziert, indem sie Lobbyisten (häufig ehemalige Politiker) beauftragt oder eigene »Botschafter« entsendet, sprich: ihr Führungspersonal selbst Regierungsverantwortung übernehmen lässt.

2015 waren 796 Lobbyisten registriert, die für 218 Auftraggeber aus der Rüstungsindustrie arbeiteten.[237] Seit 2011 hat Lockheed Martin 66 Millionen Dollar in Lobbyisten investiert, die »Konkurrenten« etwa den gleichen Betrag: Boeing 76 Millionen Dollar und Northrop Grumman 68 Millionen Dollar.[238] Dass so viel Geld nicht umsonst ausgegeben wird, wird hin und wieder offensichtlich, wenn Abgeordnete und Senatoren etwa bei Anhörungen (Hearings) im Gesetzgebungsverfahren, zum Beispiel die von Lockheed Martin aufbereiteten »Talking Points«, Wort für Wort ablesen.[239]

Unter den Lobbyisten befinden sich ehemalige Insider, unter ihnen die ehemalige Abgeordnete Heather A. Wilson, eine Republikanerin, die nach einer gescheiterten Kandidatur für den Senat aus dem Kongress ausschied und ihre politischen Kontakte in der Privatwirtschaft zu Geld machte. Es ist mittlerweile gang und gäbe, dass Politiker nach einer kurzen Schamfrist die Seiten wechseln. Illegal war hingegen, dass sie für ihre Tätigkeit, die sie lange Zeit abstritt, mit Steuergeldern bezahlt wurde. Im August sah sich ihr Auftraggeber Lockheed Martin in einer juristischen Auseinandersetzung mit dem US-Justizministerium zu einer Vergleichszahlung von 4,7 Millionen Dollar genötigt: Der Konzern hatte das für die Abwicklung des Auftrages, die Sandia National Laboratories für die Nuklearwaffenproduktion zu betreiben, bestimmte Geld für Lobbying zweckentfremdet, um diesen Auftrag ohne offene Ausschreibung fortzuführen.²⁴⁰ Die knapp fünf Millionen, die der Rüstungskonzern aufwenden musste, um das Strafverfahren zu beenden, waren indes »Peanuts« im Vergleich zum Wert des Auftrages: 2.400 Millionen Dollar pro Jahr. Die Verantwortlichen von Lockheed Martin waren sich ohnehin keiner Schuld bewusst, hatten sie doch vorher schon des Öfteren erfolgreich Steuergelder für Lobbying eingesetzt, um den seit 1993 bestehenden Auftrag mehrfach fortzuschreiben. Neben der erfahrenen Ex-Abgeordneten Wilson, die, wenn man die Protokolle liest, den legislativen Prozess und die entscheidenden Akteure kennt wie ihre Westentasche, wurden auch Insider der Obama-Administration angeheuert: zwei ehemalige Mitarbeiter der National Nuclear Security Administration (NNSA), der im Energieministerium angesiedelten Behörde, die die Sicherheit Amerikas durch ein modernes Nuklearwaffenarsenal gewährleisten soll.

Nach dem Drehtürprinzip entsenden die Firmen dann auch wieder eigene »Botschafter« in die Politik. Nicht selten landen ehemalige Mitarbeiter von Rüstungskonzernen in leitenden Regierungsfunktionen. Auch im Kongress werden Mitarbeiter aus der Industrie rekrutiert. Sie sind dann im direkten Wortsinn die federführenden Mitarbeiter von Abgeordneten und Senatoren; sie gelten als die eigentlichen, »nicht gewählten Repräsentanten«²⁴¹, weil ihre Chefs häufig weder die Expertise noch die Zeit haben, um sich selbst um die Gesetzesarbeit zu kümmern. Denn Millionen an Wahlkampfspenden einzuwerben, um wiedergewählt zu werden, ist Chefsache, die sehr viel Zeit auf Kosten der Regierungsarbeit raubt. Die guten Kontakte der Mitarbeiter zu ihren ehemaligen Arbeitgebern in der Industrie sind auch wichtig, weil sie bei ihrer legislativen Arbeit häufig auf deren Informationen angewiesen sind und sie ohnehin ihre persönliche Zukunft wieder in einer lukrativeren Tätigkeit in der freien Wirtschaft sehen. Ihr Wissen, wie der Kongress funktioniert, ist nicht nur für Unternehmen, sondern vor allem auch für die zuständigen Behörden in der Exekutive interessant – denn diese müssen ihrerseits zusehen, dass die sogenannte Macht der Geldbörse, das Haushaltsbewilligungsrecht, das dem Kongress obliegt, ihre Arbeitsplätze nicht gefährdet. Besonders das Verteidigungsministerium, der mit Abstand größte Arbeitgeber in den USA, ist daran interessiert, dass die verfügbaren Mittel aufrechterhalten werden. Ein klares Feindbild oder zumindest ein Lagebild mit vielfältigen strategischen Bedrohungen hilft, auch die Finanzierung der Wehrhaftigkeit der USA zu sichern.

»Wir müssen dem Erwerb unberechtigten Einflusses des militärisch-industriellen Komplexes vorbeugen«, warnte am 17. Januar 1961 der scheidende US-Präsident Eisenhower und ehemalige Militär in seiner Fernsehansprache an die Nation. Denn, so Eisenhower weiter: »Die Möglichkeit besteht und wird bestehen bleiben, dass diese unangebrachte Macht sich erhebt. Wir dürfen nie zulassen, dass das Gewicht dieser Verbindung unsere Freiheiten oder demokratischen Verfahren gefährdet.«[242] In weiser Voraussicht warnte Eisenhower auch vor künftigen massiven Militärausgaben, die auf Kredit finanziert werden. Die gescheiterten Versuche, die Rüstungsausgaben in den USA umfassend zu reduzieren, sind denn auch Legion. Wer die symbiotischen Dreiecksbeziehungen, das »eiserne Dreieck« zwischen den betroffenen Einheiten der Exekutive, der Rüstungslobbys und den federführenden Ausschüssen im Kongress, kennt, muss skeptisch sein, ob es je gelingen wird, nachhaltig eine sogenannte Friedensdividende einzustreichen: die massiven Militärausgaben der USA zurückzufahren und für soziale Zwecke zu nutzen.

Mittlerweile haben sich zu den Vertretern von Partikularinteressen, Kongressausschüssen und der Exekutive, dem »eisernen Dreieck« des militärisch-industriellen Komplexes, auch noch Experten von fast ausschließlich privat, von der Rüstungsindustrie finanzierten Thinktanks und gleichgesinnte Journalisten gesellt. Ihre etwas lockeren themenspezifischen Verbindungen hat der amerikanische Politikwissenschaftler Hugh Heclo als »Issue

Networks«[243] bezeichnet: Mittels dieser »Themennetzwerke« versuchen sie mit vereinten Kräften, ihre Interessen und Weltordnungsvorstellungen durchzusetzen.

Netzwerke als Vermittler – wenn Interessengruppen die Aufgabe der Parteien übernehmen

Politik wird in den USA nicht – wie in parlamentarischen Regierungssystemen üblich – von den Parteien formuliert und gesteuert, sondern über »Themennetzwerke« oder »Tendenzkoalitionen«[244] ausgehandelt, in denen gleichgesinnte Politiker, Wahlkampfmanager, Lobbyisten, Experten, Verwaltungseliten und Journalisten gemeinsam versuchen, ihre Ideen und Interessen durchzusetzen.[245] Strukturelle Veränderungen, insbesondere Entscheidungen des Supreme Court zur Wahlkampffinanzierung, haben diesen Politunternehmern neue Möglichkeiten eröffnet. Lobbygruppen, die in den USA unter der Bezeichnung Political Action Committees (PACs) firmieren, und (interessengeleitete) advokatische Thinktanks wie die Heritage Foundation perfektionieren nunmehr ähnlich wie Interessengruppen auch Lobbying und Graswurzelstrategien (zum Beispiel Heritage Action).[246] Zwar wird die Politisierung von Expertisen auf beiden Seiten des politischen Spektrums betrieben. Doch konservative Thinktanks haben einen besseren Stand auf dem sogenannten Marktplatz der Ideen. Ihre klare politische Positionierung für ein starkes Militär, aber für weniger (Sozial-)Staat und für Deregulierung beschert ihnen bessere Karten beim Fundraising. Denn die an Laisser-faire-Politik interessierten Geldgeber nehmen an, dass Thinktanks nicht nur direkt, sondern vor allem auch über die Medien indirekt Einfluss auf die politischen Entscheidungen nehmen können. Die ebenso kommerzialisierten und politisierten Medien tragen ihrerseits zur

Polarisierung bei, die mittlerweile das politische System lähmt und seine Legitimation untergräbt. Seit 2010 ist der US-Präsident – mit Ausnahme der Sicherheitspolitik – mehr oder weniger handlungsunfähig, er wird vom Kongress blockiert. Selbst innerhalb der Exekutive sind dem vermeintlich mächtigsten Mann der Welt oft die Hände gebunden.

Selbstregulierung?

Im Vergleich zur überschaubaren und hierarchisch organisierten deutschen Ministerialbürokratie erscheint die US-Behördenstruktur als unübersichtlicher Wildwuchs von Organisationseinheiten.[247] Während die deutsche Kanzlerin an der Spitze des Kabinetts steht und ihr – unter Berücksichtigung des Ressortprinzips – auch die Ministerien und deren Bürokratie untergeordnet sind, hat der US-Präsident viel größere Schwierigkeiten, seine Exekutive zu leiten. Enorme Anstrengungen, um die eigene Linie in einem Interessengeflecht rivalisierender Ministerien und Regierungsstellen durchzusetzen, gehören zum mühsamen Tagesgeschäft des sogenannten Chefs der Bundesverwaltung. Die einzelnen Behörden wurden oftmals ad hoc, aus politischen Anlässen oder infolge von Krisen gegründet und nicht etwa in das bestehende Organigramm eingegliedert, sondern hinzugefügt. Die daraus entstandene fragmentierte Struktur ist gewollt, denn sie bietet Außenstehenden vielfältige Möglichkeiten der Einflussnahme.

Die US-Verwaltung ist geprägt durch intensives Kompetenzgerangel zwischen Exekutive und Legislative, wenn es darum geht, wichtige Positionen zu besetzen, die Behörden finanziell auszustatten sowie deren Aufgaben vorzugeben bzw. zu kontrollieren. Zwar liegt die exekutive Gewalt beim Präsidenten. Laut Verfassung (Artikel III, Absatz 1) muss er dafür sorgen, dass die Gesetze »gewissenhaft« vollzogen werden. Er kann dazu unter anderem auch die Führungsspitzen der Ministerien und Bundesbehörden nominieren. Doch müssen diese von der Legislative, namentlich vom Senat, gebilligt werden. Dem Kongress obliegt auch die Organisationsgewalt, sprich die Befugnis, die Bundesbehörden zu errichten und zu finanzieren. Diese »Macht der Geldbörse« (power of the purse) führt seit jeher zu informellen Absprachen zwischen den Geldgebern im Kongress und den Empfängern in der Verwaltung. Insbesondere die für die Finanzierung verantwortlich zeichnenden Abgeordneten und Senatoren zuständiger Kongressausschüsse bewachen mit Argusaugen ihre Pfründe, die auch ihre Wiederwahl sichern helfen. Denn ihr politisches Schicksal hängt letztlich davon ab, wie sehr sie die Partikularinteressen in ihren Wahlkreisen bzw. Einzelstaaten bedienen können, insbesondere jene von ihnen nahestehenden Interessengruppen, die ihre immer teurer werdenden Wahlkämpfe finanzieren.

Meistens sind denn auch Vorhaben misslungen, den Verwaltungsapparat wieder zu verkleinern. So scheiterte Anfang der 1970er-Jahre Präsident Richard Nixon (1969–1974) mit seinem Versuch, durch einen radikalen Umbau »antipräsidiale Nischen« in der Exekutive zu eliminieren. Mit seinem Dezentralisierungsprogramm des »New Federalism« wollte eine Dekade später Präsident Ronald Reagan (1981–1989) das »Big Government« in Washington verkleinern – ohne nachhaltigen Erfolg. Der Ende 2016 noch amtierende Präsident Obama war ebenso bemüht, den Regierungsapparat schlanker und effizienter zu machen. Bereits im Januar 2012 hat er den Kongress ersucht, die handelspolitischen Aufgaben von sechs Regierungseinheiten, darunter des Handelsministeriums und des Büros des Handelsbeauftragten, in einer neuen Behörde zusammenzufassen. Doch die symbiotischen Dreiecksbeziehungen, das »eiserne Dreieck« zwischen den betroffenen Einheiten der Exekutive, der Wirtschafts- und Handelslobby, und den federführenden Ausschüssen im Kongress, haben auch Obamas ehrgeizige Neuorganisation vereitelt.

Jeder Präsident ist deshalb gut beraten, einen eigenen, nur ihm gegenüber loyalen Beraterstab um sich zu scharen, um in diesem Interessengeflecht seine politische Linie durchzusetzen – nicht zuletzt auch gegenüber der Verwaltung »seiner« Exekutive. Denn die Auseinandersetzungen in den Reihen der Exekutive sind nicht minder heftig. Auf der einen Seite versuchen die »Männer und Frauen des Präsidenten«, versucht der Regierungsapparat, die Politikinitiativen des Weißen Hauses voranzutreiben. Auf der anderen Seite bremst der Verwaltungsapparat sie immer wieder aus. Die relativ autonomen Ministerien und Behörden versuchen unabhängig vom jeweiligen Präsidenten und von der jeweiligen parteipolitischen Konstellation ihre eigenen institutionellen Besitzstände zu wahren.

Dabei berücksichtigen sie die Absichten der ihnen nahestehenden Kongressausschüsse und die Anliegen der von ihnen repräsentierten Interessengruppen. Hinzu kommen noch jene unabhängigen Behörden, deren Leiter der Präsident nominieren kann, für deren Ernennung er aber wiederum die Zustimmung des Senats benötigt. Die unabhängigen Regulierungsbehörden sind überdies ausschließlich dem Kongress verantwortlich. Die meisten von ihnen werden massiv von Interessengruppen beeinflusst. Die von Regulierungen Betroffenen regulieren sich mehr oder weniger selbst. »Regulation by the regulated« lautet das Prinzip, das dem Präsidenten kaum Einwirkungsmöglichkeiten lässt.

Die persönlichen Mitarbeiter des Präsidenten – die er ohne Zustimmung des Senats frei auswählen kann – sind seine engsten Vertrauten in den Machtkämpfen, die mit dem Begriff »bureaucratic politics« verharmlosend umschrieben werden. Die Getreuen und einflussreichsten Berater des Präsidenten sind im White House Office zu finden. Sie genießen auch ein »exekutives Privileg«, das heißt, sie sind der Legislative keine Rechenschaft schuldig und dürfen vor Kongressausschüssen nicht verhört werden. Die anderen, dem Präsidenten ebenso nahestehenden Leiter der Einheiten des Executive Office of the President müssen jedoch vom Senat abgesegnet werden und auch nach ihrer Bestätigung der Legislative laufend Rede und Antwort stehen.

Ebenso wie bei diesen Personalentscheidungen muss der Präsident auch bei der Besetzung der Ministerämter die Machtkalküle der »anderen politischen Gewalt«, sprich die Interessen des Kongresses, berücksichtigen. Die große Fülle politischer Berufungen in die Ministerien und Behörden geht nicht nur auf Kosten des öffentlichen Dienstes; sie ist zeitraubend und erschwert nach Wahlen den Übergang von einer Regierungsmannschaft zur nächsten. Mit jedem neuen Präsidenten, also auch bei der Amtsübernahme Donald Trumps, wechseln in den USA etwa 5.000 Fachleute ihre Position: entweder von außen nach innen oder, im Falle der ausscheidenden Administration, von innen nach außen. In diesem Drehtürsystem spielen neben Interessengruppen auch Thinktanks eine wichtige Rolle als Personal- und »Ideenagenturen«.[248]

Entsprechend politisch ist das Selbstverständnis im Verwaltungsapparat. Während die meisten auf Lebenszeit dienenden deutschen Beamten sich für ihr Fortkommen nicht politisch engagieren müssen und sich auf ihre Aufgabenbereiche und nächste »Verwendung« konzentrieren können, arbeitet die amerikanische Bürokratie inmitten der Auseinandersetzung um den politischen Machterhalt. Das Gros der oft nur für eine Amtszeit beschäftigten Verwaltungseliten beteiligt sich mehr oder weniger sichtbar an der politischen Meinungsbildung und Entscheidungsfindung. Diese »policy maker« sind indes keine inkompetenten Parteigänger, sondern ausgewiesene Experten mit politischer Orientierung. Ihre Fachkenntnisse haben sie zumeist über mehrere Jahre in verschiedenen Arbeitsbereichen erworben, sei es in der Exekutive, der Legislative, einem Thinktank, einer Universität oder einem Privatunternehmen. Sie wechseln häufig ihre Arbeitgeber, bleiben aber ihrem Themenschwerpunkt treu. Damit sind sie auch in ihrem themenspezifischen Netzwerk gut vernetzt, was wiederum ihren nächsten Arbeitsplatz sichern hilft.

Diese »Wanderarbeiter« haben mittlerweile die auf Lebenszeit Beschäftigten des öffentlichen Dienstes weitgehend verdrängt. Zwar genießen Staatsbedienstete noch Privilegien wie eine mehr oder weniger sichere Anstellung. Schlechte Bezahlung und mangelnde Aufstiegschancen haben aber zur Demoralisierung und permanenten Krise des öffentlichen Dienstes geführt. Nicht zuletzt spiegelt das geringe Ansehen des Staatsdienstes auch die historisch begründete, institutionell begünstigte und politisch verstärkte Skepsis großer Teile der US-Bevölkerung gegenüber dem Staat wider.

Wenngleich der Begriff »government« über Jahrzehnte in den Köpfen der meisten Amerikaner negative Vorstellungen hervorgerufen hatte, wurde die Regierung von ihren Bürgern nach den Terroranschlägen vom 11. September 2001 wieder merklich positiver wahrgenommen. Eine seit den 1960er-Jahren nicht mehr registrierte Vertrauensmarke von knapp 60 Prozent brach mit dem bis dahin vorherrschenden Muster einer »Vertrauenslücke«, so das Ergebnis einer Gallup-Umfrage.[249] Ein genauer Blick zeigt jedoch,[250] dass dieses überschwängliche Vertrauen in die eigene Regierung in erster Linie als unmittelbare emotionale Reaktion auf die Terroranschläge zu interpretieren ist: Von einer Basis von 29 Prozent im Juli 2001 schlug das Vertrauensbarometer kurz nach den Terrorangriffen auf eine Höhe von 57 Prozent aus und pendelte sich im Mai 2002 wieder auf 40 Prozent ein. Gemessen an den Umfrageergebnissen vor den Terrorangriffen wurde der Regierung in Washington jedoch immer noch ein deutlich höheres Vertrauen entgegengebracht. Das Gefühl von Verwundbarkeit und nationaler Bedrohung bewirkte ein gesteigertes Bedürfnis nach Schutz, dessen Gewährleistung die meisten Amerikaner ihrer Regierung, vor allem ihrem Präsidenten als Oberstem Befehlshaber, zutrauten. Neben ihm konnte nur seine unmittelbare Umgebung von Amtsträgern der Exekutive auch nach einem zeitlichen Abstand zu den Anschlägen diesen immensen Vertrauensbonus weiter für sich verbuchen, während die übrigen Volksvertreter und Staatsangestellten in der Gunst der Bevölkerung nach einem kurzen Ausschlag wieder auf ihr vormaliges Niveau absanken.

Der Kriegspräsident Bush konnte dieses Zutrauen der Bevölkerung und die daraus entstandene Machtfülle nutzen, um seine Politikvorstellungen in die Tat umzusetzen, was sonst erheblich schwieriger ist. Denn der amerikanische Kongress übernimmt nicht automatisch die politische Agenda des Präsidenten, selbst dann nicht, wenn beide Kammern mehrheitlich von der gleichen »Partei« wie das Weiße Haus besetzt sind, weil es im politischen System der USA keine Parteidisziplin gibt.

Schwache Parteien

Im politischen System der USA ist Partei- oder Fraktionsdisziplin nicht erforderlich.[251] Anders als Parteien in parlamentarischen Regierungssystemen, die die zentrale Aufgabe haben, als Bindeglied zwischen Gesellschaft und Regierung zu funktionieren und stabile Regierungsmehrheiten herzustellen, sind US-Parteien aufgrund ihrer von den Verfassungsvätern institutionell angelegten Schwäche nicht in der Lage, gesellschaftliche Interessensgegensätze auszutarieren und die Gesetzgebung zu gestalten. Selbst ihre Kernkompetenz bei den Wahlen ist im Laufe der Geschichte beschnitten worden.

Im amerikanischen Kongress, der aus zwei – miteinander um Einfluss konkurrierenden – Kammern, dem Senat und dem Abgeordnetenhaus, besteht, wird Politik nicht durch Parteien gesteuert, denn diese verfügen in der legislativen Auseinandersetzung nicht über die Ressourcen und Sanktionsmechanismen, mit denen sich der Gesetzgebungsprozess gestalten lässt.[252] Die Legislative ist eine Ansammlung politischer Einzelunternehmer, die nur sich selbst, Gott und ihren Wahlkreisen bzw. den Bundesstaaten Rechenschaft schulden. Die Abgeordneten und Senatoren müssen ihr Abstimmungsverhalten persönlich verantworten und können dieser Rechenschaftspflicht nicht ausweichen, indem sie sich auf eine Partei- oder Fraktionsdisziplin berufen. Diese Freiheit birgt auch Gefahren. Sie kann sie über die Maßen abhängig machen von den Bedürfnissen ihrer Wähler und verstärkt den Einfluss von Thinktanks und Interessengruppen, die ihren Sonderinteressen unter anderem auch mit Wahlkampfspenden Nachdruck verleihen können. Während in Deutschland der Wahlkampf fast ausschließlich über Parteien finanziert wird und die Kandidaten für höhere Ämter nach wie vor die »Ochsentour« durchlaufen müssen – indem sie im Wahlkampf oder in diversen Vorstufen auf Gemeindeebene, im Landtag oder Bundestag der Partei dienen, um einen begehrten Platz auf der Parteiliste oder ein Ministeramt zu ergattern –, sind in den USA Quereinsteiger ohne »Stallgeruch« gang und gäbe. Bereits mit der Einführung der Vorwahlen, der Primaries, wurde US-Parteien die Allmacht bei der Kandidatenaufstellung entzogen.

Zwar ist die Registrierung und Angabe der Parteipräferenz, die unverbindlich ist und auch jederzeit wieder geändert werden kann, nötig, um sich als Wähler an den Vorwahlen beteiligen zu können, in denen die Kandidaten der Parteien gekürt werden. Bei geschlossenen Vorwahlen (closed primaries) dürfen nur Wähler teilnehmen, die sich als Anhänger der jeweiligen Partei registriert haben. Bei offenen Vorwahlen (open primaries) hingegen darf jeder registrierte Wähler teilnehmen. Da die Organisation der Wahlen – auch von denen der nationalen Ebene – im Kompetenzbereich der Einzelstaaten liegt, gibt es kein einheitliches, bundesweites Wahlverfahren. In der heutigen Praxis gelten vielfältige Einzelbestimmungen, etwa bei der Registrierung und technischen Durchführung von Wahlen.

Um gewählt zu werden, ist jedoch keine Partei nötig. Mittlerweile bestimmen Geldgeber durch ihre Wahlkampfspenden und Wahlkampfaktivitäten, oft auch zum Unmut der Parteiverantwortlichen, wer im Namen der Partei mit größeren Erfolgsaussichten ins Rennen geht. Der Milliardär Donald Trump ist das beste Beispiel: Obwohl er der Parteielite ein Schrecken war und mit einer Reihe fester Glaubenssätze der Republikaner brach, konnte sie ihn nicht daran hindern, im Namen der Partei ins Rennen zu gehen und auch noch zu gewinnen. Umso weniger Kontrolle haben mittlerweile beide Parteien, wenn es um die Aufstellung der Kandidaten für die Kongresswahlen geht.

Es ist eine Ironie der amerikanischen Geschichte, dass ausgerechnet jene progressiven Reformer der Wende vom 19. zum 20. Jahrhundert, die die Politik »von Korruption säubern« wollten und unter anderem durch die Einführung der Vorwahlen die Dominanz der »Parteibosse« und »Parteimaschinen« beendeten,[253] den Interessengruppen und reichen Einzelpersonen Tür und Tor öffneten. Sydney Blumenthal, der ehemalige Berater Bill Clintons im Weißen Haus, meint, dass die Beschneidung der Rolle der Parteien das Regierungshandeln letztlich anfälliger gemacht habe für Wirtschaftslobbys und ideologische Einflüsse.[254] Haben früher die »Parteibosse« in rauchgeschwängerten Hinterzimmern die Entscheidungen getroffen, so werden die Parteien bei der Kandidatenauswahl und der Wahlkampffinanzierung mittlerweile von Interessengruppen und deren Wahlkampfkomitees (Political Action Committees, PACs) überboten.

Starke Interessengruppen

Anders als in Westeuropa, wo Großverbände Interessen bündeln und in die Politik einbringen, sind sogenannte Interessengruppen in den USA dezentral strukturiert, ja »anarchisch aufgesplittert«.[255] Entsprechend viele gibt es; ihre Zahl wird von Interessengruppenforschern auf über 200.000 geschätzt.[256] Seit den 1960er- und 1970er-Jahren hat die Einflussnahme von Interessengruppen und Wirtschaftsvertretern auf das politische System der USA deutlich zugenommen.[257] Spätestens seit Mitte der 1970er-Jahre haben sich Wirtschaftsunternehmen professionell gerüstet, den politischen Entscheidungsprozess zu beeinflussen: »Sie haben eine Vielzahl von Lobbyisten und Anwälten beschäftigt, Büros in Washington eröffnet, Wahlkampfkomitees (PACs) gegründet und finanziert, die Mitarbeiterstäbe ihrer Government-Relations-Büros vergrößert, ausgefeilte Strategien entworfen, um die öffentliche Meinung zu beeinflussen, und gelernt, wie man Basisbewegungen organisiert«,[258] erläutert der amerikanische Interessengruppenforscher David Vogel ihr umfassendes Wirken.

Viele Interessengruppen und Verbände haben PACs etabliert, um direkt in die Wahlkämpfe einzugreifen. Diese Wahlkampf-komitees werden nicht nur von Unternehmen oder Wirtschafts-verbänden genutzt, sondern auch von religiösen oder ethnischen Interessengruppen in Stellung gebracht, um mit Anzeigenkampa-gnen die Wähler über die Kandidaten zu »informieren«. Betrach-tet man das Wirken der PACs in ihrer Gesamtheit, »so überneh-men sie Aufgaben, die in westeuropäischen parlamentarischen Regierungssystemen von Parteien wahrgenommen werden: Sie sammeln und verteilen Wahlkampfspenden, sie bilden Wahl-kampfmanager und Wahlhelfer aus; sie stellen den Kandidaten Dienstleistungen aller Art zur Verfügung (von Meinungsumfragen bis zur Produktion von Fernseh-Werbespots).«[259]

Insbesondere sind seit Mitte der 1970er-Jahre bis zur Jahrtau-sendwende sowohl die Anzahl als auch die Zuwendungen von PACs enorm angestiegen. Selbst die inflationsbereinigten Zahlen verdeutlichen einen massiven Anstieg der Zuwendungen an Kan-didaten für Wahlkämpfe auf nationaler Ebene von 12 (1974) auf knapp 70 Millionen Dollar (1998) – das entspricht einer Erhöhung der »Kaufkraft« amerikanischer PACs um knapp 500 Prozent,[260] die innerhalb dieses Vierteljahrhunderts in das politische System der USA eingeflossen ist. Allen voran wurden wirtschafts- und in-dustrienahe Organisationen in Stellung gebracht.

Das politische System der USA bietet diesen Politunterneh-mern ein optimales Betätigungsfeld: Sie sind in den USA in ihrem Manövrierraum weniger durch die potenzielle Machtrolle poli-tischer Parteien – der traditionellen Türsteher – eingeschränkt und haben leichteren Zugang zu einer größeren Zahl mitent-scheidender Akteure. Neben der persönlichen Ansprache von

Entscheidungsträgern in Exekutive, Legislative und Judikative in Washington bearbeiten Interessenvertreter insbesondere die 435 Abgeordneten und 100 Senatoren über ihre Wahlkreise bzw. Einzelstaaten. Sie zielen mit ihrem Graswurzel-Lobbying direkt auf die Basis, die Wähleranbindung. Ein besonders wirksames Mittel für Interessengruppen, um Einfluss auf die Abgeordneten zu nehmen, sind »Wählerprüfsteine«, also Anfragen an die Abgeordneten und deren Antworten, die zur Unterrichtung der Wähler veröffentlicht werden. Interessengruppen der Christlichen Rechten machen zum Beispiel kritische Abstimmungen publik, damit Abgeordnete und Senatoren wissen, dass ihre Bevölkerung im Wahlkreis genau erfahren wird, wie sie abgestimmt haben.[261] Vor wichtigen Abstimmungen werden mittlerweile auch soziale Netzwerke eingesetzt. Um auch Jugendliche zu erreichen, die sich nicht mehr über altmodische Medien wie Fernsehen mit Informationen versorgen, setzte die Lobby-Gruppe Secure America Now im Sommer 2015 den kostenlosen Instant-Messaging-Dienst Snapchat ein, um Druck auf Senatoren auszuüben, gegen das Nuklearabkommen mit dem Iran zu stimmen.[262] Über eine Website, StopTheBadIranDeal.com, waren nach historischen Gleichsetzungen mit der verfehlten Appeasement-Politik gegenüber Nazideutschland in Wählerprüfsteinen die Positionen der Volksvertreter in der Iranfrage ersichtlich. Mit einem Mausklick wurden Interessierte mit den Büros wichtiger Senatoren der Demokraten verbunden, um gegen die Iranpolitik des demokratischen Präsidenten Obama zu stimmen. Der besorgte US-Bürger konnte aber auch noch mehr tun, indem er über eine weitere Taste Geld spendete, um die Kampagne zu finanzieren. Der Präsident konnte zwar letztlich die Unterstützung von genügend Parteifreunden sichern – jedoch nur durch ein taktisches, für die meisten Außenstehenden undurchsichtiges Manöver.

Dieser externe Einfluss einer Vielzahl unterschiedlicher und oft widerstreitender Interessen ist als erheblich einzuschätzen, vor allem auch bei den Kongresswahlen. Da amerikanische Abgeordnete und Senatoren keiner Parteidisziplin unterworfen sind, laufen einzelne Politiker ständig Gefahr, im Rahmen einflussreicher Kampagnen an den Pranger gestellt und gegebenenfalls bei der Kandidatur um eine Wiederwahl persönlich zur Rechenschaft gezogen zu werden. Sie wägen deshalb bei jeder einzelnen Abstimmung gründlich ab, wie diese sich bei den nächsten Wahlen für sie persönlich auswirken könnte.

Politunternehmer im permanenten Wahlkampf

Nach der Wahl ist vor der Wahl. Im sogenannten permanenten Wahlkampf müssen 435 Abgeordnete und ein Drittel der hundert Senatoren jeden Wahlzyklus schier unvorstellbare Geldsummen einwerben, um ihre Wiederwahl zu sichern.[263] Ebenso sind die Bewerber um die Präsidentschaft immer wieder angehalten, neue Rekorde bei der Einwerbung von Spenden zu brechen. Damit sind Politiker in den USA immer offener für die »Kommunikation« der Interessengruppen.

»Money talks«, das trifft oft im wahrsten Sinne des Wortes zu. Nach Auslegung des Obersten Gerichts der USA würde mit einer Begrenzung von Wahlkampfspenden das Grundrecht auf Redefreiheit beschnitten. Als der Supreme Court 1976 im Fall Buckley vs. Valeo die gesetzliche Regelung der Politikfinanzierung (die Wahlkampfspenden und die Ausgaben der Kandidaten begrenzt hätte) wegen Einschränkung der persönlichen Meinungsfreiheit für verfassungswidrig erklärte, wurde die rechtliche und institutionelle Position von Partikularinteressen entscheidend aufgewertet. Die spezifische amerikanische Interpretation der Redefreiheit bedeutet zum einen, dass in der politischen Auseinandersetzung einigen Interessen mehr Gehör verschafft wird als anderen. Es wird zum anderen auch zunehmend schwierig, in dem immer größer werdenden Chor von PACs, Super-PACs, Wirtschaftsvertretern, Interessengruppen und betuchten Privatleuten die Stimme der politischen Parteien herauszuhören.

Seitdem der Supreme Court am 21. Januar 2010 im Fall Citizens United vs. Federal Election Commission den ersten Verfassungszusatz der Meinungsfreiheit hochhielt, sind alle Dämme gebrochen. Der Bipartisan Campaign Reform Act, der infolge des Skandals um die Bilanzfälschungen und politischen Verbindungen des texanischen Energiehandelsunternehmens Enron im März 2002 verabschiedet worden war, wurde in seinen wesentlichen Bestimmungen wieder aufgeweicht. Die gesetzliche Regulierung, die angeblich unabhängige, mit den Kandidaten nicht koordinierte Ausgaben sowie Themen- und Anzeigenkampagnen von Unternehmen, Gewerkschaften und auch gemeinnützigen Organisationen einschränkte, wurde für verfassungswidrig erklärt.

Im März 2010 verdeutlichte der U.S. Court of Appeals for the District of Columbia Circuit im Fall SpeechNow.org vs. Federal Election Commission, dass PACs nunmehr unbegrenzt Spenden von natürlichen und juristischen Personen annehmen dürfen, wenn sie diese nicht an Kandidaten oder Parteien weitergeben oder ihre Kampagne mit diesen koordinieren. Jetzt können diese Organisationen, die als Super-PACs bezeichnet werden, ihrem Redefluss freien Lauf lassen. Das Center for Responsive Politics schätzt die Ausgaben der »außerparteilichen Organisationen«, der »dunklen Quellen« (dark money), im Wahlkampf 2016 auf über 1,4 Milliarden Dollar.[264] Freilich dürfen diese externen Organisationen ihre Aktivitäten nicht mit den Kandidaten koordinieren, wenn sie etwa in Schlammschlachten deren Gegner mit Negativ-Anzeigenkampagnen überziehen. Doch wer will das kontrollieren, bei der Vielzahl interessierter Akteure, die im Wahlkampf für ihre Interessen werben?

Selbst die nachprüfbaren Zuwendungen – sowohl für die Präsidentschaftswahlkämpfe als auch für die Kongresswahlen – haben mittlerweile astronomische Höhen erreicht. Bereits Barack Obama hatte im Präsidentschaftswahlkampf 2012 wiederholt alle Rekorde gebrochen. Der Amtsinhaber, der ebenso wie sein Herausforderer Mitt Romney im Hauptwahlkampf auf staatliche Gelder verzichtete, musste sich nicht an Obergrenzen halten, die ihm sonst gesetzt gewesen wären. Obama konnte somit im Vor- und Hauptwahlkampf mit insgesamt etwa 700 Millionen Dollar wuchern.[265] Rechnet man noch die Ausgaben von externen Gruppierungen hinzu, dann wurden in dieser Wahlperiode allein für den Präsidentschaftswahlkampf über zwei Milliarden Dollar ausgegeben. Die um einiges spektakulärere Schlammschlacht 2016 zwischen Hillary Clinton und Donald Trump war mit knapp einer Milliarde Dollar vergleichsweise günstig. Das lag daran, dass Geschäftsmann Trump effizienter vorging: Er hat mit weniger Geld, mit etwas über 300 Millionen Dollar, mehr erreicht als Clinton, die knapp 700 Millionen Dollar Spendengelder einsetzte. Trump ist es denn auch gelungen, das Finanzgebaren des Ehepaars Bill und Hillary Clinton zu skandalisieren und vor allem deren Abhängigkeit von der »Wall Street« im Wahlkampf auszuschlachten. War er doch als überwiegend selbstfinanzierter Milliardär, wie er versicherte, niemandem Rechenschaft schuldig und deshalb in den Augen der Wähler frei von jener Korruption, die er Hillary Clinton vorwarf.

Für die Kongresswahlen 2016 liegen zwar noch keine endgültigen Daten vor, vorläufige Berechnungen deuten aber darauf hin, dass erfolgreiche Wahlkämpfe im Vergleich zu den Zwischenwahlen 2014 nicht billiger geworden sind. Kandidaten, die bei den Kongresswahlen 2014 einen Sitz im Senat gewannen, setzten durchschnittlich 8,6 Millionen Dollar an Wahlkampfspenden ein. Die Wahlkämpfe für weniger prestigeträchtige und einflussreiche Sitze im Abgeordnetenhaus erforderten entsprechend niedrigeren Einsatz: Siegreiche Kandidaten investierten im Schnitt »nur« 1,2 Millionen Dollar. Geld allein bietet zwar keine Sicherheit dafür, einen Sitz im Kongress zu gewinnen, doch es erhöht die Wahrscheinlichkeit des Erfolgs. Aus 94 Prozent der Rennen im Abgeordnetenhaus gingen diejenigen als Sieger hervor, die das meiste

Geld ausgeben konnten. Im Senat liegt die Erfolgsquote der »Top-Spender« bei 82 Prozent, so das Center for Responsive Politics.[266]

Es gibt noch andere Machtwährungen. Wer wie Donald Trump über ein vielen Beobachtern nicht sichtbares politisches Netzwerk christlich-rechter Basisorganisationen verfügt, kann über eine Vielzahl Gleichgesinnter, die von Haus zu Haus gehen, potenzielle Wähler direkt ansprechen und ist nicht auf die diffuse und teure Massenkommunikation der Fernsehsender angewiesen – wie es Hillary Clinton war. Bereits in den 1970er-Jahren kommunizierten die Pioniere der Christlichen Rechten mit Gleichgesinnten unmittelbar über sogenannte Direct-Mail-Kanäle. Zielgruppenspezifische Kommunikationsformen mit geringen Streuverlusten wie Briefappelle, die mittlerweile durch E-Mail-Kommunikation, virtuelle Diskussionsforen und soziale Netzwerke wie Facebook, Instagram, Twitter, Pinterest, LinkedIn oder Snapchat ersetzt wurden, sind besonders gut geeignet, kostengünstig den harten Kern der Stammwähler, »die Basis«, zu mobilisieren und Wahlkampfgeld zu akquirieren.

Karl Rove, der »Architekt« der beiden Wahlsiege von George W. Bush, war besonders effektiv darin, die religiös-rechte Basis an Kleinspendern zu erweitern und mithilfe des Internets zu mobilisieren. Als großer Vorteil erweist sich dabei, dass bei der persönlichen Ansprache der religiösen Kernklientel über die neuen Medien moderate Wähler nicht verprellt oder weitere politische Gegner aktiviert werden, was bei diffus gestreuten Fernsehkampagnen häufig der Fall ist. Ralph Reed, ein führender Kopf der Christlichen Rechten und ehedem im Team von Bushs Wahlkampfberatern, erklärte die Neuausrichtung der Wahlkampfstrategie vom »Luft-« hin zum »Bodenkrieg«, sprich der Abwendung von der Fernsehwerbung zugunsten einer Mobilisierung der politischen Graswurzeln: »Das ist meines Wissens das erste Mal, dass ein amtierender Präsident derartige Anstrengungen unternimmt, eine regelrechte Basiskampagne zu organisieren, die sich auf Wahlbezirke und Wohngegenden konzentriert, anstelle bisheriger

Strategien, die ausschließlich auf Fernsehbilder und die Medien setzten.«[267]

Die Wahlkämpfer von Barack Obama perfektionierten diese Strategie. In den Präsidentschaftswahlkämpfen 2008 und 2012 gelang es ihnen zudem, jeweils sowohl im Vor- als auch später im Hauptwahlkampf gegen John McCain bzw. Mitt Romney ein Drittel ihrer Wahlkampfgelder in kleineren Beträgen von bis zu 200 Dollar einzuwerben.[268]

Obamas Wahl- und Wiederwahlerfolg haben wiederum seinen politischen Gegnern geholfen, ihre Basis zu mobilisieren. Mittlerweile hat sich zur Christlichen Rechten auch das sogenannte Tea Party Movement gesellt. Die Übergänge beider Gruppierungen sind fließend. Während Christlich Rechte sich vor allem gegen Abtreibung und Homoehe einsetzen, sind die Tea-Party-Aktivisten davon beseelt, den Staat so klein wie möglich zu machen, damit man ihn »wie ein Baby im Bade ertränken« könne, so eine häufig zitierte Witzelei von Grover Norquist, dem Chef der Vereinigung Americans for Tax Reform und Strategen der libertären Bewegung.

Um Reibungsverluste zu vermeiden, haben die Republikaner das moralische Netzwerk der Christlichen Rechten mit dem wirtschaftspolitischen verknüpft. Der Lobbyist Grover Norquist organisiert in seinem zentral gelegenen Büro in Washington ein wöchentliches Meeting mit mittlerweile hundert bis hundertfünfzig Amtsträgern der Legislative und Exekutive sowie Vertretern von Interessengruppen und Basisorganisationen, bei dem vorwiegend über fiskal- und außenpolitische Themen diskutiert wird. Norquist hat die große Mehrheit der Republikaner im Abgeordnetenhaus und Senat dazu gebracht, einen öffentlichen Eid zu leisten, dass sie künftig keiner Steuererhöhung mehr zustimmen werden. In der 112. Legislaturperiode gab es im Abgeordnetenhaus nur noch sechs Republikaner, die diesen Eid nicht unterschrieben hatten. Im Senat waren es noch sieben »Abtrünnige« vom wahren libertären Glauben, die sich dem Ansinnen Norquists verwehrten und ihren politischen Bewegungsspielraum bewahrten, der nötig ist, um Kompromisse in der Gesetzgebung zu finden.

Mit dem Wahlerfolg bei den Zwischenwahlen vom November 2014, bei denen die Republikaner eine historische Mehrheit im Abgeordnetenhaus gewannen und seitdem auch die Mehrheit der Senatoren stellen, sehen sich indes die Befürworter der Totalopposition gegen Präsident Obama in ihrer politischen Blockadestrategie bestätigt. Die Mehrheitsführer der Republikaner im Kongress, John Boehner im Abgeordnetenhaus sowie Mitch McConnell im Senat, hatten deshalb bei ihrem Bestreben, Präsident Obama weiter zu blockieren, einfaches Spiel. Umso größer waren ihre Schwierigkeiten, ihre Kollegen auf Parteilinie zu bringen, wenn es vor allem in Haushaltsfragen darum ging, Kompromisse mit dem Weißen Haus auszuhandeln. Der vermeintliche Mehrheitsführer Boehner war von der Blockadehaltung des harten, libertären Kerns seiner republikanischen Parteigänger so frustriert, dass er im Herbst 2015 sein Amt niederlegte. Bei der Kür des Nachfolgers Paul Ryan redeten denn auch staatskritische Interessengruppen und deren Wahlkampfkomitees ein mächtiges Wort mit.[269]

Das Wirken von Politunternehmern wie Norquist und von Milliardären wie den Brüdern Charles und David Koch, die neben libertären Thinktanks wie Cato auch die Tea Party finanziell unterstützen, verdeutlicht, dass der politische Prozess in den USA nicht von Parteien dominiert wird und sich auch nicht von der Basis her wildwüchsig formiert, wie es die Bezeichnung »Graswurzelbewegung« im Zusammenhang mit der Tea Party suggeriert, sondern schon seit Langem von Netzwerkern gesteuert wird. »Betrachtet man die Gesamtheit der Organisationen auf der Neuen Rechten, so übernehmen diese Aufgaben, die in westeuropäischen parlamentarischen Regierungssystemen überwiegend oder ausschließlich von Parteien wahrgenommen werden«, brachte es der Parteienforscher Peter Lösche schon Anfang der 1980er-Jahre auf den Punkt. »In ihnen sind häufig junge, hochintelligente, eiskalte Po litmanager tätig, die nicht nur wissen, wie man organisiert, mobilisiert, manipuliert und Wahlkämpfe führt, sondern dabei die neuen Technologien einsetzen.«[270]

Der technische Fortschritt und die weitere Öffnung der Geldschleusen durch die Urteile des Supreme Court ermöglichten es, dass sich diese Politunternehmer noch mehr professionalisierten und die Parteien noch stärker marginalisierten. Die Koch-Brüder gaben im Vorfeld der Wahlen 2016 eine knappe Milliarde Dollar aus, um ein von ihnen organisiertes Netzwerk von weiteren vermögenden Geldgebern zu festigen, das ein »Heer« freiwilliger Wahlkampfhelfer finanziert und ausbildete.[271] Americans for Prosperity (AFP) wurde 2004 gegründet und verfügte im Wahlkampf 2016 über 750 bezahlte Mitarbeiter in 35 Einzelstaaten. AFP galt als eine der einflussreichsten Organisationen im Wahlkampf. Ihre »Soldaten« gingen im »Bodenkrieg« von Haus zu Haus, sie betrieben sogenanntes Canvassing. Die Freiwilligenarmee sollte nicht nur potenzielle Wähler für die zu lösenden Probleme sensibilisieren, sondern durch gezielte Fragen zu deren Lebensverhältnissen und politischen Einstellungen auch Informationen sammeln – wertvolle Daten, die über eine App namens i360 erfasst und in der Zentrale professionell verarbeitet wurden. Die aus der Feldforschung gewonnenen Daten wurden schließlich zusammen mit den Angaben der Wählerregistrierung und dem aus den sozialen Netzwerken gewonnenen Analysen zum persönlichen Konsum- und Medienverhalten komplettiert und ausgewertet. Bis zur Wahl konnten mit dieser 250 Millionen potenzielle Wähler umfassenden Datenbank eine Reihe von »Experimenten« gemacht werden, um zu testen, wie unterschiedliche Herangehensweisen, etwa Hausbesuche, Anrufe oder Fernsehanzeigen, wirken. Diese Erkenntnisse konnten in der heißen Wahlkampfphase umso effektiver genutzt werden, um die Wähler zu mobilisieren. Bereits aus den beiden vergangenen verlorenen »Schlachten« gegen Obama habe man gelernt, dass es nicht genügt, wenn man das Feld nur kurz vor der Wahl mit »Fallschirmspringern« aufzumischen versucht, so ein Verantwortlicher der Kampagne. Vielmehr müsse man viele Jahre, ja mehrere Wahlperioden investieren, um langfristig erfolgreich zu sein, den »Krieg« zu gewinnen.

Die Aktivitäten des von den Koch-Brüdern unterstützten Netzwerkes sind der Partei der Republikaner ein Dorn im Auge. Bereits im Juni 2015 platzte Katie Walsh der Kragen: »Es ist gefährlich und falsch, einer Gruppe sehr starker, gut finanzierter Einzelpersonen, die niemandem Rechenschaft schulden, so viel Kontrolle darüber zu geben, wer, wann, warum und wie Zugang zu den Daten hat«, klagte die Vorsitzende des Republican National Committee (RNC), des nationalen Organisationsgremiums der Republikanischen Partei der USA, das eigentlich für die Koordinierung des Wahlkampfes verantwortlich sein sollte.[272]

Auch bei der Aufstellung der Kandidaten hatte die Partei mächtige Konkurrenz. Die Koch-Brüder laden die aussichtsreichen Kandidaten regelmäßig zu Veranstaltungen in Luxusresorts ein, bei denen zahlreiche andere potente Financiers zugegen sind, um die Kandidaten auf Herz und Nieren zu prüfen. »Amerikas Reiche suchen den nächsten Präsidenten«, hätte man diesen Wettbewerb betiteln können.

Doch schließlich stahl Profi-Entertainer Donald Trump allen die Show. Auch er war der Partei der Republikaner ein Dorn im Auge, wetterte er doch gegen das Establishment, also auch gegen die Parteieliten. Ihm gelang es aber, wie bereits erwähnt, die Infrastruktur der Graswurzelorganisationen der Christlich Rechten für sich zu gewinnen. Konservative Themennetzwerker haben die politische Auseinandersetzung seit jeher geprägt: Die Organisationen der Christlichen Rechten haben vor allem die Kerngruppe der Evangelikalen zum politischen Engagement bewegt und damit das politische System polarisiert.[273] Ohne Segen der Christlichen Rechten und eine dafür nötige Positionierung am rechten Rand sind republikanische Kandidaten bei den Präsidentschaftsvorwahlen ohnehin zum Scheitern verurteilt.

Für die Strategen einer umfassenden republikanischen Wählerkoalition war und bleibt es eine besondere Herausforderung, die Christliche Rechte und Libertäre (die Tea Party) zu integrieren, ohne dabei andere gemäßigtere Wähler zu verlieren. Denn es gilt, ein breites Spektrum von Republikanern – vom wirtschafts- und wertelibertären bis hin zum wertkonservativen, christlich rechten Pol – unter einem Dach zu halten. Strategen der Christlichen Rechten und Tea-Party-Aktivisten konzentrieren sich deshalb auf einigende Themen.

Bei manchen sogenannten Spaltthemen sind die verschiedenen Erwartungen jedoch nur schwer in Übereinstimmung zu bringen. So wartet eine heikle Gratwanderung auf jeden republikanischen Präsidentschaftskandidaten, der seine Partei in den Wahlkampf führen möchte. Er muss Christlich Rechte, die sich für staatliche Eingriffe in Privatangelegenheiten, etwa Ehe und Familienplanung, starkmachen, mit libertären Parteifreunden unter einen Hut bringen, die wenig von sogenannten moralischen Themen halten und einfach nur unbehelligt von staatlichen Regulierungen ihren Geschäften nachgehen wollen.[274]

Anders als in der Sexualmoral stimmen die Vorstellungen der rechten Christen bei wirtschaftspolitischen Themen durchaus mit dem Denken libertärer Republikaner überein. Sie sind sich einig in der Zielsetzung, den Einfluss des Staates auf die Wirtschaft zu reduzieren. Wirtschaftslibertär überzeugte Republikaner glauben an die unsichtbare Hand des Marktes. Für viele überzeugte Evangelikale sind persönliche Verfehlungen und unmoralisches Handeln die Ursache für wirtschaftliches Versagen. Die Idee staatlicher Sozialleistung und Wohlfahrt hat in diesem Denken keinen Platz. »Defunding the government«, lautet ihr Slogan, und das bedeutet, dem Staat keine Mittel zur Verfügung zu stellen, es sei denn, die Finanzierung betrifft militärische oder sicherheitspolitische Belange. »Weniger Sozialstaat« und »weniger Steuern« sind Glaubenssätze konservativen Wirtschaftsdenkens in den Vereinigten Staaten. Wirtschaftssubjekte gelten als Individuen in freier Verantwortung. Staatliche Interventionen durch Wirtschafts- oder gar Sozialpolitik sind demzufolge überflüssig, ja kontraproduktiv. Dieses staatskritische Gedankengut wurde gemäß dem Slogan »Ideen haben Konsequenzen«[275] über Thinktanks, die in den USA die Funktionen der schwachen Parteien übernommen haben[276] und von der Wirtschaft und Finanzindustrie üppig finanziert werden, in praktische Politik übersetzt.

Thinktanks als Ideen- und Personalagenturen

Das ohne Partei- und Fraktionsdisziplin funktionierende System der Checks and Balances eröffnet neben Interessengruppen auch anderen zivilgesellschaftlichen Organisationen wie politikorientierten Forschungsinstituten (Thinktanks) vielfältige Einwirkungsmöglichkeiten, insbesondere aufgrund seiner Durchlässigkeit: Es bedingt eine hohe Rotation und erleichtert Karrierewechsel. In diesem Drehtürsystem werden Personen und mit ihnen auch Ideen und Interessen zwischen staatlichen Behörden, Abgeordnetenbüros, Unternehmen, Thinktanks, Anwaltskanzleien und Interessengruppen ständig ausgetauscht. In keinem anderen Land wird ein derart breiter und offener politischer Diskurs gepflegt, an dem sich auch Thinktanks maßgeblich beteiligen und in dem sie ihre verschiedenen Kommunikationsrollen ausüben können.[277]

Während in einem parlamentarischen Regierungssystem, wie es in der Bundesrepublik Deutschland herrscht, die politischen Parteien bei der Personal- und Elitenrekrutierung des politischen Spitzenpersonals von zentraler Bedeutung sind und ohnehin ein großer Berufsbeamtenapparat von politischen Veränderungen unberührt bleibt, übernehmen in den USA Thinktanks die Rolle des Personaltransfers und damit auch der Ideengebung. Anders als in Deutschland (wo es nur eine Handvoll Fachleute gibt, die je die Seiten gewechselt haben) kommentieren amerikanische Experten nicht nur am Seitenrand, sondern erhalten hin und wieder die

Chance, sich selbst im Zentrum der Macht am politischen Spiel zu beteiligen. Indem sie eine politische Aufgabe übernehmen, können sie auch ihre vorher im Thinktank erdachten Ideen in die Tat umzusetzen versuchen. Donald Trump hat bereits eine Reihe von Thinktank-Mitarbeitern damit betraut, Tausende Experten für seine Regierungsmannschaft zu identifizieren.

Dieser ständige Austausch von Personal und Ideen hat Vor- und Nachteile. So sind amerikanische Sozialwissenschaftler, die häufig direkt von Eliteuniversitäten rekrutiert werden, darin geübt, praxisorientiert ein komplexes Problem zu analysieren und Lösungsansätze vorzuschlagen. Davon profitieren gleichermaßen Politik und Wissenschaft, insbesondere Universitäten, die die nächste Generation pragmatischer Experten ausbilden. Gleichwohl ist zu beobachten, dass mittlerweile Ideen ganz unterschiedlicher Natur auf dem »Marktplatz der Ideen« gehandelt werden: solche, die auf empirisch überprüfbaren Aussagen fußen, und andere, die ideologischer bzw. religiöser Natur und daher nicht falsifizierbar sind. In der Beratungslandschaft wuchern, dank üppiger finanzieller Zuwendungen der Privatwirtschaft, mittlerweile ideologische Thinktanks, die im »Krieg der Ideen« ihre Interessen vertreten. Das prominenteste Beispiel, die Heritage Foundation, die nur in militärischen und sicherheitspolitischen Belangen einen möglichst starken Staat fordert, ihn ansonsten aber eher abschaffen möchte, beabsichtigte in den 1990er-Jahren gar, als Avantgarde der »konservativen Revolution« in die Weltgeschichte einzugehen. Auch wenn die konservative Bewegung merklich an Boden und Einfluss gewonnen hat, bleibt doch festzuhalten, dass die zunehmende Politisierung nicht allein von der politischen Rechten ausgeht.

Advokatische Thinktanks wie die Heritage Foundation (vgl. Typen[278] und Familien in Tabelle 4) perfektionieren ähnlich wie Interessengruppen unter anderem auch Lobbying- und Graswurzelstrategien. Thinktanks – die in der amerikanischen Steuergesetzgebung als sogenannte 501(c)(3)-Organisationen firmieren –

dürfen zwar kein Lobbying betreiben, das einen »substanziellen Anteil« ihrer Aktivitäten ausmacht, um nicht ihren steuerlich vorteilhaften Status zu verlieren. Doch mittlerweile gibt es zahlreiche »zivilgesellschaftliche Vereinigungen oder Organisationen, die nicht nach Gewinn, sondern ausschließlich nach Förderung sozialer Wohlfahrt streben«. Das sind Organisationen, die unter Paragraph 501(c)(4) der amerikanischen Steuergesetzgebung subsumiert werden – und deren Lobbying keine steuerlichen Konsequenzen nach sich zieht. Während der Gründer und langjährige Leiter der Heritage Foundation, Edwin Feulner, zögerte, der Graswurzel-Lobbying-Strategie anderer konservativer Thinktanks wie des Competitive Enterprise Institute zu folgen, hat sein Nachfolger, der ehemalige republikanische Senator Jim DeMint, Heritage Action in Stellung gebracht, um mit Nachdruck libertär-konservative Politik voranzutreiben.

Tabelle 4: Thinktank-Typen und -Familien

Familien	Politisch/ideologisch identifizierbar		Politisch/ideologisch nicht identifizierbar	
Typen	advokatisch	parteiisch	akademisch	auf Vertragsbasis forschend
Proto-typen	Heritage Foundation	nicht in USA (parteinahe Stiftungen in Deutschland)	Brookings Institution	RAND Corporation

Die Vertreter zentristisch orientierter, das heißt politisch/ideologisch nicht identifizierbarer akademischer Thinktanks sehen sich zunehmend mit ideologischen Thinktanks konfrontiert. Unter dem bezeichnenden Titel »Academics to Ideologues« beschrieb James McGann 1992 in seiner *Brief History of the Public Policy Research Industry*[279] in den USA die Entwicklung vom akademischen

Thinktank der Gründerzeit hin zum Modell des advokatischen Thinktanks, das heute weit verbreitet ist. Die Prototypen advokatischer Organisationen drängten freilich schon nach dem Ende des Zweiten Weltkrieges auf den »Marktplatz der Ideen«; sie gingen jedoch erst später, seit den 1970er- und 1980er-Jahren, zur Massenproduktion über: Ihre Zahl und ihre Beiträge haben sich vervielfacht. Seitdem ist in den USA die Anzahl der Thinktanks generell und vor allem die der advokatischen Institute überproportional angewachsen.[280]

Mit dem härteren Wettbewerb haben sich die Eigenschaften und Arbeitsweisen von Thinktanks grundlegend verändert, was sich in einer Politisierung der Beratung amerikanischer Politik widerspiegelt: »In den ersten Jahrzehnten bis zur Mitte des 20. Jahrhunderts wurden Thinktanks allgemein als objektive und sehr glaubwürdige Produzenten von Expertisen für politische Akteure angesehen. In der heutigen, viel dichter besiedelten Thinktank-Landschaft werden sie zunehmend zu streitsüchtigen Advokaten in balkanisierten Debatten über politische Richtungsentscheidungen, oder werden zumindest so wahrgenommen.«[281]

Das ist genau das Ziel advokatischer Institute: Ihre klare politische Positionierung beschert ihnen bessere Sichtbarkeit in den Medien. Damit haben sie auch bessere Karten beim Fundraising. Denn die Geldgeber nehmen an, dass Thinktanks vor allem über die Medien indirekt Einfluss auf politische Entscheidungen nehmen können.

Medien als vierte Gewalt?

Nicht erst seit Orson Welles' 1938 ausgestrahlter Radiosendung *Invasion from Mars*, nach der viele Hörer voller Angst auf die Straßen liefen, weil sie das, was ihnen vermittelt wurde, für real hielten, existiert der Mythos von den übermächtigen Medien.[282] Er wurde bereits zuvor mit der Erforschung der Wirkung von Werbung und

Propaganda verfestigt. Die Annahme omnipotenter Medien beherrschte auch lange Zeit die Medienwirkungsforschung.

Mittlerweile wird der Medieneinfluss differenzierter gesehen: Zum einen bemühen sich die Medien selbst, auf politische Entscheidungen Einfluss zu nehmen, oder werden von anderen in diesem Sinne bemüht. Zum anderen können sie aber auch mitentscheiden, worüber entschieden wird: indem sie ein Thema problematisieren, ein zu lösendes Problem auf die politische Tagesordnung bringen. Neben dieser Agenda-Setting-Funktion, wie sie 1972 die US-Forscher Maxwell E. McCombs und Donald L. Shaw beschrieben,[283] können sie auch noch den Rahmen des Vorstellbaren abstecken, Agenda-Framing betreiben – sprich, mit Begriffen oder Metaphern das Problem und dessen Lösung begreifbar machen und dabei Einfluss nehmen oder manipulieren.

In seiner analytischen Betrachtung der menschlichen Kommunikation unterschied der Journalist Walter Lippmann bereits 1922 zwischen der »Außenwelt« und den »Bildern in unseren Köpfen«.[284] Die Realität ist laut Lippmann zu groß, zu komplex und zu vergänglich, als dass sie von uns direkt wahrgenommen werden könnte. Da wir jedoch in ihr handeln müssen, behelfen wir uns damit, sie durch ein einfacheres Modell zu rekonstruieren, damit sie uns vertraut und umgänglicher wird. Diese Modelle, also (Sprach-)Bilder, liefern uns nicht zuletzt die Medien und die Medienmacher.

Politik liegt für die meisten Menschen außerhalb ihres Erfahrungshorizonts, sodass sie von anderen erforscht und berichtet werden muss. Auch die meisten Amerikaner sind auf die Medien angewiesen, weil die wenigsten von ihnen sich ein eigenes Bild von dem machen können, was in ihrer Hauptstadt oftmals auch hinter den Kulissen politisch geschieht. Gleichwohl sind die US-Bürger alle zwei Jahre aufgerufen, ihren politischen Willen in der Wahlkabine kundzutun. Zudem werden sie laufend von Demoskopen gebeten, zu allen möglichen Themen und Problemen ihre Meinung zu bekunden. Die Medien, die Meinungsumfragen zum

Teil auch selbst in Auftrag geben, konfrontieren Politiker dann gerne mit dieser »öffentlichen Meinung«.

Ganz im Sinne der Gründerväter sind US-Politiker verpflichtet, ihren Bürgern jederzeit Rede und Antwort zu stehen. In der heutigen Mediendemokratie sind sie aber umso mehr gezwungen, sich an den täglich von Demoskopen ermittelten und oft widersprüchlichen Befindlichkeiten ihrer Wähler zu orientieren. Die öffentliche Meinung und die veröffentlichte Meinung, sprich die Meinungsmacher in den Medien, gewinnen dadurch immer mehr Einfluss auf die Politik.

Im permanenten Wahlkampf spielen Medien eine zentrale Rolle. Politiker versuchen ständig, durch Pressemitteilungen und indem sie »Ereignisse« inszenieren, in die Nachrichten zu kommen. Trumps viel einfachere Methode war, die Grenzen des menschlichen Anstands ein ums andere Mal zu überschreiten. Das kostet wenig und erhöht den Bekanntheitsgrad. Umso schwieriger und teurer wird es für andere Kandidaten, im Wahlkampf sichtbar zu bleiben. Die Werbespots in Radio und Fernsehen verschlingen den Großteil der für den Normalbürger unvorstellbaren Summen an Wahlkampfgeldern, die die Kandidaten – auch unter Vernachlässigung ihrer Regierungsarbeit – ständig einwerben müssen.

Die Medien, die von diesem Geldsegen ganz gut leben, sind verständlicherweise die verlässlichsten Anwälte der Redefreiheit und politisieren gegen jegliche Beschränkung von Wahlkampfspenden. Nach wiederholten Auslegungen des Obersten Gerichts der USA würde mit einer Begrenzung von Wahlkampfspenden der erste Verfassungszusatz, das Grundrecht auf Redefreiheit, beschnitten. Indem Interessengruppen und deren PACs den Kandidaten direkt Geld geben oder als sogenannte unabhängige externe Organisationen die Qualitäten des einen preisen oder die Unfähigkeit des anderen anprangern, üben sie ihr verfassungsmäßiges Recht auf Redefreiheit aus. Sie sorgen dafür, dass in der politischen Auseinandersetzung einigen Interessen mehr Gehör verschafft wird als anderen. So werden mit Wahlkampfgeldern teure Werbespots finanziert und über eine Vielzahl privater Fernsehsender verbreitet.

Da die in hart umkämpften Einzelstaaten lebenden Zuschauer in Wahlkampfzeiten mit politischer Werbung überhäuft werden und nicht mehr zuhören und zusehen, ist auch die persönliche Ansprache der Wähler wieder »modern« geworden: zum einen durch freiwillige Wahlkampfhelfer, die von Haus zu Haus gehen (Canvassing), zum anderen durch Direct Mail, ehedem über Datenbanken generierte und per Post versendete »persönliche Massenbriefe«, die nunmehr in Form von E-Mail-Kampagnen und sozialen Netzwerken wie Twitter oder Facebook an den Adressaten gebracht werden. Mit den neuen zielgruppenspezifisch einsetzbaren Medien und Kampagnen über das Internet können sich Politiker immer mehr von den klassischen Massenmedien emanzipieren und so ihre Wahlkampfhelfer, Financiers und potenziellen Wähler direkt und permanent ansprechen. Donald Trump beherrscht wie wenige andere Politiker die Kunst der Kurz-»Nachrichten«, die permanente emotionale Ansprache seiner Fangemeinde.

Zwar wenden Vertreter etablierter Medien gerne ein, dass mit der Beliebigkeit der Angebote im Internet die Qualität verloren gehe. Doch die Qualitätsberichterstattung wurde aufgrund der Kommerzialisierung, Konzentration und Politisierung der Medienwelt ohnehin längst ausgedünnt.

Die Medienlandschaft in den USA hat sich in den vergangenen Jahren merklich politisiert. Weit entfernt vom Ideal unabhängiger Berichterstattung gerieren sich viele US-Journalisten als Teilnehmer im politischen Kampf. Viele sind Teil von Koalitionen, die bestimmte Themen oder politische Tendenzen befördern. Eine Journalistin einer (noch) seriösen Tageszeitung, namentlich der *New York Times*, stellte die Machtfrage: »Wenn die Führer der republikanischen Partei nicht die politische Agenda bestimmen, wer dann?« Jackie Calmes' Feldrecherche bei Republikanern ergab folgendes Ergebnis: »Wie viele von ihnen eingestehen, sind es kon-servative Medienvertreter – nicht nur Talkshow-Berühmtheiten wie Rush Limbaugh, Sean Hannity, Mark Levin und Laura Ingra-ham, sondern auch weniger bekannte Sprecher wie Steve Deace und ein sich ausbreitendes Netz von ›Nachrichten‹-Websites und sozialen Medien –, die finanzielle und ideologische Allianzen mit äußerst rechten Anti-Regierungs- und Establishment-Gruppen wie Heritage Action, Americans for Prosperity, Club for Growth und FreedomWorks eingehen.«[285]

Die von Calmes genannten ideologischen Organisationen sind mittlerweile von extrem konservativen, mitunter rechtsradikalen Medienplattformen wie dem Breitbard News Network übertrumpft worden. Donald Trump holte sich dessen Geschäftsführer Stephen Bannon in der entscheidenden Phase in sein Wahlkampfteam und wird auch als Präsident – mit Bannon als Strategieberater an sei-ner Seite – über eines der wichtigsten Sprachrohre der Alt-Right (Alternative-Right)-Bewegung verfügen, um das Parteiestablish-ment der Republikaner weiterhin aus den Angeln zu heben.

Die Grenzen zwischen Journalismus und politischem Aktio-nismus sind häufig nicht mehr erkennbar. Die offensichtlichsten Beispiele der älteren Mediengeneration sind die TV-Sender *Fox* und *MSNBC* (ein Gemeinschaftsunternehmen von NBC Universal und Microsoft). Die Einseitigkeit der Medienangebote führt dazu, dass auch die Rezipienten in zwei grundverschiedenen politi-schen Welten leben. Die Zuschauer werden mit anderslautenden Meinungen nicht mehr behelligt. Die Republikaner informieren sich über *Fox News*; *MSNBC* dient den Demokraten als Informati-onsquelle.[286] Selbst politisch abgehärteten Vertretern geht dieses Lagerdenken mittlerweile zu weit: »Diese Leute schauen *MSNBC*, und sie kommunizieren miteinander über das Internet – in man-cher Hinsicht sind sie wie die Tea Party. Sie leben in einem Pa-ralleluniversum«, beklagt der langjährige demokratische Abge-ordnete Barney Frank.[287] Solche Eindrücke von Politikern werden von einer umfassenden Studie des Pew Research Center bestätigt:

»Wenn es darum geht, Nachrichten über Politik und Regierung zu bekommen, leben Liberale und Konservative in unterschiedlichen Welten. Es gibt fast keine überlappenden Nachrichtenquellen mehr, an die sich beide Seiten wenden und denen sie vertrauen.«[288] Beide Lager können sich mittlerweile auch im Alltag nicht mehr über die gleiche Realität unterhalten, weil die Wahrnehmungsunterschiede zu groß geworden sind.

Ebenso wenig werden Kompromisse in der politischen Praxis belohnt, im Gegenteil: Der pragmatische Gedanke, bei einem »Deal« die Hälfte des Kuchens zu bekommen, werde sofort mit einem »Bannfluch der konservativen Medien« belegt, sagte Tom Cole, ein ehemaliger Politikprofessor, der heute Teil der Führungsriege der Republikaner im Abgeordnetenhaus ist.[289] So wurde der Republikaner John Boehner, als er zur Behebung des Schuldenproblems im Sommer 2011 eine Einigung mit dem demokratischen Präsidenten Obama ausgehandelt hatte, von *Fox News*, dem Sprachrohr der staatskritischen, von Milliardären wie den Brüdern Charles und David Koch finanzierten Tea-Party-Bewegung, umgehend publizistisch in die Mangel genommen. Der Kompromiss ist bekanntlich gescheitert. Der Sprecher des Abgeordnetenhauses galt seitdem als schwer angeschlagen. Boehner hatte große Schwierigkeiten, die eigenen Reihen zusammenzuhalten, um mit Präsident Obama politische Lösungen für drängende Probleme zu finden. Schließlich trat er im Herbst 2015 zurück und überließ seinem Nachfolger Paul Ryan diese undankbare Aufgabe. Doch auch republikanische Senatoren werden zunehmend mit extrem konservativen Medien konfrontiert: »Wenn du nur ein wenig von der äußerst rechten Position abweichst, dann wirst du von den konservativen Medien erledigt« – so der ehemalige republikanische Mehrheitsführer im Senat, Trent Lott, der mit seiner langjährigen Erfahrung dem aktuellen Führungspersonal der Republikaner im Kongress zu helfen versucht.[290] Damit tragen auch die Medien zur Polarisierung bei, die mittlerweile das politische System der USA in vielen Politikfeldern lähmt.

Wie die Politik sich das Heft aus der Hand nehmen lässt

Ausschlaggebend für den Politikstau in Washington sind auch die enormen sozialen und wirtschaftlichen Strukturprobleme, die Obamas Vorgänger diesem hinterlassen haben, sowie die grundlegenden Veränderungen der politischen Rahmenbedingungen, die das Regieren beinahe unmöglich gemacht haben.[291] In der derzeitigen Machtkonstellation sind Präsident und Kongress kaum in der Lage, wenigstens die akuten Probleme zu lösen – sei es die tickende Schuldenbombe zu entschärfen, die prekäre soziale Lage vieler Amerikaner zu verbessern, damit auch die Wirtschaft wieder nachhaltig zu beleben, den Freihandel zu fördern, die Umwelt- und Energieprobleme zu lindern oder in der Außenpolitik eine liberale Weltordnung aufrechtzuerhalten. Im Gegenteil: Die gravierenden sozialen Probleme und die wirtschaftliche Schwäche vertiefen die ideologischen Gräben zwischen Demokraten und Republikanern. Das verstärkt die Dysfunktionalität und untergräbt die Legitimation des Regierungssystems und die Handlungsfähigkeit der Regierung.[292] Auch der neue Amtsinhaber Donald Trump wird nicht »durchregieren« können, wie viele Medienberichterstatter meinen und auch Trumps Unterstützer hoffen. In erster Linie würden sich seine fiskalkonservativen und mitunter staatsfeindlichen Parteifreunde querstellen, wenn er vom Kongress Geld für seine grandiosen Wirtschaftspläne fordern sollte.

Bereits der noch amtierende Präsident Obama scheiterte am Kongress – einerseits an staatsfeindlichen Repräsentanten der

von Ölmilliardären finanzierten Tea Party, andererseits an fiskalkonservativen Demokraten, den sogenannten Blue Dogs. Mit Ausnahme der Sicherheitspolitik hat der Kopf der Exekutive keinen
Handlungsspielraum mehr. Je nach Politikbereich ist die Machtstellung des Präsidenten gegenüber dem Kongress unterschied-
lich: Während in der Sicherheitspolitik selbst die amerikanische
Justiz fehlende Gewaltenkontrolle bemängelt, sind dem Präsidenten in fast allen anderen Bereichen, etwa in der Energie-, Umwelt-,
Wirtschafts- und Handelspolitik, die Hände gebunden.

Angesichts der Blockade der politischen Gewalten bleibt die
US-Notenbank die einzig handlungsfähige Institution, um die
USA vor einer wirtschaftlichen Kernschmelze zu bewahren. Indem sie die Märkte und den Staat mit Geld flutet, kauft sie aber
nur Zeit und verschiebt ein immer größer werdendes (Schulden-)
Problem in die Zukunft. Die Abgeordneten und Senatoren bleiben bei einzelnen Rettungsmaßnahmen der Notenbank außen
vor. Sie können nur im Nachhinein zustimmen, indem sie immer
wieder die Schuldenobergrenze erhöhen – oder mit ihrer Ableh-
nung den Stillstand der Regierungsgeschäfte, die internationale
Kreditwürdigkeit und den Staatsbankrott riskieren. So hebelt die
US-Notenbank mit ihrem Finanzgebaren die Machtkontrolle des
Kongresses gegenüber der Exekutive aus.

Dominanz des Oberbefehlshabers
in der Sicherheitspolitik

Die Sorge um die institutionelle Machtbalance tritt in den Hintergrund, wenn – wie mit den Anschlägen vom 11. September 2001
deutlich wurde – Gefahr in Verzug ist und auch die Bevölkerung
vom Präsidenten politische Führung erwartet, um das Land zu
schützen. In Zeiten existenzieller Bedrohung kommt dem Präsidenten die Rolle des Schutzpatrons der Nation zu. Als Oberbefehlshaber der Streitkräfte steht er im Mittelpunkt der (Medien-)

Aufmerksamkeit. Der patriotische Sammlungsaffekt des »rally around the flag« bedeutet einen immensen Vertrauensvorsprung und Machtgewinn für den Präsidenten und die Exekutive.

In Kriegszeiten ist jeder einzelne Abgeordnete und Senator angehalten, Partei für die nationale Sicherheit zu ergreifen. Wenngleich amerikanische Kongressmitglieder grundsätzlich keine Parteisoldaten, sondern unabhängige politische Unternehmer sind, stehen auch sie in solchen Zeiten an der Seite des Obersten Befehlshabers, wenn es darum geht, ihm »patriotische Handlungsbefugnisse« zu geben und ihn bei der »Verteidigung des Heimatlandes« zu unterstützen. In dieser Lage wäre die Legislative schlecht beraten, ihr institutionelles Gegengewicht in die politische Waagschale zu werfen, um eine starke und markante Oppositionsrolle zu spielen. Der Kongress hat in einer solchen Ausnahmesituation nicht das politische Gewicht, einen Präsidenten im Kampf gegen den Terror herauszufordern, würde er doch damit den Garanten der nationalen Einheit und Handlungsfähigkeit infrage stellen. In Krisenzeiten kann der Kongress nur eine beratende und unterstützende Rolle spielen.

Der amerikanische Politikwissenschaftler Charles O. Jones bringt es auf den Punkt: »So effektiv die Arbeit des Kongresses sein mag und sosehr sich der Kongress in den letzten dreißig Jahren erfolgreich darum bemühte, eine verantwortungsvollere Rolle in der politischen Auseinandersetzung zu übernehmen – eine Krise wie diese, ein Pearl Harbor im eigenen Land gewissermaßen, verlangt nach politischer Führung. Der Kongress ist keine Einheit. [...] Er hat politische Führer, aber keinen Einzelführer. [...] Die Macht kann sich also nur zum Präsidenten verlagern. [...] Der Kongress nimmt in diesem Prozess eine beratende und unterstützende Rolle ein. Aber sie ist nicht darauf angelegt, einen Krieg zu führen.«[293]

Mit den Anschlägen des 11. September 2001 wurde der bereits vorher artikulierte Wille der Exekutive, die in den vergangenen drei Jahrzehnten entstandene Machtfülle des Kongresses[294] wieder zu beschneiden, katalysiert und legitimiert. Schon unmittelbar nach Amtsantritt hatten Präsident George W. Bush und seine Gefolgsleute deutlich gemacht, dass sie die Position der Exekutive auf Kosten der Machtbefugnisse der Legislative zu stärken beabsichtigten. Diese offensive Strategie des Weißen Hauses, den vor allem in der Amtszeit des Vorgängers Bill Clinton erstarkten Kongress wieder in eine untergeordnete Rolle zu drängen, erhielt mit den Terroranschlägen von New York und Washington ihre Legitimation – die in der amerikanischen Bevölkerung gemeinhin gehegte Überzeugung, dass dies angesichts der nationalen Bedrohung rechtens, ja notwendig sei. Im sogenannten globalen Krieg gegen den Terror konnte der Präsident nunmehr die dominante Rolle des Oberbefehlshabers der Streitkräfte spielen. Aber auch in der nationalen Diskussion gelang es George W. Bush, seine Diskurshoheit zu etablieren und sich als Schutzpatron zu gerieren, der die traumatisierte Nation vor weiteren Angriffen bewahrt.[295]

Das Weiße Haus ließ keinen Zweifel an seinem Selbstverständnis und nutzte das enorme Machtpotenzial, das dem Präsidenten bei nationalen Notlagen zufällt:»Aufgrund der Art und Weise, wie unsere Nation konstituiert und unsere Verfassung geschrieben ist, liegt die politische Macht in Kriegszeiten hauptsächlich in den Händen der Exekutive«, lautete der Klartext des damaligen Pressesprechers Ari Fleischer.[296] Um jeglichen Missverständnissen vorzubeugen, wurde der damalige Justizminister John Ashcroft im Kongress noch deutlicher:»Ich hoffe auch, dass der Kongress die Amtsgewalt des Präsidenten respektiert, den Krieg gegen den Terrorismus zu führen und unsere Nation und ihre Bürger mit der ganzen ihm von der Verfassung zugedachten und vom amerikanischen Volk anvertrauten Machtfülle zu verteidigen.«[297]

Unter dem Primat der Sicherheit konnte Präsident Bush auch innerhalb der Exekutive Organisationsstrukturen aufbrechen und Kompetenzen neu verteilen. Zahlreichen Ministerien wurden Ressourcen und Aufgabenbereiche entzogen und dem 2002 neu geschaffenen Heimatschutzministerium, dem Department of Homeland Security (DHS), zugewiesen. Eine Vielzahl von Einheiten aus anderen Ministerien wurde in dieses neue Heimatschutzministerium integriert, zwei Dutzend Bundesbehörden mit etwa 180.000 Bediensteten und einem jährlichen Budget von 40 Milliarden Dollar darin zusammengefasst. In Fragen der inneren Sicherheit ist das Department of Homeland Security auf horizontaler Regierungsebene federführend bei der Zusammenarbeit mit anderen Ministerien. Es ist zudem bei der vertikalen Koordination die zentrale Ansprechstelle für Behörden auf einzelstaatlicher und lokaler Ebene. Seine Schaffung ist Teil des umfangreichsten Umbaus, dem die Regierungsorganisation der Vereinigten Staaten seit dem Ende des Zweiten Weltkrieges unterzogen worden ist.

Die Terroranschläge vom 11. September 2001 führten den USA auch vor Augen, dass ihre Geheimdienste versagt hatten. Dieser nationale Schock erleichterte es dem Kriegspräsidenten Bush, die Struktur der Nachrichtendienste zu verändern, um den Informationsfluss innerhalb des Geheimdienstapparats zu bündeln. Vor den Anschlägen waren die diversen Einheiten (siehe Tabelle 5) für ihre Geheimniskrämerei bekannt: Sie taten sich schwer damit, Informationen auszutauschen, auch weil sie miteinander um die knappen finanziellen Ressourcen konkurrierten. Doch auch die Geldknappheit endete mit einem Schlag: Nach den Terroranschlägen wurden die Mittelzuweisungen für die neu aufgestellten Teileinheiten massiv aufgestockt. Den über die Medien verbreiteten Informationen des ehemaligen technischen Mitarbeiters der amerikanischen Geheimdienste Edward Snowden ist es zu verdanken, dass auch die Öffentlichkeit einen Einblick in die neue Struktur, die Aufgaben und Finanzzuweisungen der einzelnen Einheiten bekam. Von den 52,6 Milliarden Dollar, die im Haushaltsjahr 2013 für den Geheimdienstapparat veranschlagt wurden, erhielten die Central Intelligence Agency (CIA), die National Security Agency (NSA) und das National Reconnaissance Office (NRO) mit mehr als zwei Dritteln des Gesamtbudgets den Löwenanteil. Von den über 107.000 Mitarbeitern des insgesamt sechzehn Bundesbehörden

Tabelle 5: Die fünf größten Nachrichten-/Sicherheitsdienste (agencies) der USA

Einheit	Wappen	Funktion	Finanzierung (nicht inflationsbereinigtes Budget)	Budgetsteigerung (2004–2013)
Central Intelligence Agency (CIA)		Auslandsnachrichtendienst	$12 … $14.7 ('04–'13)	56 %
National Security Agency (NSA)		Kommunikationsüberwachung	$6 … $10.8 ('04–'13)	53 %
National Reconnaissance Office (NRO)		Satellitenaufklärung	$10.3 ('04–'13)	12 %
National Geospatial-Intelligence Agency (NGA)		Erdbeobachtung	$3 … $4.9 ('04–'13)	108 %
General Defense Intelligence Program (GDIP)		Beobachtung ausländischer Militäreinheiten	$4.4 ('04–'13)	3 %

Quelle: *Washington Post*, Website: http://www.washingtonpost.com/wp-srv/special/national/black-budget/?wpisrc=nl_pmpol.

(agencies) umfassenden Gesamtapparats sind etwa 20 Prozent in militärischen Funktionen tätig (etwa zwei Drittel davon bei der NSA), der Großteil ist jedoch mit »zivilen« Aufgaben betraut.

Die Nachrichtendienste wurden von der Regierung George W. Bush nicht nur finanziell aufgerüstet, sondern auch ermutigt, ihre Arbeit mit mehr Nachdruck zu verrichten. Nach Medienberichten haben in der Amtszeit George W. Bushs Mitarbeiter der CIA im globalen Krieg gegen den Terror unter anderem die Foltermethode des simulierten Ertränkens, das sogenannte Waterboarding, praktiziert oder mutmaßliche Terroristen festgenommen bzw. entführt und in befreundete autoritäre Staaten geflogen, wo noch weit brutalere Verhörmethoden angewendet werden. Damit verstießen die USA unter anderem gegen die Anti-Folterkonvention der Vereinten Nationen.

Im Rahmen des globalen Krieges gegen den Terror wurde Recht neu interpretiert – im nationalen wie internationalen Rahmen. Mit dem Angriffskrieg gegen den Irak und den auch von der nachfolgenden Obama-Regierung als Folter eingestuften Praktiken bei Verhören wurde Völkerrecht gebrochen. Um den inneren politischen Frieden zu wahren, scheute Präsident Obama jedoch davor zurück, die federführenden Mitarbeiter der Bush-Administration juristisch zur Verantwortung zu ziehen. In Obamas Amtszeit sind auch viele von der Vorgängerregierung eingeleitete Strategien weitergeführt, ja forciert worden. Die Obama-Regierung hat letztlich den globalen Krieg gegen den Terror rhetorisch geschickter vermittelt und mit weniger militärischem Aufwand und geringeren politischen wie ökonomischen Kosten, dafür aber mit größerem geheimdienstlichem Einsatz weitergeführt.

In diesem Zusammenhang wirkt es stimmig, dass der von Präsident Obama Anfang Januar 2009 als Direktor der CIA nominierte Leon Panetta von Juli 2011 bis Februar 2013 das Amt des Verteidigungsministers innehatte. Sein Nachfolger bei der CIA wurde General David Petraeus, den bereits Präsident Bush zum Befehlshaber des regionalen Kommandobereichs (U.S. Central Command), der den amerikanischen Streitkräften im Irak und Afghanistan übergeordnet ist, berufen hatte. Als Chef der Internationalen Sicherheitsunterstützungstruppe (ISAF) war er für die von der NATO geführte Sicherheits- und Aufbaumission in Afghanistan verantwortlich.

Bereits George W. Bush hatte im Grenzgebiet zwischen Afghanistan und Pakistan den Einsatz von Drohnen befohlen. Das sind unbemannte Luftfahrzeuge zur Aufklärung und Überwachung. Mit Raketen bestückt können diese – dann als unbemannte Kampfflugzeuge bezeichneten – Luftfahrzeuge bei Bedarf auch in Kampfeinsätzen Verwendung finden. Nach der Amtsübernahme Obamas wurden diese Einsätze, die sowohl von der CIA als auch vom Pentagon gesteuert werden können, forciert. Vom Staatsgebiet Pakistans aus wurden die Überwachungs- und Kampfeinsätze im weltweiten Kampf gegen den Terror auf andere Gebiete ausgeweitet, etwa auf den Jemen, Dschibuti, Somalia, Äthiopien, Niger, Nigeria und Kamerun.[298] Es vergeht kein Monat, in dem nicht mindestens ein Anführer der Taliban, Al-Qaidas, des Islamischen Staates (IS) oder der mit ihm verbündeten Boko Haram auf diese Weise getötet wird.

Doch Washington riskiert damit, die Bevölkerungen dieser Länder gegen sich aufzubringen, Terrorgruppen die Rekrutierung zu erleichtern und diplomatische Verstimmungen zu verursachen. Laut Aussage von Präsident Trumps künftigem Nationalen Sicherheitsberater Michael Flynn, der als ehemaliger Leiter der Defense Intelligence Agency weiß, wovon er redet, bringen die Drohnenangriffe der USA mehr Terroristen in der muslimischen Welt hervor, als sie töten.[299] Am Ende könnte Washington mit diesem Vorgehen gerade jene Alliierten verprellen, mit denen es die Last der globalen Verantwortung teilen möchte, so auch die eindringliche Warnung eines langjährigen Sicherheitsberaters des amerikanischen Außenministeriums.[300]

Umso mehr wurde die Zusammenarbeit mit den Alliierten belastet, als durch die Enthüllungen Edward Snowdens bekannt wurde, dass die amerikanischen (und britischen) Nachrichtendienste im großen Umfang auch Verbündete der Europäischen Union abhören. Besonders in Deutschland war man empört: Ein derartiges Verhalten »unter Freunden« gehöre sich nicht. Doch die moralischen Argumente der Deutschen werden in Washington als naiv abgetan. Demnach verstünden hierzulande viele noch nicht die »realistische« Weltsicht des großen Bruders. Nach diesem Verständnis internationaler Beziehungen haben Staaten keine Freunde, sondern nur Interessen. Auch Verbündete können je nach Politikfeld Konkurrenten oder gar Rivalen sein.[301] Vertrauen ist gut, Kontrolle ist besser, zumal wenn die Wirtschafts- und Währungspolitik von Europas Führungsmacht die Dollar-Dominanz herausfordert und damit auch das auf Pump finanzierte Wirtschaftsmodell und militärische Aufrüsten des heute nicht mehr so liberalen Hegemons gefährdet.[302]

Auch im Inneren gibt die einstige Vorbilddemokratie Liberalität preis. Zwar konnte im Juni 2015, zwei Jahre nachdem durch die Enthüllungen Edwards Snowdens bekannt wurde, dass auch Amerikaner in großem Umfang überwacht wurden, eine Reform beschlossen werden. Der sogenannte USA Freedom Act bezieht sich aber nur auf amerikanische Staatsbürger. Ausländer dürfen nach wie vor ungehindert ausspioniert werden. Die Massenspeicherung von Telefonverbindungsdaten amerikanischer Bürger übernehmen jetzt die Telefongesellschaften. Sicherheitsdienste wie die NSA sollen künftig nur noch nach Genehmigung eines nicht öffentlichen Spezialgerichts auf die Daten zugreifen können.

Der Überwachungsapparat hat aber andere Mittel und Wege, um auch das Verhalten amerikanischer Bürger zu kontrollieren. Nachrichtendienste können die Kommunikation sozialer Netzwerke nicht nur observieren, sondern sie auch beeinflussen und unliebsame politische Bewegungen zersetzen. Unter anderem legen sie Dossiers über Führungsfiguren innerhalb sozialer Be-

wegungen an und versuchen, diese mit diskreditierenden Informationen zu diffamieren, so der Geheimdienstexperte Erich
Schmidt-Eenboom.[303] So gingen US-Geheimdienste auch gegen investigative Journalisten und Medien vor, die deren Praktiken kritisiert hatten. Wer staatlichen Machtmissbrauch aufdeckt und ein-
dämmen will, muss damit rechnen, dass er als Krimineller oder
gar Landesverräter gebrandmarkt und verfolgt wird.[304] Dabei gehen die Geheimdienste nicht gerade zimperlich vor. Mittlerweile
sind nicht einmal die parlamentarischen Aufsichtsorgane, die
den Machtmissbrauch der Geheimdienste verhindern sollten, vor
den Spähangriffen und den Manipulationen, etwa der CIA, noch
sicher. Selbst Senatorin Dianne Feinstein, die die Arbeit der Geheimdienste stets mit Wohlwollen unterstützte, wurde ein Opfer
der Attacken des CIA, als der von ihr geleitete Ausschuss die Wirk-
samkeit von Folterpraktiken der Sicherheitsdienste prüfte. Feinstein stellte die für eine liberale Demokratie grundlegende Frage,
auf die es bisher keine Antwort gibt, nämlich ob die Aktivitäten
der CIA künftig vom Kongress überprüft werden können oder »ob
unsere Arbeit vereitelt werden kann durch jene, die wir beaufsichtigen«.[305] Nachdem CIA-Direktor John Brennan zunächst damit ge-
droht hatte, auch noch das FBI auf die Senatsmitarbeiter anzuset-
zen, um deren angeblich kriminelle Handlungen zu untersuchen,
musste er im Sommer 2014 zugeben, dass die Computer der Senatsmitarbeiter von seiner Behörde gehackt wurden und Dokumente, unter anderem ein CIA-interner Untersuchungsbericht
über Folter, verschwunden waren. Dafür »entschuldigte« er sich.

Eigentlich ist der Präsident verantwortlich dafür, was in »seiner« Exekutive geschieht. Entweder Obama wusste nichts davon,
dann wäre die amerikanische Demokratie in großer Gefahr. Oder
er war im Bilde, dann hätte auch er mitgeholfen, die Machtbalance
zwischen der Legislative und der Exekutive, die Checks and Balances, auszuhebeln – das wäre ein nicht minderes Problem für die
ehedem liberale Vorbilddemokratie.

Energiepolitik: Volle Kraft zurück

Weniger Machtfülle hat der Präsident, in der Energiepolitik einen Kurswechsel einzuleiten. Es bedürfte jedoch konsequenter politischer Führung, wenn sich in der amerikanischen Energiepolitik etwas ändern sollte. Von der Bush-Administration, in der viele Regierungsmitglieder mit engen Verbindungen zur Ölindustrie arbeiteten, war ein Wandel nicht zu erwarten. Bush hat als Präsident nicht selten seine Vetomacht sogar genutzt, um grundlegende Änderungen zu verhindern. Die etablierten und gut repräsentierten Interessen der Ölindustrie konnten bislang jede Reform der amerikanischen Energiepolitik verhindern. Die Energy Task Force unter der Leitung von US-Vizepräsident Dick Cheney ist nur ein – wenig transparentes – Beispiel für diese Interessenvertretung. Da die Verhandlungen der Ölmanager mit der Bush-Administration hinter verschlossenen Türen stattfanden, vermuten Kritiker, dass die Energieindustrie dort in unzulässiger Weise Einfluss nahm. Der Kongress versuchte zwar, seiner Aufsichtspflicht gegenüber der Exekutive nachzukommen, und beauftragte das Government Accountability Office (GAO), die mit Untersuchungen befasste Behörde des Kongresses, die Akten der Arbeitsgruppe zu veröffentlichen. Aber die juristische Auseinandersetzung des GAO mit der Administration schleppte sich dahin, und so sahen die federführenden Abgeordneten schließlich von dem Vorhaben ab, die Protokolle der Task Force ans Licht der Öffentlichkeit zu bringen.

Der Wahlkampf 2008 um die Nachfolge Bushs ließ Umweltaktivisten wieder hoffen. Der ehemalige Gouverneur von Massachusetts und Präsidentschaftsbewerber im republikanischen Lager, Mitt Romney, verwies auf die historischen Leistungen Amerikas, um die neue Herausforderung zu verdeutlichen: »Wir müssen eine kühne, weitreichende Forschungsinitiative anstoßen – eine Energierevolution –, die das Äquivalent unserer Generation zum Manhattan-Projekt [die Deckbezeichnung für das Projekt zur Entwicklung einer Atombombe während des Zweiten Weltkrieges] oder der Mondlandung wird.« Amerikas Mission sei es, neue wirtschaftliche und saubere Energiequellen zu schaffen und Methoden zur umweltverträglichen Nutzung der Ressourcen zu entwickeln.[306]

Der demokratische Präsidentschaftskandidat Barack Obama wies auf die Verantwortung Amerikas bei der notwendigen Reduzierung von CO_2-Emissionen hin und führte seinen Landsleuten das immense wirtschaftliche Potenzial vor Augen, das mit einem Energiewandel verbunden sei: Bis 2050 werde eine globale jährliche Nachfrage nach Energieträgern mit geringen fossilen Anteilen im Wert von 500 Milliarden Dollar entstehen. In Anspielung auf das von John F. Kennedy 1960 verkündete Regierungsprogramm der »New Frontier« und den amerikanischen Pioniergeist der Gründerzeit prophezeite Obama, dass sich amerikanischen Unternehmern und Arbeitern grenzenlose Möglichkeiten bieten würden, diese Nachfrage zu bedienen.[307]

Als Präsident jedoch schreckte Obama – sowie die Mehrzahl der Senatoren und Kongressabgeordneten – vor der Tatsache zurück, dass das Einpreisen sogenannter externer Effekte, sprich Umweltbelastungen, die Energiekosten für die Konsumenten und Steuerzahler in politisch relevanter Weise erhöhen würde. Viele Amerikaner, insbesondere die Politiker der Republikaner, nicht zuletzt auch der nächste Präsident Donald Trump, halten den von der Verbrennung fossiler Kraftstoffe mit verursachten globalen Klimawandel für ein Hirngespinst, eine Erfindung von Wissenschaftlern. Sie können ihrerseits wissenschaftliche Beweise ins Feld führen. Eine Reihe Gegengutachten, oft von der Ölindustrie bezahlt, sind über Thinktanks und PR-Kampagnen gleichgesinnter Medien verbreitet worden, um die wissenschaftlichen Erkenntnisse zum Klimawandel zu desavouieren. Zum Beispiel ließ sich auch ein Wissenschaftler des in Cambridge, Massachusetts, angesiedelten Harvard-Smithsonian Center for Astrophysics, das von renommierten Forschungsgrößen wie der Smithsonian Institution und der Harvard University getragen wird, vor den Karren der Öl- und Kohleindustrie spannen: Wei-Hock Soon, eine »Ikone« der Energieindustrie und der von ihr finanziell abhängigen Politiker in den USA, wurde überführt, in zehn Jahren über 1,2 Millionen Dollar von der Öl- und Kohleindustrie erhalten zu haben, unter anderem vom Interessenverband der US-Ölindustrie, von Exxon Mobil und einer Stiftung des Ölmagnaten Charles Koch, der Charles G. Koch Charitable Foundation. In Fachveröffentlichungen, aber auch bei Anhörungen vor Kongressausschüssen erläuterte Dr. Soon oder »Willi«, wie er in Fachkreisen genannt wird, seine wissenschaftlichen Erkenntnisse, ohne seine Finanzierung und den damit möglichen Interessenkonflikt offenzulegen. Demnach sei der von Menschen verursachte Kohlendioxidausstoß unerheblich für die Erderwärmung. Vielmehr stecke die Variation der Energie der Sonne dahinter. Interne Industriedokumente belegen, dass er seine Fachveröffentlichungen und Gutachten vor dem Kongress als »lieferbare Ergebnisse« (deliverables) betrachtete, die er für Geld zu liefern bereit war.[308]

Man darf getrost unterstellen, dass die politisch gut etablierte Energieindustrie jede Möglichkeit nutzt, ihre Interessen zu wahren. Eine solche Chance bieten auch Wahlkampfspenden. Die Öl- und Gasindustrie wurde durch den Wahlkampf 2008 wachgerüttelt, als sich die Kandidaten beider Parteien mit Vorschlägen überboten, die bisherige Ausrichtung der Energiepolitik zu verändern. Öl- und Gasfirmen (allen voran Chevron, Exxon Mobil und die Firma der Brüder Charles und David Koch, Koch Industries) spendeten bei den nächsten Präsidentschafts- und Kongresswahlen 2012 über 144 Millionen Dollar, 70 Prozent mehr als noch 2008 (84 Millionen). Bei den Wahlen 2016 war noch mehr Geld im Spiel – knapp 150 Millionen Dollar. Anders als andere Industrien, die beide Parteien gleich versorgen, konzentriert sich die Öl- und Gasindustrie überwiegend auf die Republikaner: Bei den Kongresswahlen 2016 gingen 80 Prozent der Zuwendungen an die Grand Old Party (GOP).[309]

Auch das Wahlsystem selbst ermöglicht es, einzelnen Interessen mehr Gewicht zu verleihen und damit die wirkliche, landesweit vorherrschende Interessenlage zu verzerren. Da jeder Bundesstaat ungeachtet seiner Größe und Einwohnerzahl durch zwei Senatoren in Washington repräsentiert wird, haben bevölkerungsreiche Staaten – die verstärkt Umweltbelastungen verspüren – ein vergleichsweise geringeres Gewicht in der nationalen Gesetzgebung als ländliche Staaten mit weniger Einwohnern.

Aus ökonomischen Gründen sind die meisten Landwirte gegen Umweltauflagen und gelten als verlässliche Alliierte der Öllobby. Zwar werden mit den neuen Techniken zur Gewinnung von Öl und Gas aus Schiefergestein (Fracking) hin und wieder Grundwasser und Böden verschmutzt. Doch die wertvollen Rohstoffe im Erdboden gehören nicht, wie es in Deutschland der Fall wäre, dem Staat, sondern dem Grundbesitzer. Viele Landwirte gerieten daher in Goldgräberstimmung und suchten ihre Profite als Energiewirte zu steigern.

Im Notfall können Senatoren nach der Geschäftsordnung missliebige Gesetzesvorlagen auch per sogenanntem Filibuster, sprich Dauerreden, blockieren, sofern keine qualifizierte Mehrheit von 60 der 100 Stimmen den Redestau aufhebt. Ihre »Kommunikation«, auch jene der Öl- und Gasindustrie in Form von Wahlkampfspenden, hat bislang dazu beigetragen, dass Senatoren und Abgeordnete der Republikaner (und auch einige Demokraten, deren Einzelstaaten bzw. Wahlkreise von den Arbeitsplätzen fossiler Industrien geprägt sind) bislang alle Versuche des Weißen Hauses blockieren konnten, das Wirtschaften der USA nachhaltig, das heißt über den Gesetzweg, auf erneuerbare Energien umzustellen.

In der Energie- und Umweltpolitik hatte zuletzt auch Präsident Obama große Probleme, seine Versprechungen in die Tat umzusetzen. Zwar hat die Obama-Administration im Vorfeld der Pariser UN-Klimakonferenz vom Dezember 2015 einmal mehr angekündigt, die amerikanischen CO_2-Emissionen bis zum Jahr 2025 um etwa ein Viertel (gegenüber 2005) senken zu wollen. Aber Obama konnte nicht die dafür nötige Unterstützung der Legislative erwarten. Anders als seine Exekutivanordnungen, die wenig nachhaltig sind, weil sie von seinem Nachfolger Donald Trump mit einem Federstrich wieder aufgehoben werden können, sind aber nur in Gesetzesform gegossene Maßnahmen längerfristig verbindlich und für amerikanische Unternehmen bei ihren wirtschaftlichen Planungen ernst zu nehmen.

Die Tatsache, dass die Chefs von dreizehn US-Konzernen im Juli 2015 bei einem öffentlichkeitswirksamen Treffen im Weißen Haus ein »Klimaversprechen« abgegeben haben, ließ wieder hoffen: Neben anderen Ikonen der amerikanischen Wirtschaft wie Coca-Cola sagten auch die Finanzimperien Goldman Sachs und Bank of America zu, insgesamt 140 Milliarden Dollar in erneuerbare Energien zu investieren und den Präsidenten bei seinem Bemühen um ein umfangreiches Klimaabkommen zu unterstützen. Doch keiner der großen Energiekonzerne war zugegen.[310]

Bis auf Weiteres ist nicht daran zu denken, dass die multilateralen Post-Kyoto-Verhandlungen von den Vereinigten Staaten ernsthaft mitgetragen oder gar gefördert werden könnten. Auch in diesem Politikfeld machen viele Akteure im politischen System der USA ihren Einfluss geltend und bremsen die nötige Kurskorrektur. Wenngleich Barack Obama in der Umstellung auf erneuerbare Energien einen Ausweg aus der übermäßigen Abhängigkeit von fossilen Energieträgern sah und eine Reindustrialisierung und einen wesentlichen Beitrag zum Umweltschutz dank umweltsparender Technologien in Aussicht stellte, ist die Debatte jetzt wieder rückwärtsgewandt. Es geht wieder darum, das Wirtschaftswachstum nicht unnötig durch Umweltschutzmaßnahmen zu bremsen.

Der politische Diskurs dreht sich wieder verstärkt um fossile Rohstoffe: Küstenstaaten, egal ob sie nun von Republikanern oder Demokraten in Washington repräsentiert werden, scheinen das wirtschaftliche und ökologische Desaster der brennenden Bohrplattform Deepwater Horizon im Golf von Mexiko vom Frühjahr und Sommer 2010 längst vergessen zu haben und plädieren wieder verstärkt für Offshore-Bohrungen.

Eine auch nicht ganz saubere Lösung wurde zunächst von den Republikanern befürwortet, etwa durch den erfolglosen Präsidentschaftskandidaten Rick Perry, dessen Wahl zum Gouverneur von Texas bereits von der Erdölindustrie finanziert wurde: Aus der Abhängigkeit von importiertem Öl müssten die USA sich befreien, indem sie auch im Nationalen Arktischen Naturschutzgebiet und vor den Küsten nach Öl bohrten[311] – Pläne, die bereits George W. Bush in die Tat umsetzen wollte. Doch es war schließlich dessen Nachfolger im Präsidentenamt, Barack Obama, der im August 2015 Royal Dutch Shell die Erlaubnis erteilte, im Arktischen Ozean nach Öl zu bohren.[312]

Um »energieunabhängig« zu werden und auch ein »Wirtschaftswunder« zu bewirken, wurde schließlich die Gewinnung unkonventioneller Ressourcen aus Schiefergestein (Shale) durch neue Technologien (Fracking) gepriesen. Durch das Zusammenspiel einer Koalition von Öl- und Gasindustrie, Private-Equity-Firmen, die Milliarden in die Shale-Gas-Förderung gepumpt haben, und gleichgesinnten Journalisten wurde die Debatte weltweit wieder auf die von Präsident Obama ehedem sogenannten »Energieträger der Vergangenheit« gerichtet. Wer den überschwänglichen Meldungen der Medien Glauben schenkte, wähnte Amerika vor einem »goldenen Zeitalter«[313]: Dank neuer Bohrtechniken zur Gewinnung von Gas und Öl aus Schiefergestein seien die USA auf dem Weg zur »Energieunabhängigkeit«[314], sie betrieben einen »finanziellen und politischen Kraftakt«, um zur »Ölmacht« zu werden.[315] Ehedem vom Aussterben bedrohte Prärieregionen erlebten nunmehr einen wahren »Ölrausch« und »Wirtschaftsboom«.[316]

Nüchtern betrachtet ergibt die Analyse der Fakten, damals wie heute, ein anderes Bild: Wirtschaft und Transportsektor sind in den USA massiv vom Erdöl abhängig, das auf absehbare Zeit zu einem Gutteil aus instabilen Weltregionen wie dem Mittleren Osten importiert werden muss. Die mit hoher Unsicherheit behafteten Prognosen der amerikanischen Energiebehörde[317] kommen tendenziell zu dem Schluss, dass die USA weiterhin Öl importieren müssen. Die Importanteile variieren je nach den zugrunde gelegten Annahmen hinsichtlich der Produktion (Vorräte, technische Möglichkeiten), des Konsums (Verhalten, Effizienz, alternative Kraftstoffe oder Antriebe) und des schwer einzuschätzenden Wirtschaftswachstums, das wiederum die Preise und damit auch den Konsum und die Produktion beeinflusst.

Selbst wenn es den USA auf längere Sicht gelänge, ihren Öl-Importanteil durch eigene Produktion und Einsparungen beim Verbrauch massiv zu verringern, blieben sie weiterhin von der Preisbildung auf internationalen »Märkten«, sprich vom Oligopol der OPEC, insbesondere von Saudi-Arabien, und anderen Unwägbarkeiten abhängig. Ohne Weiterentwicklung erneuerbarer Energien und energiesparender Technologien bleibt die US-Wirtschaft durch volatile Ölpreise schwer verwundbar. US-Sicherheits- und Wirtschaftsexperten sehen in der Entwicklung erneuerbarer Energien einen für die USA gangbaren Weg, sich aus der Abhängigkeit von fossilen Brennstoffen aus problematischen Weltregionen zu befreien. Angesichts der Verwundbarkeit der amerikanischen Wirtschaft und des Transportsektors sei es dringend erforderlich, energiesparende Technologien sowie Biokraftstoffe und andere Alternativen für die bisher auf fossile Brennstoffe angewiesenen Wirtschaftszweige zu entwickeln. Eine umfassende Analyse der Sicherheits-, Wirtschafts- und Umweltaspekte der gegenwärtigen Energieaußenpolitik der USA würde ein anderes »nationales Interesse« nahelegen, als es bislang verfolgt wird, nämlich das, die Abhängigkeit von fossilen Brennstoffen zu verringern. Doch entscheidend für das Ergebnis der politischen Auseinandersetzung sind auch in diesem Politikfeld Partikularinteressen. Mehr noch als nationale Ziele sind lokale, regionale, institutionelle und persönliche Ambitionen ausschlaggebend für die politischen Streitigkeiten; sie verlangsamen den in Gang gesetzten energiepolitischen Kurswechsel der USA.

Blockade in der Wirtschafts- und Handelspolitik

In der Wirtschafts- und Handelspolitik kann der US-Präsident ebenfalls nicht »durchregieren«. Auch Donald Trump wird trotz republikanischer Mehrheiten im Kongress Probleme mit seinen fiskalkonservativen Parteifreunden bekommen, sollte er Geld für seine grandiosen Wirtschaftsideen benötigen. Seine beiden Amtsvorgänger, Präsident Bush ebenso wie Präsident Obama, hatten bereits große Schwierigkeiten, ihre wirtschaftspolitischen Gesetzesinitiativen durch den Kongress zu manövrieren – und beide nicht zuletzt angesichts des Widerstands einiger ihrer Parteifreunde. Als es darum ging, das amerikanische Bankensystem vor dem Kollaps zu bewahren, scheiterte George W. Bush beim ersten Versuch mit dem 700 Milliarden Dollar schweren Stabilisierungsprogramm (Troubled Asset Relief Program, TARP) an der Blockadehaltung »seiner« republikanischen Mehrheit im Abgeordnetenhaus. Erst als die Märkte panisch reagierten – der Dow-Jones-Index fiel nach der Abstimmungsniederlage vom 29. September 2008 innerhalb eines Handelstages um die Rekordmarke von über 700 Punkten[318] –, gelang es Präsident Bush im zweiten Anlauf, sich die erforderlichen Stimmen seiner Parteifreunde zu sichern.

Nach dieser für viele staatskritische Republikaner politisch riskanten Stimmabgabe konnte sein Nachfolger Obama bei der nächsten Intervention – nämlich seinem 787 Milliarden Dollar schweren American Recovery and Reinvestment Act (ARRA) – dann nicht mehr mit parteiübergreifender Unterstützung rechnen und musste sich auf seine Parteifreunde im Kongress verlassen. Viele von ihnen, insbesondere fiskalkonservative (Blue-Dog-)Demokraten, folgten ihm widerwillig oder widersetzten sich mit Verweis auf das aus dem Ruder laufende Haushaltsdefizit.

Mit den beiden Rettungs- bzw. Konjunkturprogrammen wurde der durch Bushs »Butter- und Kanonenpolitik« (Steuererleichterungen trotz hoher Kriegsausgaben) ohnehin schon angespannte Staatshaushalt noch zusätzlich belastet. Bereits das Haushaltsjahr 2008 markierte mit 459 Milliarden Dollar ein Rekorddefizit. 2009 war der Fehlbetrag mehr als dreimal so hoch: 1.413 Milliarden Dollar. Im Haushaltsjahr 2010, das am 30. September 2010 endete, bezifferte sich das Haushaltsdefizit auf 1.294 Milliarden Dollar.[319] Selbst auf die Wirtschaftsleistung bezogen hatte das Defizit in diesen beiden Jahren mit zehn bzw. neun Prozent des Bruttoinlandsprodukts (BIP) bei Weitem die 1983 erzielte Rekordmarke von sechs Prozent überschritten.

Spätestens seit den Zwischenwahlen 2010 ist die Schuldenlast politisch brisant geworden. So wurden auch republikanische Mandatsträger, die für Bushs 700-Milliarden-Rettungsplan stimmten, von den libertären Anhängern und Herausforderern der Tea-Party-Bewegung an den Pranger gestellt. In größerem Ausmaß wurden jedoch am Wahltag jene Blue-Dog-Demokraten abgestraft, die in Wahlkreisen mit eher fiskalkonservativer Wählerklientel zur Wiederwahl antreten mussten, darunter selbst langjährige Abgeordnete wie der Vorsitzende des Verteidigungsausschusses, Ike Skelton, und der Vorsitzende des Haushaltsausschusses, John Spratt, deren 34- bzw. 28-jährige Amtszeiten jäh endeten.

Es ist bezeichnend, dass Präsident Obama seinen letzten großen Deal noch in der alten Legislaturperiode einfädelte – bevor die durch die Zwischenwahlen etablierten neuen Machtverhältnisse im Januar 2011 greifen konnten. Gegen Jahresende 2010 erwirkte Obama noch einen 800 Milliarden Dollar teuren Kompromiss mit der Legislative, indem er die Steuererleichterungen seines Vorgängers um zwei weitere Jahre fortschrieb und diese mit der Verlängerung der maximalen Bezugsdauer der Arbeitslosenhilfe für weitere dreizehn Monate verband.

Die damals neu hinzugewählten republikanischen Mandatsträger (über sechzig Abgeordnete und sechs Senatoren), von denen viele über die Tea-Party-Bewegung in den Kongress katapultiert wurden, ebenso wie die seit den Wahlen umso mehr verunsicherten (fiskalkonservativen) Demokraten haben es Präsident Obama erschwert, weitere nennenswerte Wirtschaftsförderungsprogramme auf den Weg zu bringen.

Die Exekutive musste folglich ihr Heil in der Exportförderung suchen. Bereits im März 2010 hat Präsident Obama per Exekutivorder (das heißt ohne Mitwirken des Kongresses) die National Export Initiative (NEI) initiiert, wonach innerhalb der nächsten fünf Jahre die amerikanischen Exporte verdoppelt werden sollten. Das Ziel wurde verfehlt. Denn die Exekutive konnte auch hier nicht auf die Unterstützung des Kongresses zählen. Mit den Kongresswahlen vom November 2010 wurde auf der einen Seite des politischen Spektrums die freihandelsorientierte Fraktion der Blue-Dog-Demokraten dezimiert. Ebenso hatte der bei Handelsfragen wortführende Republikaner Kevin Brady große Schwierigkeiten, viele der eher protektionistisch gesinnten Abgeordneten, die über die libertäre Tea-Party-Bewegung in den Kongress gelangt sind, auf Freihandelslinie zu bringen.

Die Handelspolitik ist ein Paradebeispiel für die Stärke des Kongresses – und damit auch für die vielfältigen Einwirkungsmöglichkeiten von Interessengruppen und Thinktanks – im politischen Entscheidungsprozess, denn internationale Handelsabkommen müssen vom Kongress ratifiziert werden. Bereits während der Amtszeit George W. Bushs, im Juli 2007, endete die vom Kongress befristet gewährte Trade Promotion Authority (TPA), wonach die Legislative die vom US-Präsidenten vorgelegten internationalen Handelsabkommen nur noch als Ganzes, das heißt ohne Änderungsanträge, annehmen oder ablehnen kann. Damit wurde auch die Verhandlungsmacht des Präsidenten auf internationaler Ebene berührt: seine Kompetenz, Vereinbarungen ohne Wenn und Aber auch im eigenen Land politisch durchsetzen zu können. Die TPA, die damals noch unter der Bezeichnung »fast track« firmierte, war schon dem demokratischen Präsidenten Bill Clinton vom demokratisch kontrollierten Kongress versagt worden.

Obama musste – auch aufgrund der Erfahrungen Bill Clintons und um seine Erfolgsaussichten zu erhöhen – in der folgenden Auseinandersetzung mit dem Kongress mit Augenmaß handeln. Die Legislative hat zwar im Oktober 2011 noch jene drei bilateralen Freihandelsabkommen (mit Südkorea, Kolumbien und Panama) gebilligt, die bereits Bush im »Schnellverfahren« durchboxen wollte. Jedoch konnte das Freihandelsabkommen mit Südkorea, das nach Aussagen des damaligen US-Handelsbeauftragten Ron Kirk das bedeutendste Abkommen der USA seit fünfzehn Jahren darstellt und nach Einschätzung der U.S. International Trade Commission die amerikanischen Exporte um jährlich elf Milliarden Dollar steigern werde,[320] trotz massiver Intervention des Weißen Hauses – Obama hatte den G20-Gipfel in Südkorea im November 2010 als Stichtag genommen – erst nach dem Gipfel in Nachverhandlungen abgeschlossen werden.

Die innenpolitischen Schwierigkeiten des Präsidenten, die TPA zu erwirken, beeinträchtigen auch seine Verhandlungsmacht im Rahmen der Doha-Runde der Mitgliedstaaten der Welthandelsorganisation. Auch aufgrund mangelnder Führung sind die 2001 in Gang gesetzten Verhandlungen ins Stocken geraten.

Ohne diese Handelsautorität wären auch umfangreiche Freihandelsinitiativen wie die Transpazifische Partnerschaft (TPP) undenkbar gewesen – ganz zu schweigen von der in Washington weniger populären deutschen Initiative des Transatlantischen Handels- und Investitionsabkommens (Transatlantic Trade and Investment Partnership, TTIP). Nach mehreren Jahren zähen Ringens mit seinen Parteifreunden im Kongress konnte Präsident Obama – mit Verweis auf die Bedrohung durch China – dann doch noch die Handelsautorität erwirken. Denn mit der Transpazifischen Partnerschaft sollte das Kernstück seiner vielbeachteten, aber in Asien mittlerweile angezweifelten »Hinwendung nach Asien« untermauert werden. Laut Michael Froman, Handelsbeauftragter der USA und davor als Stellvertretender Nationaler Sicherheitsberater für Wirtschaftsfragen zuständig, geht es nicht nur um »ökonomische«, sondern auch um »strategische« Ziele, die in der asiatisch-pazifischen Region verfolgt werden müssen: »In wirtschaftlicher Hinsicht würde TPP eine Gruppe zusammenbinden, die 40 Prozent der globalen Wirtschaftsleistung und ein Drittel des Welthandels repräsentiert. Strategisch gesehen ist TPP der Weg, über den die USA in Zusammenarbeit mit knapp einem Dutzend weiterer Länder (ein weiteres halbes Dutzend in Wartestellung) eine Führungsrolle einnehmen können, um die Regeln in einer entscheidenden, im Wandel begriffenen Region zu bestimmen.«[321] US-Verteidigungsminister Ashton Carter brachte noch schwereres rhetorisches Geschütz in Stellung: Für ihn sei das transpazifische Handelsabkommen »genauso wichtig wie ein weiterer Flugzeugträger«.[322]

In seiner Ansprache zur Lage der Nation vom 20. Januar 2015 wurde der US-Präsident noch deutlicher, indem er den versammelten Abgeordneten, Senatoren und der amerikanischen Öffentlichkeit klipp und klar sagte, gegen wen es sich zu wappnen gilt. »Während ich hier zu Ihnen spreche, will China die Regeln der weltweit am stärksten wachsenden Region schreiben. Das würde unsere Arbeiter und Unternehmen benachteiligen. Warum sollten wir das hinnehmen? Wir sollten diese Regeln schreiben«,[323] appellierte der US-Präsident an die Interessen seiner Landsleute, um von den anwesenden Senatoren und Abgeordneten alsbald die Handelsautorität zu bekommen, auf dass die Handelspartner in Asien sein und damit Amerikas Wort wieder ernst nähmen.

Angesichts der ökonomischen und geopolitischen Perspektiven in der Wachstumsregion Asien-Pazifik (siehe Abb. 4) gerieten der alte Kontinent und die transatlantischen Freihandelsgespräche mit den Europäern ins Hintertreffen. Zwar sind die Verhandlungen auch von europäischer Seite belastet worden, indem etwa die französische Regierung entsprechend ihrer Praxis der »exception culturelle« Kulturgüter vom Verhandlungstisch nehmen wollte

Abb. 4: US-Außenhandel mit den Staaten
der Transpazifischen Partnerschaft (in Mrd. Dollar)

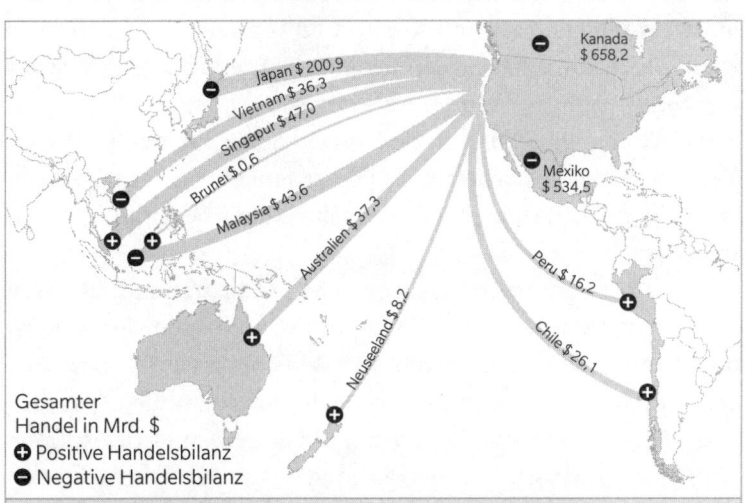

Gesamter
Handel in Mrd. $
➕ Positive Handelsbilanz
➖ Negative Handelsbilanz

Staaten der Transpazifischen Partnerschaft (TPP)					
Bilaterales Frei- handelsabkommen	**Bevölkerung** (Millionen)	**BSP** (Mrd. Dollar)	**US-Importe** (Mrd. Dollar)	**US-Exporte** (Mrd. Dollar)	**Handelsbilanz** (Mrd. Dollar)
Australien √	23,2	1.505	10,7	26,7	16,0
Brunei	0,4	16	0,0	0,6	0,5
Kanada √	35,1	1.825	346,1	312,1	−33,9
Chile √	17,6	277	9,5	16,6	7,1
Japan	127,3	4.902	133,9	67,0	−67,0
Malaysia	29,6	312	30,4	13,1	−17,3
Mexiko √	118,4	1.259	294,2	240,3	−53,8
Neuseeland	4,5	181	4,0	4,3	0,3
Peru √	30,9	207	6,1	10,1	4,0
Singapur √	5,4	296	16,5	30,5	14,1
Vietnam	89,7	171	30,6	5,7	−24,9
USA	316,4	16.800	**$ 881,9** Gesamte US-Importe in TPP-Staaten	**$ 727,0** Gesamte US-Exporte aus TPP-Staaten	**−$ 154,9** Gesamte US-Handelsbilanz mit TPP-Staaten

Quelle: Ian F. Fergusson, Mark A. McMinimy und Brock R. Williams, The Trans-Pacific
Partnership (TPP). Negotiations and Issues for Congress, Congressional Research
Service (CRS), CRS Report for Congress, Washington, D. C., 20. März 2015, S. 2.

und die amerikanische Seite darin bestärkte, ihrerseits Ausnahmen durchzusetzen. Auch in Deutschland hat sich mittlerweile massiver Widerstand von Umwelt- und Verbraucherschützern sowie Globalisierungsgegnern formiert. Während 2014 noch sechs von zehn Deutschen ein transatlantisches Handels- und Investitionsabkommen (TTIP) für eine »gute Sache« hielten, ist die Zustimmung ein Jahr später merklich gesunken. Seit 2015 können sich nur noch wenige, vier von zehn Deutschen, mit TTIP anfreunden.[324]

Die TTIP-Befürworter der deutschen Industrie und die ihren Positionen nahestehenden Experten tun sich auch sehr schwer damit, die Argumente renommierter Ökonomen wie des Wirtschaftsnobelpreisträgers Joseph Stiglitz auszuräumen, die sich offen gegen die Transatlantische Freihandels- und Investitionspartnerschaft aussprechen: »Es sind keine gleichberechtigten Partnerschaften: Faktisch diktieren die USA die Bedingungen. Zum Glück leisten Amerikas ›Partner‹ zunehmend Widerstand.« Stiglitz betont, dass Übereinkommen wie TTIP und TPP deutlich über den Handel hinausreichen: »Sie regeln auch Investitionen und geistiges Eigentum und zwingen den Rechts-, Justiz- und Regulierungssystemen der beteiligten Länder grundlegende Änderungen auf – und zwar ohne Einfluss oder Rechenschaftspflicht demokratischer Institutionen. Der vielleicht unfairste – und unehrlichste – Bestandteil derartiger Übereinkommen betrifft den Investorenschutz.«[325]

Die Kritik in Deutschland wurde auch deshalb lauter, weil durch die Spionageangriffe der USA das Vertrauen der Deutschen nachhaltig beschädigt wurde. Wenn TTIP-Befürworter in Deutschland die ebenso kritisierte mangelnde Transparenz der Verhandlungen mit dem Argument begründen, man würde mit zu viel Öffentlichkeit die eigene Verhandlungsposition gegenüber den Amerikanern schwächen, vergessen sie, dass die US-Verhandlungsführer ohnehin um die vermeintlich geheimen Verhandlungsstrategien der Europäer Bescheid wissen dürften: Nicht nur die Kommunikation der deutschen Kanzlerin, sondern auch die der Europäischen Union ist von der NSA seit Längerem ausspioniert worden.

Während die US-Regierung in »Sicherheitsfragen« weiterhin mehr oder weniger unbehelligt von der Aufsichtsfunktion des Kongresses schalten und walten kann, sind ihr in allen anderen Bereichen häufig die Hände gebunden. So mussten wegen des Haushaltsstreits in den USA auch die Regierungsgeschäfte ruhen und die Handelsgespräche abgesagt werden, nicht nur mit den Europäern, sondern auch mit den vorrangigen Asiaten. Die umworbenen Partner in Asien fragten sich indes, ob eine derartig dysfunktionale Regierung überhaupt ihren künftigen internationalen Verpflichtungen nachkommen könne. Eigentlich wollte die Obama-Regierung die Transpazifische Partnerschaft (TPP) mit den asiatischen Partnern schon früher unter Dach und Fach bringen. In Abwesenheit von Präsident Obama, der wegen des Haushaltsstreits in Washington bleiben musste, konnte im Oktober 2013 China auf dem Gipfeltreffen der Asiatisch-Pazifischen Wirtschaftskooperation (APEC) umso besser seine Führungskraft demonstrieren und seine »Freihandelsinitiative«, die Regionale Umfassende Partnerschaftsvereinbarung (Regional Comprehensive Economic Partnership, RCEP), vorantreiben, die die USA ausgrenzen würde. Nicht zuletzt erklärt auch der Umweg über Asien, warum die in innen- und außenpolitischer Hinsicht etwas einfacheren transatlantischen Freihandelsgespräche nicht, wie vom US-Vizepräsidenten Joe Biden gefordert, »mit einer Tankfüllung« zu Ende gebracht werden konnten.

Eine weitere Blockade, nämlich bei der Ratifizierung von Handelsabkommen, erwartete den US-Präsidenten auf dem Kapitolshügel. Denn viele der tonangebenden Demokraten, nicht zuletzt auch einige stellvertretende Vorsitzende federführender Kongressausschüsse, sind protektionistisch eingestellt. Um ihre Wiederwahl nicht zu gefährden, nahmen sie insbesondere Rücksicht auf die spezifischen Interessen der Wähler bzw. Wahlkampffinanciers in ihren Wahlkreisen und Bundesstaaten. Selbst Hillary Clinton, die als Außenministerin unter Obama die Freihandelspolitik noch vorangetrieben hatte, änderte ihre Position und reihte sich im Präsidentschaftswahlkampf in die Riege der Kritiker ein.

Unter den Republikanern, die traditionell eher freihandelsorientiert waren, formierte sich ebenfalls zunehmend Widerstand. Libertäre Abgeordnete und Senatoren, allen voran der Wortführer der Tea-Party-Fraktion und Präsidentschaftsaspirant Senator Ted Cruz, wollten unter anderem verhindern, dass der Staat auf Kosten der Steuerzahler die Handelsgeschäfte großer Unternehmer subventioniert. Auch Donald Trump merkte schnell, dass er Hillary Clinton wegen ihres früheren Eintretens für den Freihandel mit einer protektionistischen Haltung in die Bredouille bringen konnte – zumal sie in dieser Frage bereits im Vorwahlkampf durch die Attacken ihres Parteifreundes Bernie Sanders angeschlagen war. Trump konnte so eine Reihe von Hochburgen der Demokraten schleifen und mit den ehemaligen Industriestaaten Michigan und Pennsylvania auch die Wahlen für sich gewinnen.

Die Stimmen der Freihandelskritiker finden durch die Organisation verschiedener Interessengruppen politisches Gehör. An vorderster Front kämpfen die Gewerkschaften: Sie wollen sicherstellen, dass die Lebensgrundlage amerikanischer Arbeitnehmer nicht durch die Niedriglohnkonkurrenz anderer Länder bedroht wird. Selbst mit Blick auf das Freihandelsabkommen mit den Europäern treibt die Freihandelsgegner in den USA hauptsächlich die Sorge um, ihren Arbeitsplatz zu verlieren oder schlechter bezahlt zu werden.[326] Diese Ängste werden noch befeuert durch Ökonomen wie Paul Krugman, der sich selbst den Freihandelsbefürwortern zurechnet, sich aber gegen die TPP-Verhandlungen in Asien aussprach, weil mit diesem Abkommen »bestimmte Konzerne noch mehr Kontrolle über intellektuelle Eigentumsrechte ausüben würden«. Freilich wären dies amerikanische Firmen, räumt Krugman ein, aber »was gut für die dominante US-Pharma-Industrie wäre, wäre nicht gut für Amerika«.[327] Indem sich Gewerkschaften auch gegen die »Ausbeutung« in anderen Ländern und für internationale Arbeitnehmerrechte als »Menschenrechte« einsetzen, ziehen sie an einem Strang mit der Menschenrechtslobby.

Ebenso kritisieren Umweltverbände Schädigungen der Umwelt in anderen Ländern und fordern internationale Standards in Handelsvereinbarungen. Die Agrarlobby ist zwar der natürliche politische Gegner der Ökobewegung, wenn es um wirtschaftliche Interessen auf Kosten des Umweltschutzes geht. Anders als die exportorientierte Agrarindustrie sieht der importbedrohte Teil der amerikanischen Landwirte jedoch im Freihandel eine Herausforderung anderer Natur: die Konkurrenz der Entwicklungsländer, die vor allem über die Doha-Runde zum Beispiel mit Baumwolle, Zucker oder Textilien auf den amerikanischen Markt drängen.

Wenn auch aus unterschiedlichen Gründen, so verfolgt diese häufig auch als »sonderbare Bettgenossen« bezeichnete Tendenzkoalition verschiedenster Interessengruppen, advokatischer Thinktanks sowie Abgeordneter und Senatoren ein gemeinsames Ziel: die Vereitelung der Freihandelspolitik. Mit der anhaltenden Wirtschaftskrise und dem härter werdenden globalen Wettbewerb wachsen auch in den USA die Sorgen um den Verlust von Arbeitsplätzen. Donald Trump hat diese Ängste erkannt, im Wahlkampf weiter geschürt und einfache Lösungen angeboten. So versprach er seinen Wählern, Arbeitsplätze in der Produktion zurückzuholen, indem er etwa Schutzzölle erhebt oder bestehende Handelsabkommen wie das Nordamerikanische Freihandelsabkommen (NAFTA) neu verhandelt oder aufkündigt.

Riskantes Vabanquespiel: »Politik« des schwachen Dollars

Angesichts der anhaltenden fiskal- und handelspolitischen Beschränkungen ruhen die Hoffnungen Amerikas weiterhin auf der US-Notenbank (Federal Reserve oder Fed), die mit ihrem Geldsegen, sogenannter Liquidität, die Wirtschaft über Wasser zu halten versucht. In ihrer heutigen Form besteht sie seit dem Jahr 1913, als die US-Regierung mit dem Federal Reserve Act das Federal Reserve System etablierte. Es handelt sich um eine staatliche Einrichtung, die gleichwohl private Anteilseigner hat. Die zwölf regionalen Federal Reserve Banks sind Aktiengesellschaften, deren Aktionäre private Banken sind. Die US-Notenbank kann Kreditgeld schaffen und es etwa den Banken und der amerikanischen Regierung gegen Zinsen leihen.

Zwar werden der Notenbankchef und andere Mitglieder der Gremien, die über die Geldpolitik entscheiden, vom jeweiligen Präsidenten bestimmt und vom Senat bestätigt. Die Führungspositionen werden nicht selten mit »Insidern« besetzt, die gute Kontakte zur Finanzindustrie haben. Bei der Besetzung wichtiger Posten nehmen Finanzgrößen Einfluss darauf, von wem sie beaufsichtigt – und im Notfall unterstützt – werden. Aber die Politik hat keinen direkten Einfluss auf die geldpolitischen Entscheidungen der Fed. Gleichwohl ist die US-Notenbank gesetzlich verpflichtet, dem Kongress zweimal im Jahr einen Bericht über ihre Aktivitäten und ihre Einschätzung der wirtschaftlichen Lage zu geben. Sie ist auch angehalten, die Bedürfnisse des Staates und der Wirtschaft zu berücksichtigen.

So sorgte die Fed während des Zweiten Weltkrieges mit niedrigen Zinsen dafür, dass die Regierung ihre Kriegsschulden finanzieren konnte. Indem sie auch heute wieder massiv Geld druckt, sprich US-Staatsanleihen kauft, die vom Ausland nicht mehr finanziert werden, und damit die Zinsen niedrig hält, versucht sie, die US-Wirtschaft wiederzubeleben. Mit ihren Geldspritzen konnte bislang eine Kernschmelze im Banken- und Finanzsystem verhindert werden.

Die Federal Reserve hat mit wenig transparenten Rettungsmaßnahmen Banken, Versicherungen und andere »Spieler« an den Finanzmärkten mit immensen Summen versorgt – und damit jene belohnt, die wieder einmal in der amerikanischen Wirtschaftsgeschichte für eine Finanz- und Wirtschaftskrise verantwortlich waren. So konnten sowohl die Bush- als auch die Obama-Administration demokratische Entscheidungsprozesse umgehen, weil die Regierungsvertreter wussten, dass viele ihrer Maßnahmen unpopulär und deshalb nicht über den politischen Willensbildungs- und Entscheidungsprozess möglich gewesen wären.

US-Notenbankchef Ben Bernanke wurde später sogar als »Helikopter-Ben« karikiert, der immer wieder im Noteinsatz Geld abwarf, um mit zusätzlicher Liquidität für die Banken der amerikanischen Wirtschaft aus der Misere zu helfen. Die US-Notenbank senkte die Federal Funds Rate – den Zinssatz, zu dem sich Banken Geld ausleihen können – in nur kurzer Zeit von September 2007 bis Dezember 2008 in zehn eiligen Schritten von 5,25 Prozent auf 0 bis 0,25 Prozent – ein historisch niedriges Niveau, das im Dezember 2015 nur leicht auf 0 bis 0,5 Prozent angehoben wurde. Hinzu kamen unkonventionelle Maßnahmen: Bereits im März 2009 kündigte die amerikanische Notenbank an, im Zuge ihres sogenannten Quantitative Easing – ein Euphemismus für »Geld drucken« – 300 Milliarden Dollar an Schulden, also langlaufenden US-Staatsanleihen, aufzukaufen. Zudem erklärte sich die Federal Reserve bereit, durch Hypotheken »gesicherte« Wertpapiere (Mortgage-backed Securities) im Gegenwert von 1.450 Milliarden Dollar zu erwerben. Im November 2010 verkündete die Notenbank eine zweite Runde des Quantitative Easing (QE2) und kaufte bis Ende des zweiten Quartals 2011 weitere US-Staatsanleihen im Wert von 790 Milliarden Dollar und Mortgage-backed Securities für 140 Milliarden Dollar auf. Mit der dritten und bislang letzten Runde »quantitativer Lockerung«, die im Oktober 2014 abgeschlossen wurde, machte die US-Notenbank noch mal knapp 2.000 Milliarden Dollar für Staatsanleihen und weitere 1.700 Milliarden für Mortgage-backed Securities locker. Insgesamt wurde die Bilanz der US-Notenbank auf 4,5 Billionen Dollar aufgebläht und damit selbst für viele Experten unvorstellbare Summen billigen Geldes in die Wirtschaft gepumpt.[328] Die US-Notenbank hat seitdem unter anderem Staatsanleihen in Höhe von 2,5 Billionen Dollar und verbriefte Immobiliendarlehen im »Wert« von 1,7 Billionen Dollar im Bestand. Obschon die US-Notenbank im Oktober 2014 aufhörte, mit weiterer quantitativer Lockerung zusätzliche Papiere zu kaufen, werden die fälligen Anleihen laufend durch neue ersetzt. Indem sie damit die Geldschwemme aufrechterhält und die sogenannte Liquidität auf den Märkten auch nicht mit spürbar höheren Zinsen abschöpft, ist die US-Notenbank also »weiterhin im Krisenmodus«.[329]

Als die Federal Reserve noch im größeren Umfang Geld druckte, setzte sie die amerikanische Währung merklich unter Druck. Ein schwacher Dollar bot den USA Vorteile: Er verringerte nicht nur die vom Ausland finanzierte Schuldenlast, sondern sollte dem in handelspolitischen Fragen beschränkt handlungsfähigen Präsidenten Obama helfen, seine ehrgeizige Exportstrategie umzusetzen.

Zwar konnte die expansive Geldpolitik und der damit geschwächte Dollar amerikanische Exportchancen kurzfristig fördern, doch langfristig bleibt ein Strukturproblem der US-Wirtschaft bestehen: Die amerikanische Industrie hat innerhalb weniger Dekaden spürbar an Wettbewerbsfähigkeit eingebüßt. Die Unausgewogenheit der Außenhandelsbilanz ist neben der hohen Staatsverschuldung ein strukturelles Problem der US-Wirtschaft.

Die in den vergangenen Jahren massiv angewachsene Schuldenlast stellte die USA zunächst vor keine größeren Schwierigkeiten, solange die Lieferanten ihre Erlöse in den USA reinvestierten. Sollten Investoren jedoch Zweifel an der Produktivität, Wirtschaftskraft und Geldwertstabilität der USA hegen und ihre Erlöse für Waren und Dienstleistungen auf anderen internationalen Finanzmärkten sichern, würden der Dollar und die US-Wirtschaft noch massiver unter Druck geraten.

Indem die USA eine Schwächung des Dollars in Kauf nahmen, riskierten sie nicht nur Verwerfungen auf den internationalen Finanzmärkten, sondern schwächten auch das Vertrauen in den Dollar. Insbesondere sind die Schwellenländer davon betroffen:

Die US-»Politik« des billigen Geldes und die daraus resultierende Dollarschwemme führten zu großen Kapitalflüssen in die Schwellenländer. Um zu verhindern, dass seine Währung weiterhin spekulativ aufgewertet und seine Exportkraft geschwächt wird, verschärfte Brasilien bereits seine Kapitalverkehrskontrollen. Damit soll auch verhindert werden, dass die Wirtschaft später wieder durch einen schnellen Kapitalentzug destabilisiert wird, wie das viele Volkswirtschaften im Laufe der Asienkrise 1997 schmerzlich erfahren mussten.

Mit ihrer »Politik« des schwachen Dollars riskieren die USA für sich selbst ein gefährliches Vabanquespiel: Weltbankpräsident Robert Zoellick warnte bereits im Sommer 2009 seine Landsleute, dass »die USA einem großen Irrtum aufsäßen, wenn sie weiterhin die Rolle des Dollar als weltweit vorherrschende Währung als ehernes Gesetz annähmen«.[330] Ebenso besorgt zeigten sich Abgeordnete und Senatoren im Kongress, dass das Grundvertrauen der Märkte in den Dollar als »sicherer Hafen in stürmischen Krisenzeiten« mit zunehmender Schuldenlast künftig in Zweifel gezogen werden könnte und Investoren weniger bereit wären, »riskante« US-Staatsanleihen zu kaufen.[331]

Dass in Amerika nicht alles Gold ist, was heute noch glänzt, sollten auch jene Investoren wissen, die weiterhin auf amerikanische Staatsanleihen setzen. Vor allem in Asien gilt der Dollar nicht mehr als »sicherer Hafen«; vielmehr sieht sich insbesondere China in der Dollar-Falle: Wenn Peking damit anfinge, in größerem Umfang US-Staatsanleihen zu verkaufen, dann würde der Dollarkurs merklich sinken und die bestehenden Bestände entwerten. Man würde damit nicht nur den USA, sondern auch sich selbst massiven Schaden zufügen und ist deshalb bemüht, das »ökonomische Gleichgewicht des Schreckens« nicht nachhaltig zu stören. Gleichwohl versucht China seit geraumer Zeit, sich langsam, aber sicher aus der Dollar-Falle zu lösen.

»Ob wir mehr US-Staatsanleihen kaufen werden, und wenn ja, wie viele – wir sollten diese Entscheidung gemäß Chinas eigenen

Bedürfnissen und entsprechend unseres Zieles treffen, die Sicherheit und den Wert unserer Anlagen und Devisenreserven zu gewährleisten.«[332] Mit dieser Äußerung vom Januar 2009 in London gab der damalige Premierminister Wen Jiabao den USA ein deutliches Warnsignal, dass Amerika nicht unbegrenzt mit Chinas Ankäufen von Staatsanleihen rechnen könne. Im November 2010 sorgte eine chinesische Ratingagentur mit ihrer Entscheidung, die Kreditwürdigkeit der USA herabzustufen, für Aufsehen auf den internationalen Finanzmärkten. Im April 2011 beunruhigte Standard & Poor's (S&P) die Finanzwelt, als sie als erste amerikanische Ratingagentur wirtschaftspolitische Realitäten zur Kenntnis nahm und die künftige Kreditwürdigkeit der USA infrage stellte. Zudem »erschütterte« dann im Juni 2011 die Warnung von Moody's, der zweiten der prominenten drei US-Ratingagenturen, »das Vertrauen in die US-Wirtschaft«.[333]

Bislang konnten die USA noch davon profitieren, dass durch die in den USA ausgelöste weltweite Finanzkrise auch Europa und der Euro in Mitleidenschaft gezogen wurden und die USA wieder als relativ »sicherer Hafen« gelten. Solange Analysten und Medien Europa als Sau durch das globale Dorf jagen, haben die USA noch etwas Verschnaufpause.

So kann die Weltmacht immer noch ihr »exorbitantes Privileg« genießen, das es ihr ermöglicht, sich international günstig zu verschulden. Der Dollar ist nach wie vor die führende Währung für internationale Finanztransaktionen, die Abwicklung von Handel und zur Reservehaltung. Die USA konnten zudem über die expansive Geldpolitik ihrer Notenbank einen Gutteil ihrer Schulden loswerden. Die USA könnten ihre Schulden auch zurückzahlen. Dafür müssten sie aber ein enormes, selbst tragendes Wirtschaftswachstum generieren, das nicht mehr durch weiteres Schuldenmachen getrieben wird. Oder die USA könnten sich ihrer exorbitanten Schulden durch eine ebenso exorbitante Inflation und Abwertung ihrer Währung entledigen.

Die USA stecken jedoch in einem Dilemma: Einerseits ist ihnen daran gelegen, durch lockere Geldpolitiken Inflation zu begünstigen und ihre Währung zu schwächen, um Schulden loszuwerden und Vorteile beim Export zu erwirken. Andererseits stößt diese Strategie an ihre Grenzen, wenn internationale Marktteilnehmer beginnen, an der Stabilität der Währung zu zweifeln. Mit ihrer expansiven Geldpolitik gefährden die USA das »exorbitante Privileg« des Dollars und damit die Grundlage des American Way of Life: Die Dollar-Dominanz hat es der Weltmacht in den vergangenen Jahrzehnten erlaubt, internationale Währungsreserven zum Nulltarif zu beziehen und über ihre Verhältnisse zu leben.

Doch der Ausstieg aus der lockeren Geldpolitik ist heikel. Wenn die US-Notenbank merklich die Zinsen erhöhte und so Liquidität vom Markt abschöpfte, würden US-Unternehmen, die dank der niedrigen Zinsen mit dem billigen Geld gut über die Runden kamen, in große finanzielle Schwierigkeiten geraten. Die Verschuldung von US-Unternehmen ist mittlerweile höher als vor dem Ausbruch der Finanzkrise 2007/08. Um die staatliche Regulierung für Kreditinstitute zu umgehen, wurden in großem Umfang riskante Kreditgeschäfte in Schattenbanken ausgelagert. Unternehmen, deren Bonität zweifelhaft ist, sogenannte Noninvestment Grade Companies, konnten sich zudem verschulden, indem sie ungesicherte Schuldverschreibungen emittierten, deren »Wert« in Fachkreisen als »Müll« (Junk) bezeichnet wird. Zwar bekommen die »Investoren« wegen des hohen Risikos eine etwas höhere Verzinsung für diese Junk-Bonds. Doch wenn die US-Notenbank die Zinsschraube wieder andrehen und das allgemeine Zinsniveau merklich erhöhen sollte, bekämen die Schuldner große Schwierigkeiten, ihren Schuldendienst zu leisten. Im Konkursfall blieben die Geldgeber auf ihren Forderungen, sprich Ramsch-Anleihen sitzen. Die Rating-Agenturen Moody's, S&P und Fitch warnen bereits heute, dass das Ausfallrisiko, insbesondere in den Energie-, Pharma- und Medizinbranchen, hochschnellen wird, wenn die Zinsen wieder steigen sollten.[334]
Zudem könnte ein erhöhtes Zinsniveau bei privaten Kredit-

nehmern, die wegen immer schlechter bezahlter und prekärer Arbeitsverhältnisse über ein geringes Einkommen verfügen, einen »Zahlungsschock« auslösen, wenn der höhere Zinssatz die Rückzahlungslast spürbar erhöht. Auch viele private Schuldner umgehen die mittlerweile etwas höheren Auflagen bei Banken und leihen sich Geld von dubiosen Online Marketplace Lenders, die sich ihr riskantes Geschäft mit horrenden Zinsen bezahlen lassen. Und das Geschäft boomt: Heute sind vier von fünf US-Haushalten verschuldet.[335] Nach einer Erhebung der US-Notenbank[336] ist die Haushaltslage vieler Amerikaner bereits angespannt. Knapp die Hälfte (47 Prozent) der US-Bürger hätten aktuell keine Mittel zur Verfügung, sei es in Form von Gespartem oder des Kreditrahmens ihrer Kreditkarten, um unerwartet auftretende Ausgaben auch nur in Höhe von 400 Dollar begleichen zu können. Sollte diese ohnehin prekäre Lage vieler US-Bürger noch durch Zinserhöhungen verschlechtert werden, dann würden wieder in größerem Ausmaß Kredite notleidend werden, und das würde einmal mehr die Gefahr einer weiteren Immobilien- und damit Finanzkrise heraufbeschwören.

Daran haben auch die Gläubiger der USA kein Interesse. Um nicht seine bestehenden Anlagen in den USA zu gefährden, wird China wohl oder übel die Weltmacht weiterfinanzieren müssen – obwohl das Reich der Mitte wiederum als glaubhafter Rivale dafür herhalten muss, dass die zunehmend knappen Ressourcen der USA nicht für Sozialpolitik, sondern für Rüstungsausgaben verwendet werden.

Realpolitik ohne Werte –
wie die USA die Welt nach ihren
Interessen ordnen

Ungeachtet seiner Unzulänglichkeiten sollte schon nach dem Ansinnen der frühen Siedler der Neuen Welt das »amerikanische Experiment« die Welt verbessern. Das Leitbild amerikanischer Außenpolitik bewegte sich im Laufe ihrer Geschichte kontinuierlich zwischen Absonderung von der Welt und missionarischem Drang zur Weltverbesserung. Der selbstverstandene Ausnahmecharakter der USA, der sogenannte »Exzeptionalismus«[337], manifestierte sich dementsprechend in unterschiedlicher Weise: zum einen, indem die »beinahe auserwählte« Nation (so Abraham Lincoln), die »city upon a hill« (so der puritanische Pionier John Winthrop 1630 in Anspielung auf das biblische Jerusalem, das einen engen Bund mit Gott hatte), selbstgenügsam der Welt als leuchtendes Vorbild diente, oder zum anderen, indem sie die Welt aktiv verändern wollte,[338] sei es mit diplomatischen oder militärischen Mitteln, sei es durch Vorgehen im Alleingang oder mit Unterstützung anderer Staaten.

Nach Einschätzung führender US-Sicherheitsexperten und -Politiker befinden sich die USA in einer Zeitenwende.[339] »Ich denke, wir leben inmitten einer dieser historischen, prägenden Zeiten. [...] Wir erleben, wie eine neue Weltordnung – nach dem Ende des Zweiten Weltkriegs und dem Zerfall der Sowjetunion – errichtet wird«, warnte im Herbst 2014 der scheidende US-Verteidigungsminister Chuck Hagel seine Landsleute.[340] Die »unipolare Weltordnung«, der »unipolare Moment«, sei nunmehr vorbei:

Das historische Zeitfenster, das den USA nach dem Ende der Sowjetunion und der Bipolarität für ein knappes Vierteljahrhundert größeren Handlungsspielraum eröffnete, hat sich wieder geschlossen. Russlands völkerrechtswidrige Annexion der Krim im Frühjahr 2014 und seine »hybride« (über nichtstaatliche Mittelsmänner versteckte) Kriegsführung in der Ostukraine, die die Ukraine und die Sicherheitsarchitektur Europas zu destabilisieren drohen, waren nur ein weiteres Indiz für das Muster einer neuen »Weltunordnung«.[341] Denn noch mehr beunruhigen die Weltplaner in Washington seit geraumer Zeit das wirtschaftliche und militärische Wachstum Chinas sowie seine territorialen Ansprüche im Ost- und Südchinesischen Meer. Mit seinem aggressiven Verhalten fordert das Reich der Mitte nicht nur die Vormachtstellung der USA in der Region heraus, sondern gefährdet auch die von den USA etablierte liberale Weltordnung.

Mit der Wahl Donald Trumps zum 45. Präsidenten der USA droht eine weitere, nicht minder ernst zu nehmende Gefahr: Unter Trumps Führung könnten sich die USA noch stärker nach innen orientieren und wegen der gravierenden Probleme im Innern ihre Ordnungsrolle in der Welt preisgeben.

Bevor der Außenseiter Trump mit einem Paukenschlag das politische Establishment erschütterte, leitete die tonangebenden außenpolitischen Kreise Washingtons ein liberal-hegemoniales Weltbild, gemäß dem die USA die Welt nach ihren marktliberalen Werten und Interessen ordnen. Wenn nötig, werden aber seit jeher die demokratischen Werte pragmatisch den wirtschaftlichen und Sicherheitsinteressen untergeordnet.[342] Missachtet ein autokratischer Herrscher die Menschenrechte seiner Bürger, so spielt dies für die Geostrategen in Washington nur dann eine ausschlaggebende Rolle, wenn er sich den geopolitischen Interessen und dem globalen Führungsanspruch der USA widersetzt. Solche »bösartigen« Regime, etwa der Irak unter Saddam Hussein, werden mit Militärgewalt »demokratisiert«; wenn das wie im Falle mächtigerer Staaten wie Iran und China nicht ratsam erscheint, werden sie »eingedämmt« und »eingebunden«, um den »Regime-wechsel« im Sinne einer »liberalen Weltordnung« langsam, aber sicher voranzutreiben.

Doch wie lange können die USA gegen den Willen der loka-len Bevölkerungen im Nahen und Mittleren Osten – und auch gegen die Kritik vorausschauender Experten – autoritäre Regime in Saudi-Arabien und Ägypten unter anderem auch mit üppigen Finanz- und Rüstungshilfen stützen, ohne ihre eigene Glaub-würdigkeit vollends zu verlieren? In dieser Hinsicht hat der neue Präsident Donald Trump nicht viel zu verlieren, hatte er doch oh-nehin keine wohlklingenden Demokratieversprechen gemacht. Ganz im Gegenteil: Der Geschäftsmann Trump stellte in Aussicht, sich »prächtig« mit den autokratischen Führern dieser Welt ver-stehen und »Deals« mit ihnen machen zu wollen.

Ägypten: »Investition in regionale Stabilität«

An Präsident Obamas Glaubwürdigkeit kamen Zweifel auf, als er in seiner Kairoer Rede vom Juni 2009 einen Neuanfang in den Beziehungen der Vereinigten Staaten zur muslimischen Welt ver-kündete[343] und demokratische Grundrechte für die Menschen die-ser Region forderte, zugleich aber ebenso wie seine Vorgänger das Militär und damit den Garanten des autoritären Regimes in Ägyp-ten mit etwa zwei Milliarden Dollar pro Jahr stützte.[344] Als dann im Spätjahr 2010 der sogenannte Arabische Frühling als Herbst-sturm von Tunesien über Algerien, Ägypten, Jemen, Libyen, Bah-rain, Syrien und weitere arabische Länder hinwegfegte, waren aus Washington besorgte Stimmen zu vernehmen: Ein Umsturz oder freie Wahlen in Ägypten könnten unvorhersehbare Konsequen-zen für die regionale Stabilität haben, im schlimmsten Fall sogar die Israel und den USA feindlich gesinnte Muslimbruderschaft an die Macht spülen![345]

Bislang gab es in dem Land am Suez-Kanal, der für den Welthandel so wichtig ist, allerdings noch keine großen Umwälzungen. Die sogenannte Herrschaft der Muslimbrüder währte nicht lange. Die eigentliche Revolution, so ein Kenner der amerikanischen Außenpolitik mit historischem Weitblick, sei der Versuch des Mubarak-Clans gewesen, das Militärregime durch eine Erbmonarchie zu ersetzen. Diese Revolte sei vom Militär mit Hilfe der Protestbewegung zurückgeschlagen und somit das Ancien regime restauriert worden.[346]

Noch hat der Arabische Frühling in Ägypten keine Früchte der Demokratie zur Reife gebracht. Doch das Königshaus in Saudi-Arabien, das eng mit dem ägyptischen Präsidenten Hosni Mubarak verbunden war, zeigt sich sehr beunruhigt, auch angesichts der regionalen Instabilität infolge der vermeintlichen Demokratisierungsbemühungen der USA im Irak, und verfolgt die Entwicklung mit großer Aufmerksamkeit.

Deal mit Saudi-Arabien: Sicherheit für Öl

Auch die zu erwartende Erbfolge im saudischen Königshaus bereitet den US-Strategen Sorgen. König Abdullahs Nachfolger Salman ist auch nicht mehr der Jüngste. Aus der empirischen Regimeforschung ist bekannt, dass insbesondere personalisierte Autokratien, vor allem wegen der Nachfolgeregelung, instabil sind und im politischen Chaos enden.[347]

Bislang hat Washington dafür gesorgt, dass die Ölmonarchie Saudi-Arabien stabil ist. »Sicherheit für Öl« lautet der Deal. Solange Riad seinerseits dafür Sorge trägt, dass der Ölpreis nicht allzu sehr steigt, ist die Welt für die USA und ihre Verbündeten in Ordnung. Denn die westlichen Volkswirtschaften bleiben bis auf Weiteres verwundbar durch fluktuierende und hohe Ölpreise, die sie nicht allein beeinflussen können. Anders als viele hiesige Beobachter, die die »Energieunabhängigkeit« und den Rückzug der USA aus dem Nahen und Mittleren Osten prophezeien, verstehen US-Strategen die Logik der Energiemärkte und die damit zusammenhängende Geopolitik: Selbst wenn es den USA durch Förderung eigener Ressourcen und politisch gesteuerte Einsparungen gelingen sollte, neben dem Gas auch den Importanteil von Öl – und das ist die Achillesferse der Wirtschaft und des Transportsektors – merklich zu reduzieren, sollte man einen zweiten Aspekt beachten: Die Ölpreise werden international von einem Oligopol namens OPEC und mitunter auch von Unruhen und Förderengpässen in anderen Weltregionen beeinflusst. Auf absehbare Zeit bleibt Saudi-Arabien der einzige »swing producer«, der ausreichend Kapazitäten hat, bei Bedarf Öl kostengünstig, sehr schnell und in großen Mengen zu fördern, um damit die Preise in einen niedrigeren, für westliche und asiatische Volkswirtschaften erträglichen Bereich zu drücken – was seit geraumer Zeit geschieht.

Das saudische Königshaus hat es den USA auch ermöglicht, das iranische Regime im Nuklearstreit wirtschaftlich unter Druck zu setzen: Ohne die zusätzliche Förderung Saudi-Arabiens hätte die durch die Sanktionen verursachte Verknappung des Ölangebots zu enormen Preissteigerungen geführt, die die ohnehin angeschlagene Wirtschaft der Weltmacht weiter geschwächt hätte. Es wäre eine Ironie der Geschichte, wenn Saudi-Arabien damit den USA geholfen hätte, sich auf Kosten des Königshauses dem Erzrivalen Iran anzunähern.

»Plan B«: Annäherung an den Iran

Die USA haben mehrere strategische Interessen, die sie dazu bewegen dürften, sich über die Nuklearverhandlungen hinaus mit Teheran umfassender zu verständigen. Zunächst ist ohnehin fraglich, ob Washington wirklich bereit ist, mit Militärschlägen das iranische Atomprogramm zu verhindern. Denn der Iran verfügt über die »Ölwaffe«: Im Falle einer externen Bedrohung kann das

Regime die Straße von Hormuz blockieren, eine strategisch wichtige Meerenge, die täglich von unzähligen Frachtern passiert wird, die einen Großteil der westlichen Energieversorgung aus dem Mittleren Osten sicherstellen.

Eine Normalisierung der Beziehungen zum Iran würde Teherans strategische Abhängigkeit von China verringern. Chinas Interesse am Mittleren Osten ist durch seinen Energiehunger begründet. Die wirtschaftliche Entwicklung, politische Stabilität und militärische Stärke Chinas hängen stark von Öl- und Gasimporten aus Zentralasien und dem Persischen Golf ab. Um sich die vitalen Ressourcen zu sichern, hat Peking massiv in Energie- und Infrastrukturprojekte in beiden Regionen investiert. Doch die Unsicherheitslage in der Region könnte Chinas ehrgeizige Energiepläne einmal mehr vereiteln.

Dank des amerikanischen »regime change«, der Beseitigung des Diktators Saddam Hussein, und des darauffolgenden Chaos im Irak hat Teheran nicht nur einen Erzfeind weniger, sondern kann als Regionalmacht auch auf die Entwicklung im Irak und in Syrien Einfluss nehmen. Es ist eine weitere Ironie der Geschichte, dass der Iran, der jahrzehntelang über seine Satelliten Terrorismus gegen die USA und seine Verbündeten unterstützt hat, nunmehr an der Seite der USA gegen eine gemeinsame Bedrohung kämpft. Das Ansinnen der Terrororganisation Islamischer Staat (IS), das Debakel der US-Außenpolitik im Zweistromland auszunutzen und auf dem Gebiet der heute zerfallenden Staaten Irak und Syrien ihr Kalifat zu errichten, bedroht die Sicherheit des Westens, des Irans – und früher oder später auch das saudische Königshaus, das ohnehin noch wegen der Unruhen des Arabischen Frühlings »beunruhigt« ist.

Washington musste sich wohl oder übel mit Teheran verständigen, um einen »Plan B« zu haben, sollten Unruhen in Saudi-Arabien die für den Westen lebenswichtigen Erdölproduktionskapazitäten einschränken. Bei einem Treffen der OPEC im Dezember 2013 hatte der iranische Ölminister Bijan Namdar Zanganeh bereits in Aussicht gestellt, Öl in großen Mengen und zu äußerst günstigen Preisen zu liefern, falls die Sanktionen gegen sein Land aufgehoben würden: »Wir werden vier Millionen [Fässer pro Tag] produzieren, selbst wenn der Preis auf 20 Dollar [pro Fass] fällt.«[348]

Das war auch eine Kampfansage an Saudi-Arabien, das mit seinem Produktionsverhalten und Gewicht in der OPEC bislang dafür gesorgt hat, dass die Preise für westliche Volkswirtschaften erträglich blieben. Doch gleichzeitig muss die Ölmonarchie Saudi-Arabien darauf achten, dass die 100-Dollar-Marke nicht über einen längeren Zeitraum hinweg unterschritten wird, damit sie über die nötigen Mittel verfügt, um die eigene Herrschaft zu alimentieren, wichtige Eliten, etwa das Militär, die Industrie einzubinden, ihre Wirtschafts- und Machtinteressen zu befriedigen und die Bevölkerung mit Sozialleistungen ruhigzustellen. Diese Preiskategorie entzieht jedoch den auf Mobilität angewiesenen US-Bürgern enorme Kaufkraft und gefährdet die zu zwei Dritteln vom Konsum lebende amerikanische Volkswirtschaft. Sicherlich werden die USA nicht von heute auf morgen ihre außenpolitischen Loyalitäten wechseln. Es ist aber denkbar, dass mit der Iran-Karte auch das regionale Machtspiel und die Ölpreispolitik Saudi-Arabiens beeinflusst werden können. Dieses (ökonomische) Sicherheitsargument gab auch den Ausschlag dafür, dass die Obama-Regierung die für einen New Deal mit Iran nötigen nachhaltigen Lockerungen der Sanktionen durch den Kongress bekam.

»Neustart« mit Russland?

Zwar hat Russland mit Waffenlieferungen an den Iran versucht, die Verhandlungen zu torpedieren, konnte am Ende aber den auch von iranischer Seite dringend benötigten Verhandlungserfolg nicht verhindern. Sollten sich jedoch der Iran und die USA umfassend verständigen – über die Nuklearfrage hinaus, insbesondere auch im Energiebereich –, dann sieht Russland seine »vitalen

Interessen« bedroht. Schon als der iranische Ölminister anbot, im Falle einer Einigung mit den USA Öl im wörtlichen Sinne »zu jedem Preis« zu liefern, läuteten in Moskau die Alarmglocken. Im Kreml ist man fest davon überzeugt, dass der Untergang der Sowjetunion – laut Wladimir Putin die größte geopolitische Katastrophe des 20. Jahrhunderts – weniger durch das Rüstungswettrennen und die wirtschaftliche Schwäche als vielmehr durch die von Saudi-Arabien verursachten niedrigen Ölpreise befördert wurde.

Amerikanischen Sicherheitsexperten ist bewusst, dass Russlands völkerrechtswidrige Annexion der Krim auch durch das Bestreben motiviert war, die dort stationierte russische Schwarzmeerflotte zu schützen. Vom Hauptstützpunkt Sewastopol aus kann der Kreml über den Seeweg (etwa mit Waffenlieferungen) auf die »Stabilität« und die Ölpreisbildung im Nahen und Mittleren Osten Einfluss nehmen.

Es war denn auch weniger überraschend, dass Russland mit militärischen Mitteln Partei für den verbündeten Diktator Syriens ergreifen würde, auch um den russischen Luftwaffenstützpunkt nahe der Hafenstadt Latakia im Nordwesten Syriens zu sichern. Putins und Assads Kalkül könnte sein, dass die Realpolitiker in Washington das kleinere Übel Assad dem größeren, namentlich dem Islamischen Staat, vorziehen. Vielleicht sind auch die mit der Flüchtlingswelle aus dem syrischen Bürgerkrieg überforderten Politiker Europas insgeheim wieder mehr an »Stabilität« im Nahen und Mittleren Osten interessiert und bereit, sich wieder mit den Autokraten in Syrien und Russland zu arrangieren.[349]

Wegen seiner Abhängigkeit von Öleinnahmen war Moskau selbst in der Zeit des Kalten Krieges stets ein zuverlässiger Energielieferant des Westens, insbesondere für Europa. Auch heute wird Russland seine wichtigsten Abnehmer in Westeuropa weiterhin beliefern, selbst wenn das Transitland Ukraine im Konfliktfall mit Moskau das für westliche Länder bestimmte Gas einmal mehr für sich selbst beanspruchen sollte. Denn die Stabilität des russischen Regimes, dessen sozial- und wirtschaftspolitischen

Leistungen für seine Bürger viel zu wünschen übrig lassen, hängt wesentlich von den Einnahmen aus den Energieexporten ab. Sollten die verkauften Mengen an Öl und Gas oder der dafür veranschlagte Preis spürbar sinken, wäre auch Putins autokratische Herrschaft gefährdet.

Washington ist nicht verborgen geblieben, dass die russische Führung große Schwierigkeiten hat, Politik und Wirtschaft des Landes vom Ressourcenfluch zu befreien. Zwar sind noch üppige Reserven vorhanden, doch angesichts der Korruption bei der staatlich dominierten Rohstoffausbeutung besteht die Gefahr, dass eine zerfallende russische Autokratie den Westen vor noch größere humanitäre, wirtschaftliche und sicherheitspolitische Herausforderungen stellen wird als die aktuell in der Ukraine-Krise zur Schau gestellte Energiepotenz des Kreml-Führers.[350]

Derzeit kann der russische Präsident Wladimir Putin von der Schwäche seiner Regierung im sozialen und wirtschaftlichen Bereich noch durch eine antiwestliche Propaganda ablenken. Die unbefriedigten Grundbedürfnisse seiner Bevölkerung nach sozialer und ökonomischer Sicherheit werden durch Konsum einer bewährten Massendroge überkompensiert: Nationalismus, der durch Abgrenzung von äußeren Feinden geschaffen wird. Der Westen muss als Sündenbock für die eigenen Reformversagen und Missstände herhalten. Es besteht die Gefahr, dass die Sanktionen westlicher Staaten instrumentalisiert werden, um den eigenen Machterhalt zu sichern: Die Androhung weiterer Wirtschaftssanktionen ermöglicht es Putin umso mehr, ein patriotisches Wir-Gefühl, eine Wagenburgmentalität zu schaffen.

Des Weiteren befürchten US-Sicherheitsexperten von der Brookings Institution,[351] dass Sanktionen im Energiebereich den USA und Europa selbst schaden – unmittelbar und auf lange Sicht: Sie bestärken Putin darin, seine nach Asien gerichtete Diversifizierungsstrategie mit noch größerer Dringlichkeit zu forcieren. Die russische Führung wird versuchen, ihre Kundschaft auszuweiten. Neben den Europäern sollen künftig auch energiebedürftige asiatische Länder mit russischen Rohstoffen versorgt und damit Einnahmen und Regime dauerhaft gesichert werden. Insbesondere China, dessen wirtschaftliche Entwicklung und militärische Aufrüstung von Energieimporten abhängt, ist sehr daran interessiert, die Energielieferanten und Lieferwege zu diversifizieren.

Eindämmung Chinas

Da Chinas Energieversorgung aus Afrika und dem Mittleren Osten vielerorts (siehe Abb. 5 auf den Seiten 204–205) durch die USA blockiert werden kann, ist das Reich der Mitte um Alternative bemüht. Besonders verwundbar sind Chinas Energietransporte in der Meerenge von Malakka – in erster Linie durch Singapur, das mit den USA verbündet ist. Daher erwarten amerikanische Sicherheitsexperten, dass China versuchen würde, sich die beiden anderen Seewege zum Indischen Ozean zu sichern: Die Lombok-Straße – eine Meerenge zwischen den indonesischen Inseln Bali und Lombok – verbindet die Javasee mit dem Indischen Ozean und ist damit eine der bedeutendsten Seehandelsrouten Ostasiens. Die zwischen Sumatra und Java verlaufende Sunda-Straße ist neben der Straße von Malakka die wichtigste Verbindung vom Indischen Ozean zum Südchinesischen Meer. Um diese Seewege zu sichern, so die Geostrategen in Washington, würde das Reich der Mitte seine Marine aufrüsten und auch versuchen, eine gewisse Militärpräsenz im Seegebiet nahe der Nordküste Australiens aufzubauen.[352]

Australien ist für die USA ein besonders wichtiger Partner, weil von seiner nördlichen Küste aus die für Chinas Energieimporte und Handelsbeziehungen wichtigen Seewege durch den Inselstaat Indonesien besser kontrolliert werden können. Amerikanischen Unterhändlern ist es nach jahrelangen Verhandlungen im September 2011 in San Francisco denn auch gelungen, eine Vereinbarung zu erwirken, die den USA unbegrenzten Zugang zu australischen Militärbasen und Häfen gewährt. Nach Auffassung des damaligen australischen Verteidigungsministers Stephen Smith war das der »größte Entwicklungssprung in den US-australischen Beziehungen der vergangenen dreißig Jahre«.[353] Die Weltmacht verfügt jetzt über einen zentralen Stützpunkt zwischen dem Pazifischen und Indischen Ozean. Als Gegenleistung wurde Canberra sicherheitspolitisch geadelt, indem es – auf diplomatischer Augenhöhe mit London – nunmehr in eine vertrauensvolle strategische Sicherheitspartnerschaft mit Washington eingebunden ist. Australiens Zugang zu amerikanischer Militärhardware zahlt sich auch für US-Firmen aus. Im Rahmen eines 16 Milliarden Dollar umfassenden Geschäfts wurden hundert F-35-Tarnkappen-Mehrzweck-Kampfflugzeuge der amerikanischen Rüstungsfirma Lockheed Martin an Australien verkauft.[354]

China, um Auswege aus dem Zangengriff der USA bemüht, will deshalb künftig Öl und Gas aus dem Nahen und Mittleren Osten auf einer letzten Teilstrecke über Myanmar pumpen. Es sei denn, den USA gelingt es doch noch, China einen Strich durch die Öl- und Gasrechnung zu machen, indem sie die Führung des zuvor jahrzehntelang als Militärdiktatur gemiedenen Landes mit einem sogenannten »Demokratiepaket« zur stärkeren Zusammenarbeit mit dem Westen bewegen.

Angesichts dieser Zwickmühle kommt es auch nicht von ungefähr, dass der 2013 gewählte chinesische Staatspräsident Xi Jinping seinen ersten Auslandsbesuch dem russischen Machthaber Putin abstattete, um die Wirtschaftsbeziehungen zu verbessern. Die Strategie des vom Kreml gelenkten Pipelinekonzerns Transneft ist schon seit geraumer Zeit nach Asien gerichtet, um die Pazifikregion, insbesondere China, Südkorea und Japan, mit Öl zu beliefern. Über die Eastern Siberia-Pacific Ocean (ESPO) Pipeline bezieht China mittlerweile schon mehr Öl aus Russland als Deutschland. Im Februar 2014 präsentierte Transneft Pläne, in den nächsten sechs Jahren knapp zehn Milliarden Dollar zu investieren, um die Kapazität der ESPO-Pipeline zu verdoppeln.

MERICS China Mapping
One Belt, One Road: Mit der Seidenstraße
ein globales Infrastrukturnetz
Abgeschlossene und geplante Projekte,
Stand: November 2015

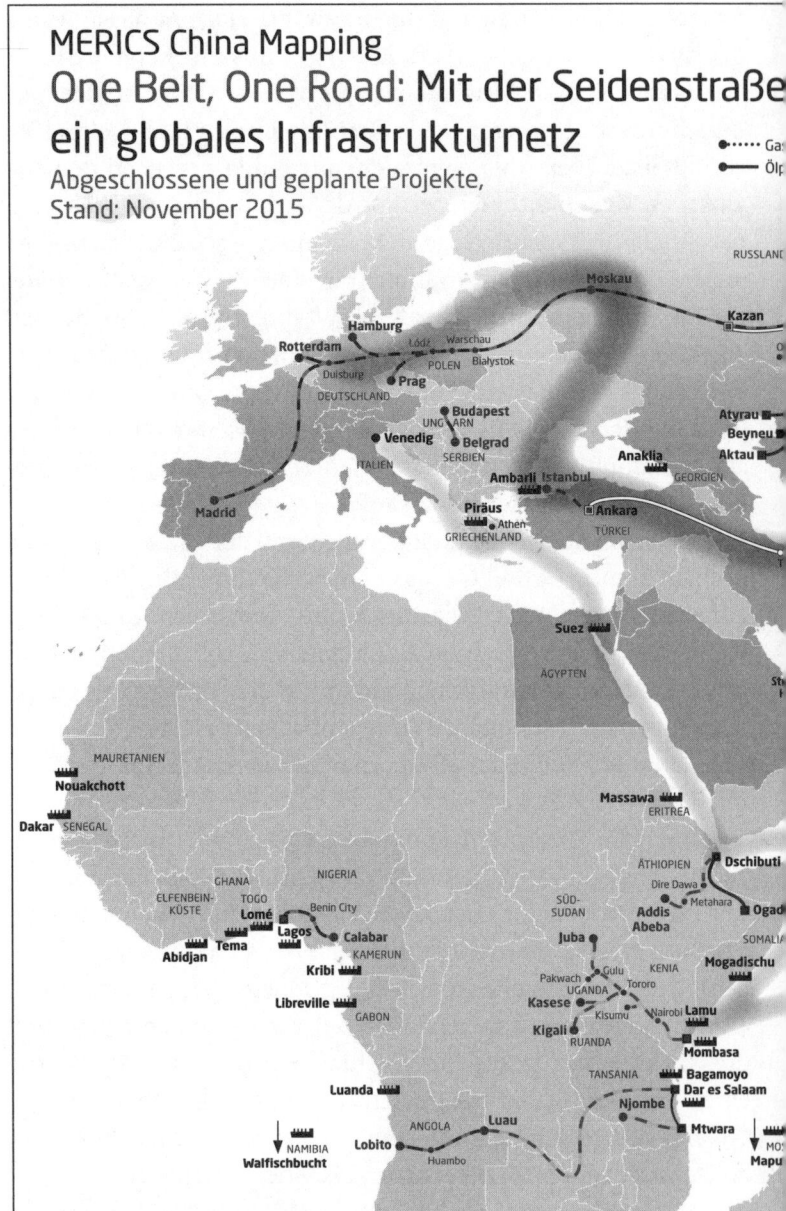

Abb. 5: Chinas Seidenstraßeninitiative

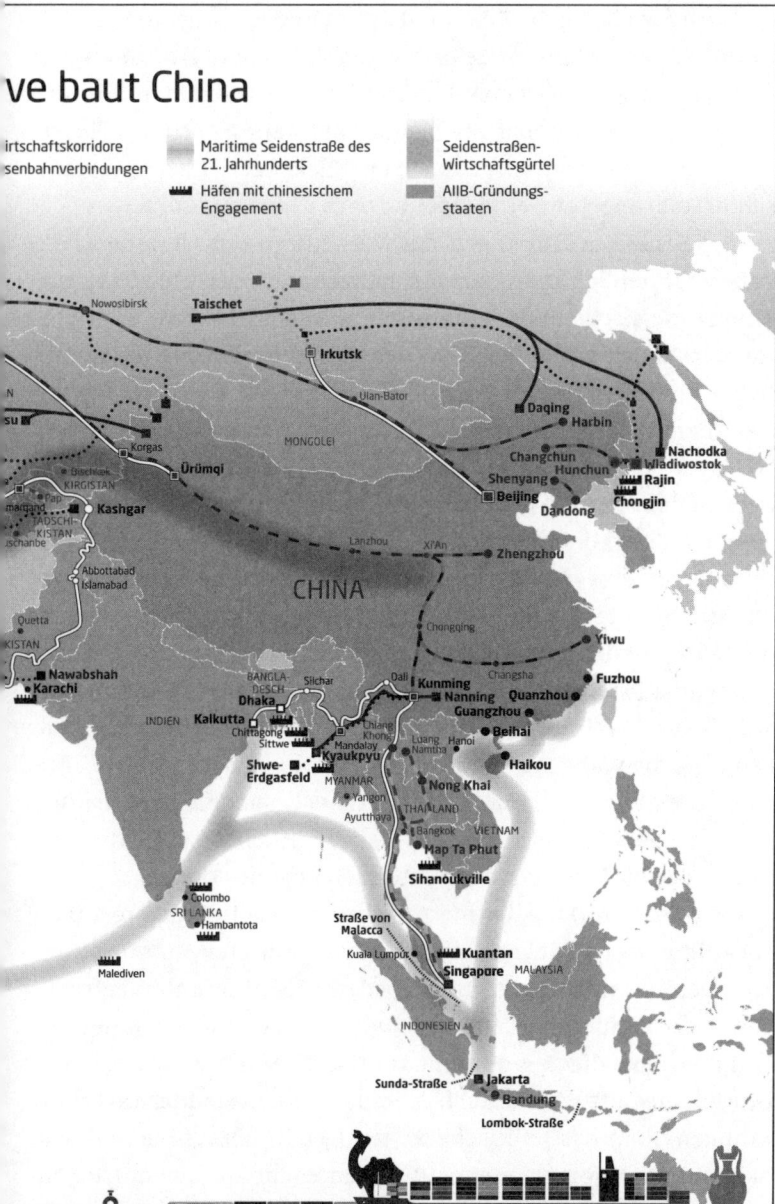

ve baut China

irtschaftskorridore / senbahnverbindungen — Maritime Seidenstraße des 21. Jahrhunderts — Seidenstraßen-Wirtschaftsgürtel

Häfen mit chinesischem Engagement — AIIB-Gründungs-staaten

Quelle: Mercator Institute for China Studies (MERICS)

Die Ausweitung der Pipeline-Kapazitäten ist nötig, um die auf fünfundzwanzig Jahre angelegte, 270 Milliarden Dollar umfassende Vereinbarung zwischen dem russischen Öl-Giganten Rosneft und der China National Petroleum Corporation (CNP) umzusetzen.[355] Auch der staatlich gelenkte Energiekonzern Gazprom plant schon seit Längerem, eine Pipeline nach China zu bauen.

Die Sanktionsdrohungen des Westens in der Ukraine-Krise haben schließlich den über ein Jahrzehnt in der Preisfrage uneinigen russischen und chinesischen Handelsführern zum Vertragsabschluss verholfen, den der russische Präsident bei seinem China-Besuch im Mai 2014 als »epochales Ereignis« feierte. Nach dem »umfangreichsten Vertrag«, den Gazprom laut Aussage seines Chefs Alexej Miller je eingegangen ist, wird Russland von 2018 an über dreißig Jahre jährlich 38 Milliarden Kubikmeter Erdgas nach China liefern.[356]

Die immensen Investitionen in Pipelines und andere Infrastruktur könnte insbesondere China aufbringen, zumal das Reich der Mitte seit der Wirtschafts- und Finanzkrise 2007/08 damit begonnen hat, sich von der Interdependenz mit den USA zu lösen, zunehmend Währungsreserven aus der Dollar-Falle nimmt und seine eigene Währung behutsam internationalisiert. Chinas Führung investiert in alternative Anlagen, insbesondere in Rohstoffe, die das Land für sein weiteres wirtschaftliches Wachstum benötigt, das die Stabilität des politischen Regimes sichert.

War China Anfang der 1990er-Jahre noch Selbstversorger und sogar in der Lage, Energierohstoffe zu exportieren, so musste es 2005 bereits ein Drittel seines Ölbedarfs über Einfuhren befriedigen. Zwar verfügt das Land nach wie vor über enorme Kohlevorkommen, aber die Verbrennung verursacht massive Umweltbelastungen, die mittlerweile auch der chinesischen Stadtbevölkerung »stinken« und das politische System gefährden. China will deshalb bei der Stromerzeugung unter anderem auf Gas umstellen und wird künftig seinen Energiebedarf immer weniger durch eigene Rohstoffe decken können, zumal bei der weiteren wirtschaftlichen Entwicklung und Motorisierung die Nachfrage Chinas nach Öl und Gas enorm steigen wird.

Bereits 2002, unmittelbar nach seiner Ernennung zum Generalsekretär der Kommunistischen Partei, forderte Hu Jintao unter anderem die drei nationalen Ölfirmen – China National Petroleum Corporation (CNPC), China National Petroleum and Chemical Corporation (SINOPEC) und China National Offshore Oil Corporation (CNOOC) – auf, sich international auszurichten und in die Förderung, Produktion und den Transport von Öl und Gas zu investieren. Im Rahmen dieser als Going-out-Politik[357] deklarierten Initiative unternimmt die chinesische Parteiführung seitdem enorme Anstrengungen, Chinas Währungsreserven strategisch einzusetzen und so die für seine Wirtschaft und die Stabilität des politischen Regimes dringend benötigten Ressourcen langfristig zu sichern.[358]

Chinesische Staatsfirmen sind mittlerweile in allen Weltregionen anzutreffen, ob im Mittleren Osten oder in entwicklungsfähigen Regionen wie Westafrika und Zentralasien. Auch in Südamerika, sozusagen im Hinterhof der USA, versuchen chinesische Staatsfirmen, Ressourcen für ihr Land zu sichern. Sogar in Kanada sind die USA nicht mehr sicher vor chinesischer Konkurrenz. Zwar kommen bislang 99 Prozent der kanadischen Ölexporte dem südlichen Nachbarn zugute. Sollte jedoch die in den USA umstrittene Keystone XL Pipeline, mit der kanadisches Öl quer durch die USA zu den amerikanischen Raffinerien am Golf von Mexiko gepumpt werden soll, auch unter Obamas Nachfolger Donald Trump nicht verwirklicht werden, dann würde auch China zum Zuge kommen. Albertas günstige Lage nicht allzu weit von der Westküste entfernt macht die Ressourcen interessant für asiatische Investoren.[359] Chinesische Staatsfirmen, unter anderem die China National Offshore Oil Corporation (CNOOC), erwarben bereits Anteile am Ölsandprojekt der Provinz. Darüber hinaus soll in Zusammenarbeit mit PetroChina, einer Tochtergesellschaft der staatlichen China National Petroleum Corporation, eine Pipeline von Alberta an die Westküste gebaut werden, sodass künftig auch der Energiebedarf der aufstrebenden Wirtschaftsmacht China mit kanadischem Rohöl befriedigt werden kann.[360]

Mit seiner Energiesicherheitspolitik unterminiert China die von den USA aufgestellten multilateralen Regeln, denn Peking ist bemüht, die Ölvorräte mittels bilateraler Verträge exklusiv zu vereinnahmen. Förderung und Transport dieser vitalen Ressourcen werden auch militärisch abgesichert. Explorationen in fremden Ländern finden zumeist in Begleitung von zivilem und militärischem Sicherheitspersonal statt. Um den Seetransport zu sichern, will China die sogenannte »blue-water navy« aufbauen, das sind hochseetaugliche Marine-Einheiten, die vor allem die Seewege im Indischen Ozean und im Chinesischen Meer bewachen sollen. Ein besonderes Augenmerk wird dabei auf die Gefahrenstellen auf dem Weg vom Nahen Osten nach Ostasien gelegt. Neben der Meerenge von Malakka dürften das die Meerenge Bab-el-Mandeb im Roten Meer sowie die Straße von Hormuz im Persischen Golf sein. Schon seit geraumer Zeit ist die Führung in Peking fest entschlossen, »die Marinekapazitäten über das für den Küstenschutz und die Taiwan-Straße Erforderliche hinaus auszubauen«. Als Indizien dafür gelten der »Aufbau einer beträchtlichen U-Boot-Flotte« sowie das »Bemühen um Abkommen zur Nutzung von Hafenanlagen entlang der Tankerrouten im Südchinesischen Meer in Myanmar, Bangladesch und Pakistan«.[361]

Kritische Beobachter, die diese Verkehrsknotenpunkte und Pipelines gedanklich verbinden, sehen historische Analogien: ein Netz von Stützpunkten (string of pearls)[362] oder gar eine Reaktivierung der Seidenstraße,[363] die bereits in vorchristlicher Zeit das Reich der Mitte mit den Handelszentren in Asien, im Mittleren Osten und in Europa mehr oder weniger fest verband. Auch wenn der historische Vergleich schon aufgrund welthistorischer Veränderungen (unter anderem der Entdeckung Amerikas) hinkt, so gilt doch bis heute: Wirtschaftliche und politische Machtzentren versuchen Einfluss auf jene Regionen zu gewinnen, die für ihren

Handel wichtig sind und aus denen sie insbesondere ihre Rohstoffe beziehen. Und dazu gehört eben auch die Sicherung der Transport- und Informationswege. In der Welt des 21. Jahrhunderts wird diese Geopolitik wieder mit härteren Bandagen und neuen Technologien (Satelliten, Cyber-War etc.) betrieben. Die Konkurrenz zwischen den Weltmächten USA und China, deren Wirtschaften und Außenpolitiken von einem enormen Energiehunger befeuert werden, wird sich weiter verschärfen.[364]

Gleich zu Beginn seiner Amtszeit verdeutlichte Staatspräsident Xi Jinping Chinas ehrgeizige außenpolitische Ambitionen und legte seine Pläne offen auf den Tisch. Im September 2013, bei seiner ersten Auslandsreise nach Zentralasien, erläuterte er die Vision einer »neuen Seidenstraße«, den »Seidenstraßenwirtschaftsgürtel«, einen Monat später, bei seinem Besuch in Südostasien, die Idee einer »maritimen Seidenstraße des 21. Jahrhunderts«. Mit dieser als »ein Gürtel, eine Straße« bezeichneten außenpolitischen Initiative soll das Reich der Mitte über den Land- und Seeweg mit den Nachbarn in der Region, mit Westasien, Afrika und Europa verbunden werden (siehe Abb. 5, S. 204–205). Dafür stehen auch Investitionsmittel, ein Fonds in Höhe von 40 Milliarden Dollar, bereit. Mit der multilateralen, gleichwohl von China dominierten Asiatischen Infrastruktur-Investitionsbank (Asian Infrastructure Investment Bank, AIIB), an der sich auch finanzstarke EU-Staaten beteiligen wollen, sollen ebenso Infrastrukturnetzwerke wie Straßen, Bahnlinien, Flughäfen, Häfen und Telekommunikationsverbindungen finanziert werden. China versucht des Weiteren, Russland dafür zu gewinnen, eine Entwicklungsbank der Shanghaier Organisation für Zusammenarbeit (SOZ) auf den Weg zu bringen und mit Indien und Pakistan neue Mitglieder in die SOZ aufzunehmen. Denn schließlich sollen nach den Bauplänen Pekings auch die Wirtschaftskorridore China–Pakistan und Bangladesch–China–Indien–Myanmar in das umfassende Seidenstraßenprojekt eingebunden werden.[365]

Die durch westliche Sanktionen in der Ukraine-Krise forcierte

Annäherung Russlands und Chinas kann also geostrategisch nicht im Interesse der USA sein, zumal die langfristig angelegten Pläne Moskaus und Pekings darauf hindeuten, dass neben Nordkorea auch westlich orientierte Staaten wie Japan und Südkorea durch Energielieferungen wirtschaftlich noch stärker in diese Allianz eingebunden werden sollen.[366] Ohnehin sehen US-Strategen mit Sorge, dass Japan und Südkorea wirtschaftlich bereits mehr mit dem Reich der Mitte verflochten sind als mit den USA.

Um die pazifischen Länder wirtschafts- und handelspolitisch stärker an sich zu binden, versuchen die USA im Rahmen der Trans-Pacific Partnership (TPP) die Liberalisierung und Marktintegration in der transpazifischen Region in ihrem Sinne voranzutreiben. Fraglich bleibt indes, ob US-Präsident Obama in seiner verbleibenden Amtszeit, nach diesem, von beiden Seiten mit protektionistischen Tönen geführten Wahlkampf um seine Nachfolge, noch das nötige innenpolitische Kapital aufbringen kann, um dem ohnehin protektionistisch eingestellten Kongress dieses umfangreiche Freihandelsabkommen abzuringen. Ein weiteres Problem besteht darin, dass auch die umworbenen Handelspartner Interessenkonflikte plagen, vor allem wenn diese Initiative zu stark auf Kosten Chinas gehen sollte. Denn Südkorea, Japan und andere Länder der Region genießen zwar einerseits den militärischen Schutz der USA, vor allem auch gegenüber China, doch teilen sie andererseits mit dem Reich der Mitte wichtige Handels- und Währungsinteressen.

Peking und Tokio, die beiden Hauptfinanciers der exorbitant anschwellenden US-Staatsschulden, nehmen sukzessive ihre Anlagen aus der Dollar-Falle. Um den Dollar zu umgehen, hat China unter anderem schon Vereinbarungen zur gegenseitigen Anerkennung von Währungen mit Japan und Südkorea geschlossen. Neben entsprechenden Abkommen mit zahlreichen asiatischen Ländern hat China auch mit Brasilien, Indien und Russland vereinbart, den Handel untereinander in nationalen Währungen abzuwickeln. Mittlerweile reinvestieren auch die OPEC-Staaten die

Petro-Dollars der USA und der Asiaten nicht mehr im Land der unbegrenzten Möglichkeiten, sondern in China. China arbeitet daran, eine multipolare Ordnung mit mehreren Leitwährungen zu etablieren.

Früher oder später werden die Währungsmärkte die Kräfteverhältnisse im internationalen Handel abbilden – nämlich eine multipolare Ordnung mit drei Kraftzentren: Der Dollar wird auf absehbare Zeit seine Leitfunktion mit dem Euro und dem chinesischen Yuan teilen müssen.[367] Insbesondere wenn sich die wirtschaftliche Lage in China, von der auch die Weltwirtschaft abhängt, verschlechtern oder nach den Boom-Jahren auf ein mäßigeres Wachstum hin einpendeln sollte, werden die USA künftig nicht mehr wie bisher den Gutteil der Währungsreserven Chinas und auch anderer Länder zum Nulltarif erhalten und über ihre Verhältnisse, das heißt kreditfinanziert, wirtschaften können. Das wird neben der Wirtschaft und dem Sozialbereich auch die militärische Rüstung der Weltmacht betreffen.

Die neue »Grand Strategy«

Außenpolitikexperten, die Sicherheitspolitik umfassender begreifen, hoffen, dass ein Verständnis für die Zusammenhänge verschiedener Politikfelder helfen könnte, die sich anbahnende militärische Rivalität zwischen Washington und Peking abzumildern. Doch die aktuelle, im Juni 2015 veröffentlichte Nationale Militärstrategie der USA könnte zu einer selbsterfüllenden Prophezeiung werden. Seit der vorherigen Nationalen Militärstrategie von 2011 habe die »Weltunordnung« merklich zugenommen, während gleichzeitig der militärische Vorteil der USA zu erodieren begonnen habe. »Wichtige staatliche Akteure«, allen voran Russland und China, versuchten grundlegende Pfeiler der von den USA nach dem Zweiten Weltkrieg etablierten Ordnung auszuhöhlen. Sie handelten in einer Weise, die die nationalen Sicherheitsinteressen der USA bedrohten. In der Vergangenheit seien die militärischen Planungen hauptsächlich auf nichtstaatliche terroristische Netzwerke ausgerichtet gewesen. Heute und in absehbarer Zukunft müssten die USA mehr Augenmerk auf die Herausforderungen vonseiten staatlicher Akteure richten. Zwar sei die Wahrscheinlichkeit eines Krieges mit einer Großmacht derzeit noch gering, aber im Wachstum begriffen. Sollte ein solcher Krieg jedoch eintreten, wären die Konsequenzen enorm.[368]

Die Vordenker in Thinktanks mahnen zu einer neuen »Grand Strategy«. Auch sie nehmen China ins Visier. Anstelle des bisherigen Flickwerks einzelner Strategien gegenüber diversen Ländern und in bestimmten Politikfeldern sollten die USA wieder eine globale, themenübergreifende Ausrichtung, also eine umfassende »Grand Strategy«, verfolgen.[369] Damit solle auf jeden Fall verhindert werden, dass ein möglicher Rivale den USA die See- oder Lufthoheit im eurasischen Raum – dem bevölkerungsreichsten und wirtschaftlich interessantesten Gebiet dieser Erde – streitig macht und wirtschaftliche Aktivitäten der USA unterbindet oder ihnen den Zugang zu Ressourcen verwehrt. Obwohl dies selten offen ausgesprochen worden ist, haben die Militäroperationen und diplomatischen Aktivitäten der USA in den vergangenen Dekaden genau dieses zentrale Ziel verfolgt – so lautet die Analyse des Congressional Research Service (CRS), des überparteilichen wissenschaftlichen Dienstes des Kongresses.[370]

Die USA werden dabei ihren Konfrontationskurs gegenüber Russland erneut überdenken müssen. Hatten sich doch die Antagonisten des Kalten Krieges nach der Amtsübernahme Barack Obamas 2009 ohnehin schon auf einen »Neustart« ihrer Beziehungen verständigt. Washington stellte dafür gar seine treuesten Verbündeten bloß, jene Länder des vom damaligen Verteidigungsminister Donald Rumsfeld aufgewerteten »neuen Europa«, die sich zuvor im Zuge der geplanten Stationierung des Raketenabwehrsystems noch fest an der Seite der USA gegenüber Russland exponiert hatten. Dieser »Reset« hat indes noch keine nachhaltige Annäherung zwischen Washington und Moskau bewirkt. In der Ukraine-Krise wurden auf beiden Seiten wieder die alten Denk- und Diskursmuster aus der Zeit des Kalten Krieges bemüht, obwohl das von US-Präsident Obama als »Regionalmacht« herabgestufte Russland nicht mehr als ernsthafte Bedrohung für die USA gilt. Doch die sich am asiatischen Horizont abzeichnende Herausforderung wird Geostrategen in Washington darin bestärken,[371] dass die »Regionalmacht« Russland – ungeachtet ihrer »Demokratiedefizite« – dann wieder als nützlicher Partner helfen könnte, der aufstrebenden »Großmacht« China zu begegnen. Dabei kommt ihnen zugute, dass auch Russland sich durch Chinas wirtschaftliche Expansion in Zentralasien in seiner traditionellen Einflusssphäre und in seinem Selbstverständnis als Regionalmacht herausgefordert fühlt und sich nicht als Chinas Juniorpartner sieht.

Das seinerzeit von Rumsfeld herabgewürdigte »alte Europa«, insbesondere Deutschland, wird mit seiner Schutzmacht USA noch größere Schwierigkeiten bekommen, wenn es weiterhin versuchen sollte, in Kooperation mit China seine wirtschafts-, handels- und währungspolitischen Interessen zu wahren. Zwischenzeitlich hatte China die USA bereits als wichtigster außereuropäischer Handelspartner Deutschlands überholt.[372]

Besonders gefährlich wird es für die USA, wenn die Europäer und Chinesen durch ihre Währungspolitik weiterhin die Dominanz des Dollars schwächen und damit das Wirtschaftsmodell der Weltmacht herausfordern sollten, das auch Grundlage ihrer militärischen Stärke ist. Die davon am meisten betroffenen US-Konzerne werden nicht zögern, den politischen Betrieb in Washington in ihrem Sinne zu beeinflussen und auf eine härtere internationale Gangart einzustimmen. Ginge es um irgendein anderes Land, dann könnte das den Europäern egal sein. Aber es geht um die Weltmacht USA, den wichtigsten sicherheitspolitischen Verbündeten Europas, der weiterhin mit aller Gewalt, harter und weicher Macht, versuchen wird, die Welt nach seinen Interessen zu ordnen. Geostrategische Vordenker wie der Yale-Professor Walter Russell Mead verdeutlichen der politischen Führung ihres Landes, etwa in einer Anhörung vor dem Kongress,[373] dass die Weltordnungsmacht USA künftig noch mehr darauf achten müsse, die weltweiten Finanz-, Währungs-, Handels- und Informationsströme in ihrem Interesse zu kontrollieren. Es ginge weniger darum, weltweit strategisch wichtige Landmassen zu beherrschen, wie es Geopolitiker der alten Schule noch im Sinn haben, sondern um die »Räume dazwischen«.

Europa, allen voran die europäische Führungsmacht Deutschland, sollte sich im eigenen Interesse darauf einstellen. Ausländische Beobachter haben gerade erst angefangen zu begreifen, dass der militärisch-geheimdienstlich abgesicherte finanz-informations-industrielle Komplex in der Amtszeit Barack Obamas noch mächtiger geworden ist und neben der amerikanischen Demokratie auch die freiheitlichen Grundordnungen der Gesellschaften und Volkswirtschaften selbst »befreundeter« Länder, die zu der in Festreden gerne bemühten »westlichen Wertegemeinschaft« zählen, bedroht. Was bedeutet das für Europa, was können und was müssen wir tun?

Ausblick über den Tellerrand – was getan werden muss, damit wir unsere Freiheit nicht verlieren

Europas Regierungs- und Wirtschaftsvertreter sollten nicht überrascht sein, wenn sie im Namen sogenannter nationaler Sicherheitsinteressen der angezählten Weltmacht weiterhin ausspioniert werden. Um den amerikanischen »Heimatschutz« zu gewährleisten, ist ohnehin seit Längerem die nationale Souveränität europäischer Staaten ausgehöhlt worden. Europäische Unternehmen geben sensible Informationen über industrielle Zulieferer- und Produktionsketten der Sicherheit Amerikas preis.[374] Insbesondere haben die Enthüllungen des ehemaligen US-Geheimdienstmitarbeiters Edward Snowden hinsichtlich der Spähangriffe der National Security Agency (NSA) eine Debatte angestoßen, ob der Preis, den wir für die Pax Americana, den Sicherheitsschild unseres »großen Bruders«, zahlen, nicht doch zu hoch ist – zumal die USA die von uns gewünschte Ordnungsfunktion ohnehin nicht mehr (alleine) erfüllen können.

Mit der Wahl Donald Trumps zum 45. US-Präsidenten wurde selbst der bis dato gültige Anspruch des außenpolitischen Establishments infrage gestellt, eine liberale Weltordnung amerikanischer Prägung aufrechtzuerhalten. Ohnehin hatten bereits unter seinen beiden Vorgängern, Barack Obama und George W. Bush, die gravierenden sozioökonomischen Probleme und die wechselseitige Blockade von Präsident und Kongress, radikalisierten Republikanern und Demokraten die Weltmacht daran gehindert, ihre globale Ordnungsfunktion wahrzunehmen. Sie schaffte es nicht mehr, in dem erforderlichen Maße globale öffentliche Güter wie Sicherheit, freien Handel, funktionierende Finanzmärkte und eine stabile Leitwährung bereitzustellen.[375] Damit haben andere Länder weniger Interessen, die Vormachtstellung der USA, des liberalen Hegemons, zu akzeptieren und seiner Führung zu folgen.

Die jüngste Wirtschafts- und Finanzkrise 2007/08, die von der Führungsmacht des Westens ausgelöst wurde, erschütterte den Glauben an die weitgehende Selbstregulierung der Märkte. Der sogenannte Washington Consensus, gemäß dem weltweit andere Länder ermutigt wurden, ihre politischen Systeme und Wirtschaftsordnungen nach amerikanischem Vorbild zu liberalisieren, hat an Glaubwürdigkeit verloren.

Staatlich gelenkte Volkswirtschaften, allen voran der autoritäre Kapitalismus der Volksrepublik China, wurden zwar auch in Mitleidenschaft gezogen, konnten aber die Krise bislang besser meistern als die USA und ihre Wertegemeinde.[376] Autoritäre Großmächte wie China gelten heute nicht nur in Ostasien als »ernst zu nehmende Gegenentwürfe zur liberalen Demokratie«.[377] Der wirtschaftliche Aufstieg Chinas wird schon mit dem Abstieg des Westens assoziiert;[378] der »Beijing Consensus« wird bereits als zukunftsweisend gepriesen.[379]

Es sieht so aus, als ob China auf bestem Wege ist, in die »manichäische Falle« zu geraten. Der Historiker Detlef Junker prägte diesen Begriff, um die missionarischen Antriebskräfte der US-Außenpolitik der vergangenen Jahrhunderte zu beschreiben.[380] Der US-Diplomat und Historiker George Kennan, einer der »weisen Männer« seiner Zeit, warnte 1987 im Vorwort des von Norman Cousin verfassten Buchs *The Pathology of Power*: »Würde die Sowjetunion morgen in den Wassern der Ozeane untergehen, dann müsste der amerikanische militärisch-industrielle Komplex mehr oder weniger bestehen bleiben, bis irgendein anderer Feind erfunden werden könnte. Alles andere wäre ein unakzeptabler Schock für die amerikanische Wirtschaft.«[381] Jemand muss also aktuell wieder an die Stelle der Sowjets oder Bin Ladens treten –

auch um die enormen Aufwendungen für Militär, Heimatschutz und Geheimdienstapparate zu rechtfertigen. Da werden die Guten sich wohl wieder gegen die Bösen, nunmehr die »gelbe Gefahr«, wappnen müssen und die Welt – und ihre Verbündeten – nach dieser manichäischen Sicht neu zu ordnen versuchen.

Gefährliche Rivalitäten

Die Europäer stehen in diesem Fall wie während der Amtszeit George W. Bushs vor der Wahl: »Entweder ihr seid für uns oder gegen uns.« Das wird nicht einfach für Amerikas europäische Verbündete werden. Bei der Aufstellung der wichtigsten Handelspartner Deutschlands hat China die USA bereits hinter sich gelassen. Im Währungsbereich gefährden der Euro und der Yuan immer stärker das (vom damaligen französischen Finanzminister und späteren Staatspräsidenten Valéry Giscard d'Estaing sogenannte) »exorbitante Privileg« des Dollars – und damit die Grundlage der vom Ausland auf Pump finanzierten Wirtschaft und Militärmacht der USA.

Bislang ist der Dollar noch die führende Währung für internationale Handels- und Finanzgeschäfte. Die USA können dadurch ihr »exorbitantes Privileg« genießen, international günstige Kredite aufzunehmen. Die USA können zudem über eine expansive Geldpolitik ihrer Notenbank (»quantitative Lockerung«) einen Gutteil ihrer Schulden loswerden. Ihre wichtigsten ausländischen Gläubiger, China und Japan, sind jedoch schon seit geraumer Zeit in großer Sorge und versuchen, sich schrittweise aus der Dollar-Falle zu lösen. China hat bereits die Grenzen seines Willens und vielleicht auch seiner Fähigkeit gezeigt, der Weltmacht weiterhin seine Devisenreserven zum Nulltarif zur Verfügung zu stellen.

Um zu verhindern, dass China durch seine Währungs- und Handelspolitik mehr Einfluss gewinnt, haben die USA reagiert. Die Transpazifische Partnerschaft (TPP) oder die Transatlantische

Handels- und Investitionspartnerschaft (TTIP) sind nicht nur als Freihandelsabkommen zu bewerten, sondern vielmehr als Geopolitik zu verstehen. Denn davon profitieren nur die beteiligten auf Kosten der ausgeschlossenen Staaten: »Im autoritären Kapitalismus chinesischer [...] Prägung ist der westlichen liberalen Demokratie ein neuer Rivale erwachsen. Die heutige handelspolitische Antwort des Westens auf diese neue Konkurrenz heißt Ausschluss und Diskriminierung. Dies ist nicht nur eine unglückliche Entwicklung, sondern auch ein gefährlicher Rückschritt. Denn so wird ein neuer geostrategischer Großkonflikt handelspolitisch flankiert.«[382] Wenn die USA wirklich globalen Freihandel fördern wollen, dann sollten sie mithelfen, das global verbindliche Regelwerk der Welthandelsorganisation (WTO) weiterzuentwickeln, und damit aufhören, mit bilateralen und mega-regionalen Abkommen diese multilaterale Ordnung zu fragmentieren. Wer nach dem Motto des römischen Imperiums (divide et impera) die Welt in Blöcke teilt, um sie besser beherrschen zu können, betreibt nicht Freihandel, sondern Machtpolitik.

Auch Währungsfragen sind Machtfragen. Wir haben wenig aus der desaströsen Handelspolitik der 1930er-Jahre gelernt, weil heute Einzelne wieder mit nationalen Alleingängen versuchen, sich nach dem Motto »Beggar thy Neighbour« Export-Vorteile auf Kosten anderer zu verschaffen, indem sie ihre Währung abwerten, und damit riskieren, die Weltwirtschaft in den Ruin zu treiben. Zunächst belastet es die Schwellen- und Entwicklungsländer, die ihre Güter und Dienstleistungen aufgrund der Aufwertung ihrer Währungen nur erschwert exportieren können.

Es besteht die große Gefahr eines Abwertungswettlaufs wichtiger Währungen: Ermutigt durch ihre oft handlungsunfähigen Regierungen versuchen die Zentralbanken zahlreicher Länder – allen voran die amerikanische Federal Reserve, die Bank of Japan und die Europäische Zentralbank (EZB) –, mit einer extrem expansiven und lockeren Geldpolitik ihre Wirtschaften wiederzubeleben. Ob das gelingt, bleibt jedoch fraglich.[383] Selbst wenn die Binnenwirtschaft nicht nachhaltig angekurbelt werden kann, sollen – auch wenn es keiner offen zugibt – mit der damit geschwächten eigenen Währung die Exporte gefördert werden.

Japan reagierte als Erster auf das Finanzgebaren der USA. Um zu verhindern, dass durch das Gelddrucken der Fed die eigene Währung aufgewertet und die Marktchancen japanischer Unternehmen sinken, weil deren Exporte teurer werden, verfolgte die Bank of Japan mit ihrer äußerst lockeren Geldpolitik das Ziel eines schwachen Yens. Damit will sie ihrerseits den Export fördern, um ihre Wirtschaft wiederzubeleben. Auf Druck ihrer Regierung hat sich die japanische Zentralbank im Januar 2013 verpflichtet, ab 2014 unbefristet Staatsanleihen und andere Wertpapiere aufzukaufen. Japan wurde dafür auf internationaler Ebene heftig kritisiert. Bundeskanzlerin Angela Merkel gab sich zu Jahresbeginn 2013 auf dem Wirtschaftsgipfel in Davos besorgt, dass Japan mit seiner Geldpolitik einen Abwertungswettlauf der wichtigsten Währungen riskiere.[384] Auch Jörg Asmussen, seinerzeit noch Mitglied im Direktorium der EZB, warnte vor einer Politisierung der Wechselkurse. »Strukturelle Probleme kann auch eine gelockerte Geldpolitik nicht lösen«, erklärte Asmussen gegenüber der Nachrichtenagentur *Reuters*.[385]

Doch die deutschen Politiker übersehen bei ihrer Kritik gerne, dass die Europäische Zentralbank (EZB) – trotz des deutschen Widerstandes – selbst zahlreiche unkonventionelle Maßnahmen ergriffen hat, um die Krise in den Griff zu bekommen und die Märkte zu beruhigen. So hat sie unter anderem versprochen, Staatsanleihen der Euro-Krisenstaaten unbegrenzt aufzukaufen. Doch die wirtschaftliche Lage der Länder im Süden Europas blieb weiterhin ein Unsicherheitsfaktor. Daher senkte die EZB mehrfach den Leitzins, zuletzt im September 2014 auf ein Rekordtief von 0,05 Prozent, um die Wirtschaftstätigkeit im Euroraum wieder anzukurbeln. In der Folge verlor der Euro gegenüber Yen und Dollar deutlich an Wert.

Der Umstand, dass die EZB nunmehr selbst Geld druckt, damit

den Euro verbilligt und so vor allem der Exportnation Deutschland hilft, ihre Produkte in Übersee besser zu verkaufen, macht die deutsche Position angreifbar. Der ehemalige US-Notenbankchef Ben Bernanke kritisierte Deutschland für seine Exportleistungen, die nicht zuletzt dank des zu niedrig bewerteten Euro möglich seien.[386] Ebenso verurteilte das US-Finanzministerium im April 2015 in seinem halbjährlich erscheinenden Währungsbericht die Geldpolitik der Europäer.[387] Die EZB verlasse sich zu sehr auf monetäre Stimuli, um die Wirtschaft wiederzubeleben.

Die Kritik ist bemerkenswert, hatte die US-Notenbank doch selbst (unter Bernankes Leitung) aufgrund der Blockade der Fiskal- und Handelspolitik der USA in noch viel größerem Umfang auf geldpolitische Maßnahmen zurückgegriffen. Unter anderem hatte die Federal Reserve mit drei Runden »quantitativer Lockerung« die Zinsen und die US-Währung nach unten befördert, um die lahmende US-Wirtschaft (durch Exporte) wiederzubeleben.

Auf die Talfahrt des Euro – er verlor binnen eines Jahres gegenüber dem Dollar knapp ein Sechstel seines Wertes – konnte die US-Notenbank ihrerseits nicht mehr mit einer vierten Runde »quantitativer Lockerung« und Verbilligung des US-Dollars reagieren, weil sonst das Vertrauen in den Dollar als sicherer Geldanlagehafen überstrapaziert worden wäre. Da die USA aufhören mussten, weiter Geld zu drucken, und die Europäer gleichzeitig die Geldschleusen öffneten, wirkten zwei Faktoren, die den Dollar wieder merklich verteuerten und die Exportchancen der US-Wirtschaft beeinträchtigen. Zwar ist die US-Wirtschaft wegen ihrer traditionellen Exportschwäche ohnehin überwiegend vom Binnenkonsum abhängig, »aber viele unserer größten und einflussreichsten Firmen sind betroffen«, warnte Larry Fink, Chef von BlackRock, der weltweit größten Schattenbank mit Sitz in New York.[388] Um den Wertzuwachs des Dollars nicht noch zu verstärken, solle die US-Notenbank noch damit warten, den Leitzins wieder etwas zu erhöhen, forderten unter anderem auch die Herausgeber der *New York Times*.[389] In der *Washington Post* übernahm das ökonomische

Schwergewicht Larry Summers höchstpersönlich das Plädoyer und begründete aus der Sicht des Globalökonomen, warum eine drastische Erhöhung der seit 2009 auf 0 bis 0,25 Prozent eingefrorenen Niedrigzinsen und die daraus resultierende Stärkung des Dollars die US-Wirtschaft schwächen würden.[390] Zur Erleichterung der Märkte wurde der Leitzins Mitte Dezember 2015 denn auch nur sehr moderat, um 0,25 Prozentpunkte, angehoben.

Da China seine Währung an den Dollar angebunden hat, ist auch der Yuan gestiegen, zum Nachteil der chinesischen Wirtschaft. Nachdem die Exporte, die bislang das chinesische Wirtschaftswachstum getrieben hatten, im Juli 2015 um mehr als acht Prozent eingebrochen waren, reagierten die Verantwortlichen und werteten Anfang August ihre Währung in mehreren Schritten um insgesamt über vier Prozent ab. Für viele Marktteilnehmer war das überraschend, weil die chinesische Führung schon sehr lange, seit 2005, ihre Währung gegenüber dem Dollar, auch im Interesse der USA, um über 30 Prozent hatte aufwerten lassen.

Es dauerte aber nicht lange, bis in den USA wieder die überzogenen Vorwürfe der Währungsmanipulation lauter wurden. »Seit Jahren manipuliert China die Spielregeln und spielt mit seinem Währungskurs, um die amerikanischen Arbeiter auf dem Trockenen sitzen zu lassen«, wetterte der einflussreiche Senator Charles Schumer,[391] der seit 1999 den Bundesstaat New York im Senat repräsentiert und federführend war, als es darum ging, die Finanzmärkte zu deregulieren. Während der dadurch verursachten Finanzkrise kümmerte sich Senator Schumer weniger um die amerikanischen Arbeiter, sondern machte sich einen Namen in Finanzkreisen, indem er dafür sorgte, dass Banken mit Steuergeldern gerettet und strengere Regeln verhindert wurden. Denn es galt, die Wettbewerbsfähigkeit von US-Finanzinstituten zu gewährleisten. »Wir werden so lange nicht ruhen, bis wir die Regeln und Gesetze geändert und sichergestellt haben, dass New York auch für die künftigen Dekaden die Nummer eins bleibt«, zitiert die New York Times den Senior-Senator.[392] Die im Kongress in

Finanzfragen wortführenden Repräsentanten wie Schumer machen deshalb schon seit Längerem Druck auf die Exekutive, China doch endlich als »Währungsmanipulator« zu brandmarken. Die Senatoren und Abgeordneten ignorieren dabei jedoch, dass die USA selbst, durch das Handeln ihrer Politiker, aber auch durch das Gelddrucken der US-Notenbank, diesen Abwertungswettlauf einläuteten, den sie jetzt zu verlieren glauben.

Insbesondere sind aber jene Länder belastet worden, die diesen Abwertungswettlauf nicht mitmachen (können) – allen voran Volkswirtschaften, in die die massiven Liquiditätsspritzen der westlichen Notenbanken abgeflossen sind. Westliche Banken und institutionelle Anleger nutzten den Geldsegen, indem sie weltweit in andere Währungen anlegten. Indien und Brasilien sind besonders betroffen von diesem gefährlichen Finanzgebaren. »Wenn Elefanten kämpfen, leidet das Gras darunter«, beschwerte sich Raghuram Rajan, der Zentralbankchef Indiens. »Wir befinden uns in einem Zeitalter kompetitiver Abwertungen und Beggar-thy-neighbour-Politiken«, so Rajan im wirtschaftlichen Klartext.[393] Brasiliens Finanzminister Guido Mantega wirft den USA seit Längerem mit noch deutlicheren Worten vor, mit ihrer Geldpolitik einen »Währungskrieg«[394] zu verursachen. Auch wenn dieser Vorwurf des ehemaligen Hochschullehrers etwas zu hoch gegriffen scheint, besteht kein Zweifel, dass die Niedrigzinspolitik der Zentralbanken dazu führt, dass ein hohes Maß an volatilen Kapitalströmen in die Schwellenländer fließt und deren Exportwirtschaft und Finanzstabilität gefährdet. Die Schwellenländer haben darauf zu Recht – auch nach Meinung multilateraler Finanzakteure wie des IWF und des Forums der Gruppe der zwanzig wichtigsten Industrie- und Schwellenländer (G20) – mit Beschränkungen des internationalen Kapitalverkehrs reagiert.

Die durch die Währungspolitik hervorgerufenen Gefahren werden international immer kontroverser diskutiert. Vor allem die G20 wären ein geeignetes Forum, da alle betroffenen Staaten vertreten sind. Die G20-Staaten haben sich zwar verpflichtet, ihre jeweiligen Wirtschaftspolitiken im Hinblick auf »globale Ungleichgewichte« zu untersuchen; dies sollte ursprünglich auch die Währungspolitik einschließen. Aber China hat sich bislang geweigert, die Währungspolitik miteinzubeziehen. Folglich können die durch die Geldpolitik hervorgerufenen Verzerrungen nicht auf Ebene der G20 behandelt werden. Die Gefahr weltweiter währungs-, finanz- und handelspolitischer Verwerfungen bleibt also bestehen.

Das Thema des Dollars als internationale Leitwährung ist auf der Agenda der G20 nicht minder umstritten. Während Frankreichs G20-Präsidentschaft 2011 erklärte der damalige Staatspräsident Nicolas Sarkozy das internationale Währungssystem zum langfristigen Kernthema der Gruppe. Frankreich ging es vor allem darum, Wechselkursschwankungen zu reduzieren und die Sonderziehungsrechte (SZR) des Internationalen Währungsfonds (IWF) zu einer supranationalen Reservewährung auszubauen, um den Dollar als internationale Leitwährung abzulösen. Eine Arbeitsgruppe wurde eingesetzt, um zu prüfen, ob weitere Währungen, unter anderem der chinesische Yuan, in den SZR-Währungskorb aufgenommen werden können. Trotz der Bedenken, da die chinesische Währung noch nicht frei konvertibel ist, wurde im Herbst 2015 der Yuan aufgenommen.

Es ist zu begrüßen, dass dieser Anlauf, das internationale Währungssystem zu reformieren, nicht wieder am Veto Washingtons scheiterte. Moskau und Peking sind bereits 2009 nach dem Ausbruch der von den USA verursachten Finanz- und Wirtschaftskrise am Widerstand Washingtons (und Berlins) gescheitert, die Sonderziehungsrechte des IWF als supranationale Reservewährung aufzubauen, um den Dollar mittelfristig als Leitwährung abzulösen.

Da die USA einen multilateralen Weg über Sonderziehungsrechte des IWF bis dato blockierten, um ihr Dollar-Privileg aufrechtzuerhalten, mussten die Leidtragenden neue Wege suchen, um sich schrittweise aus ihrer Abhängigkeit zu lösen. Allen voran hat China seine Währung weiter regionalisiert und behutsam internationalisiert. Mittels Handels- und Investitionsgeschäften sowie Währungsswaps[395] mit den Nachbarländern versucht Peking bereits, den Yuan als Kernwährung in der Region zu etablieren. Um den Dollar zu umgehen, hat es schon mit mehreren Ländern, darunter Japan und Südkorea, Vereinbarungen zur gegenseitigen Anerkennung von Währungen geschlossen. Um die Abhängigkeit vom Internationalen Währungsfonds und vom Dollar zu verringern, etablierten die BRICS-Staaten (Brasilien, Russland, Indien, China, Südafrika) im Juli 2014 das Contingent Reserve Arrangement (CRA), ein Swap-Finanzierungsarrangement in Höhe von umgerechnet 100 Milliarden Dollar.[396] China arbeitet daran, eine multipolare Ordnung mit mehreren Leitwährungen zu etablieren.

Früher oder später werden die Währungsmärkte die Kräfteverhältnisse im internationalen Handel abbilden – nämlich eine multipolare Ordnung mit drei Kraftzentren: Der Dollar wird in absehbarer Zeit seine Leitfunktion mit dem Euro und dem Yuan teilen müssen. Und das ist gut so. Denn nur so können die gefährlichen makroökonomischen Ungleichgewichte – insbesondere zwischen den USA und China – abgebaut werden. Damit werden die USA aber künftig nicht mehr wie bisher den Gutteil der Währungsreserven anderer Länder zum Nulltarif erhalten und kreditfinanziert wirtschaften können. Das gefährdet das *business as usual* in den USA – auch im politischen Betrieb.

Selbsterkenntnis
zur Besserung der USA?

Während Medien und Analysten mit ihren Abgesängen auf den Euro in Europa Untergangsstimmung verbreiteten, ist die soziale und ökonomische Schieflage Amerikas in den Hintergrund gerückt. Dort haben entgegen den in den Medien verbreiteten Erfolgsgeschichten (Stichworte: »Energieunabhängigkeit«, »Reindustrialisierung« oder »Internet der Dinge«) die strukturellen Probleme der Wirtschaft zugenommen, während die soziale Ungleichheit gewachsen ist. Donald Trump konnte aus diesen Problemen politisches Kapital schlagen. Er wird als Präsident aber nicht die überzogenen Erwartungen erfüllen können, die er mit seinen Wahlversprechen weckte. Es ist zu befürchten, dass die von Trumps Wahlkampf weiter angeheizte Wut die gesellschaftliche Spaltung noch mehr vertieft und die politischen Fronten – auch innerhalb des Sammelsuriums republikanischer Parteigänger – verhärtet hat. Je weiter sich der Tanker USA aber zur Seite neigt, desto mehr wird die politische Manövrierfähigkeit der Regierung eingeschränkt. Die sozialen und wirtschaftlichen Probleme verstärken die von den Gründervätern angelegte Konkurrenz der politischen Gewalten so sehr, dass sie sich allmählich blockieren und die politische Handlungsfähigkeit lähmen.

Während es selbst in guten Zeiten, als der zu verteilende Kuchen dank vieler Zutaten aus dem Ausland noch groß war, schon heftige politische Auseinandersetzungen gab, ist das Regieren beinahe unmöglich geworden, seit in Washington Schmalhans Küchenmeister ist und überall gekürzt werden muss. Seitdem das Wachstum der USA – aufgrund der zunehmenden internationalen Konkurrenz, aber auch wegen hausgemachter Probleme – nicht mehr ausreicht, um die meisten zufriedenzustellen, sind die politischen Institutionen in Gefahr.

Laut Bill Galston, dem Architekten der beiden Wahlsiege Bill Clintons und Vordenker der Demokraten, ist in der westlichen Welt der seit dem Ende des Zweiten Weltkrieges gültige, auf wirtschaftlichem Wohlstand basierende »liberal-demokratische Gesellschaftsvertrag« infrage gestellt, das Vertrauen in die Regierung ist verloren gegangen.[397] Doch das Problem ist noch größer: In den USA ist eine der wesentlichen Grundlagen der Demokratie, nämlich das Versprechen politischer Gleichheit, erodiert, wenn zudem eine kleine Oberschicht – das häufig zitierte eine Prozent, oder bei genauerem Hinsehen sogar nur 0,1 Prozent – die politischen

Spielregeln zugunsten der eigenen wirtschaftlichen Interessen bestimmt.[398] Die Marktmacht und politische Macht einiger Weniger ist dafür verantwortlich, dass der »liberal-demokratische Gesellschaftsvertrag« in den USA oder die »soziale Marktwirtschaft« europäischer Prägung in Gefahr sind.

Die Menschen reagieren einerseits mit Abstinenz, indem sie sich vom wirtschaftlichen und politischen Geschehen zurückziehen (etwa die afroamerikanische Bevölkerung, die sich trotz aller Bemühungen weniger für Hillary Clinton begeistern ließ), oder andererseits mit Aufbegehren. So ist die libertäre, ja staatsfeindliche Tea-Party-Bewegung als Protestreaktion auf die Politik der Bush-Regierung entstanden, die mit einem 800 Milliarden Dollar schweren Bankenrettungsprogramm der Wall Street zu Hilfe kam, während sie die Main Street, die einfachen Leute, vernachlässigte.

Der Unmut der Menschen wurde von Politunternehmern wie *Breitbart*-Chef Stephen Bannon, der als Chefstratege seines Wahlkampfes Trump künftig auch als Präsidenten im Weißen Haus beraten wird, jedoch gegen den Staat gerichtet, der angeblich wieder einmal versagt hat, indem er zu viel reguliert habe. Die Anhänger der Tea Party wollen weiter deregulieren und den ohnehin schmächtigen Sozialstaat bis auf Weiteres blockieren, solange sie ihn nicht ganz abschaffen können. Wer sich die Milliardenbeträge vergegenwärtigt, die allein die Sponsoren der sogenannten Tea-Party-Bewegung investiert haben, könnte den Glauben an die amerikanische Demokratie verlieren. »Wir haben die beste Demokratie, die man sich für Geld kaufen kann.« Mit dieser selbstironischen Beschreibung erwidern Amerikaner zuweilen kritische Fragen von Besuchern aus der Alten Welt, die den Politikbetrieb in Washington hinterfragen. Alexis de Tocqueville, der berühmte Bildungsreisende des 19. Jahrhunderts und Berichterstatter *Über die Demokratie in Amerika*[399], würde sein Erstaunen über die brandneue Welt zu Beginn des 21. Jahrhunderts wohl auch mit den Worten »Plutokratie in Amerika« zu fassen versuchen. Mittlerweile scheuen sich selbst wirtschaftsliberale Leitmedien wie der *Econo-*

mist nicht mehr, die USA als Plutokratie (Reichtumsherrschaft) zu bezeichnen.[400] In der *Financial Times* geht der ungezügelte angelsächsische Kapitalismus sogar schon Hedgefonds-Managern zu weit.[401] Mit seinem lesenswerten, mittlerweile auch ins Deutsche übersetzten Bestseller *Die Abwicklung* verdeutlicht George Packer, dass sich der Optimismus der USA überlebt hat. Anhand von Einzelschicksalen von Geschäftemachern, Politikern und Bürgern berichtet der preisgekrönte US-Journalist, wie der amerikanische Staat gegenüber dem »organisierten Geld« und der Macht der Großkonzerne klein beigegeben hat. Sein beeindruckendes Werk ist ein sachkundiges, exzellent geschriebenes Plädoyer für einen aktiveren Staat, der die strukturelle Macht der Banken und Großkonzerne beschneiden soll.[402]

Das Vertrauen in die Wirtschaft, ja in die kapitalistische Grundordnung, ist erodiert. Anders als in China, Indien und anderen aufstrebenden Schwellenländern sind im Mutterland der freien Marktwirtschaft die einstigen Hoffnungsträger in Misskredit geraten. Während nach einer internationalen Umfrage acht von zehn Chinesen mit Wirtschaftsunternehmen »Hoffnung« assoziieren, glauben nur noch vier von zehn US-Bürgern an die unsichtbare Hand des Marktes; ebenso viele haben bereits »Angst« vor dem Wirken der einstigen Heilsbringer. Die Mehrheit der Amerikaner ist mittlerweile davon überzeugt, dass starke und einflussreiche Unternehmen schlecht für das Land sind, selbst wenn sie Innovationen und Wachstum fördern. Für die meisten US-Bürger sind die Firmenchefs zwar die »mächtigsten Menschen in der Gesellschaft«, aber nur für wenige (neun Prozent) zählen sie zu den »am meisten respektierten Mitgliedern der Gesellschaft«.[403]

Es führt kein Weg daran vorbei, dass die USA einen weiteren Versuch unternehmen, ihr Wahlfinanzierungssystem zu reformieren, wenn sie nicht die demokratische Gleichheit preisgeben wollen. Da eine Verfassungsänderung sehr hohe Hürden nehmen müsste, bleibt auf absehbare Zeit nur ein gangbarer Weg: Obergrenzen für Kandidaten sind in den USA nur dann mit dem in der

Verfassung garantierten Recht auf Meinungsfreiheit vereinbar, wenn sie aufgrund von Anreizen wie staatlichen Matching Funds freiwillig akzeptiert, sprich erkauft werden. Matching Funds, die die Kandidaten bei Präsidentschaftswahlen auf Obergrenzen verpflichten, wenn sie staatliche Wahlkampffinanzierung annehmen, sollten auch auf Kongresswahlen ausgeweitet werden. Um die Bürger stärker bei der Finanzierung der Wahlkämpfe zu beteiligen, könnten – ähnlich der deutschen Spendenpraxis – Kleinspenden mit Steuermitteln verdoppelt werden. Politiker hätten dann einen stärkeren Anreiz, sich um Kleinspenden zu bemühen. Zwar haben bei Präsidentschaftswahlen in der Vergangenheit viele Kandidaten darauf verzichtet, um ihre Handlungsfreiheit zu wahren und mögliche Finanzvorteile auszuspielen. Doch wenn zudem private Fernsehsender – die das Meiste dieser Gelder verschlingen – angehalten würden, innerhalb bestimmter Hauptwahlkampfzeiten die Werbung der Kandidaten umsonst auszustrahlen, entfiele ein wichtiger Grund für US-Politiker, ihre Regierungsgeschäfte zu vernachlässigen und ihre kostbare Zeit damit zu verbringen, für Normalbürger unvorstellbare Geldsummen einzuwerben. Es sollte möglich sein, die Verbindungen vermeintlich unabhängiger Organisationen zu den von ihnen unterstützten Kandidaten offenzulegen, um zu verhindern, dass diese unbegrenzten Einfluss auf Wahlkämpfe und den politischen Prozess nehmen können. Diese Vorschläge sind nicht neu: Amerikanische Politikwissenschaftler wie der an der Brookings Institution arbeitende Politikwissenschaftler Thomas Mann, die sich der Reform der US-Wahlkampffinanzierung verschrieben haben und sich dabei auch von europäischen Modellen leiten lassen, sollten beim Bohren dieser dicken Bretter nicht müde werden.

William Galston und E. J. Dionne jr. empfehlen eine noch grundlegendere Änderung – nämlich des Wahlsystems:[404] Wenn Amerikaner, ähnlich wie Australier, verpflichtet würden, wählen zu gehen, dann könnte die Legitimation amerikanischer Regierungsinstitutionen wieder gestärkt werden. Damit wären auch jene an Wahlen beteiligt, die sich von der Politik abgewendet haben, insbesondere Menschen mit niedrigem Einkommen und schlechter Bildung, darunter auch Latinos. Eine heterogenere Wählerschaft könnte der durch homogene Wahlkreise bedingten Polarisierung entgegenwirken, die das politische System lähmt. Dass dieser Vorschlag bei Wahlen zunächst den Demokraten helfen würde, wissen die beiden, der demokratischen Partei nahestehenden Vordenker und schätzen deshalb auch realistisch ein, dass ihre Idee nicht von heute auf morgen umgesetzt werden dürfte.

Eine neue grundlegende Reformbewegung wäre nötig. Sie sollte die Fehler der alten vermeiden und die seinerzeit unbeabsichtigten Konsequenzen mitbedenken. Als die progressiven Reformer der Wende vom 19. zum 20. Jahrhundert die Dominanz der Parteien bei der Kandidatenaufstellung brachen, um so die Politik von Korruption zu säubern, kam das Land vom Regen in die Traufe. Sie öffneten Interessengruppen Tür und Tor für ihre Einflussnahme. Nachdem das Oberste Gericht die Geldschleusen umso weiter geöffnet hat, prasselt der Geldregen der Konzerne nunmehr ungebremst auf einzelne Abgeordnete und Senatoren ein. Parteien wieder etwas zu stärken, damit sie von Interessengruppen nicht weiter an den Rand des politischen Wettbewerbs gedrängt werden, und somit einzelne Abgeordnete und Senatoren vom Einfluss der Partikularinteressen etwas abzuschirmen ist das Gebot der Stunde.[405]

Das Problem unausgewogener Einflussnahme auf die Politik wird sich jedoch nie vollständig lösen lassen. Wenn Interessenvertreter ihre Sonderinteressen einbringen, ergibt der politische Entscheidungsprozess häufig ein suboptimales »Gemeinwohl«. Aber das ist der Preis einer pluralistischen Demokratie, in der das Gemeinwohl, das sogenannte nationale Interesse, das jeweilige Ergebnis eines ständigen Aushandlungsprozesses ist – in dem manche Interessen und Ideen stärker als andere vertreten werden oder vertretbar sind.

Einwirkungsmöglichkeiten
auf US-Entscheidungsträger

An diesem offenen Prozess könnten sich auch europäische Regierungen in ihrem eigenen Interesse stärker als bisher beteiligen. Um glaubwürdig zu sein, sollten sie amerikanischen Entscheidungsträgern zu verstehen geben, dass sie die (noch) bestehende, von den USA geführte liberale Weltordnung aufrechterhalten wollen. Europas Regierungen sollten sich davor hüten, wie in der Vergangenheit im Sinne einer »multipolaren Weltordnung« eine Gegenmacht zu den USA bilden zu wollen. Wer sich die Unterschiede der Machtpotenziale beider Kontinente vergegenwärtigt, muss eine vernünftigere Strategie wählen.

Europas Politiker und Thinktanks sollten die Vertreter der Führungsmacht vielmehr selbstkritischer auf eigene, europäische Defizite, aber auch auf die Unzulänglichkeiten in den USA hinweisen, die weltweit an deren Liberalität und damit an der Glaubwürdigkeit des Westens insgesamt zweifeln lassen. Guantánamo, das Symbol westlicher Doppelstandards, sollte beseitigt werden, auch indem die Europäer, die die USA gerne deswegen kritisiert haben, selbst Häftlinge übernehmen und bei einer Unschuldsvermutung gegebenenfalls resozialisieren. Es gibt gute Gründe, warum Europa Gefangene aufnehmen sollte, um US-Präsident Obama, der weiterhin vom Kongress darin blockiert wird, das Gefangenenlager auf Kuba in seiner noch verbleibenden Amtszeit aufzulösen, aus seinem »Gefangenendilemma« zu helfen: Wir könnten damit unser Bekenntnis zu einer an Menschenrechten orientierten Außenpolitik unter Beweis stellen, den Menschenrechtsaktivisten in den USA den Rücken stärken und damit der transatlantischen Wertegemeinschaft Substanz verleihen.[406]

Wenn der Westen und seine Führungsmacht ihre hehren Werte selbst nicht vorleben, dann bleiben auch Ideen wie eine »Allianz der Demokratien« leere Worthülsen. Zwar gibt es weiterhin Versuche amerikanischer Thinktank-Mitarbeiter und damit künftiger US-Politiker, dieses Mal die G7 (die G8 ohne Russland) zu einer Gruppe von zehn Demokratien, einer »D10« umzubauen. Unter den zehn »Guten« befinden sich die USA, Großbritannien, Frankreich, Deutschland, Italien, Kanada, Japan, Australien und Südkorea sowie die Europäische Union. Diese Gruppe könnte mit insgesamt 60 Prozent der Weltwirtschaftsleistung und drei Viertel der weltweiten Militärausgaben in der globalen Auseinandersetzung die gemeinsamen Interessen und Werte durchsetzen und eine liberale Weltordnung aufrechterhalten, so die Vordenker dieser Idee. Damit die vertrauensvolle Zusammenarbeit der Alliierten durch »aufsteigende Mächte« nicht gestört wird, solle sich die Gruppe zwar auf höchster Ebene (der Außenminister), jedoch leise, hinter den Kulissen der Weltbühne strategisch koordinieren.[407]

Solche und ähnliche Initiativen sollten von europäischer Seite äußerst skeptisch betrachtet werden, weil es einmal mehr darum geht, im Sinne eines Konkurrenz-Multilateralismus ein Gegeninstrument zu den »undemokratischen«, von Russland und China im Sicherheitsrat blockierbaren Vereinten Nationen aufzubauen, das von den USA bei Bedarf zur Lastenabwälzung genutzt werden kann. Schon seit geraumer Zeit gibt es überparteiliche und auch verschiedene Denkschulen übergreifende Baupläne in Washington, etwa die NATO zu globalisieren: Die transatlantische Allianz könnte mit »strategischen Partnern« im pazifischen Raum verknüpft werden, indem die NATO über ein »globales Netzwerk« wesensverwandte Länder – allen voran Japan, Südkorea, Indien, Australien und Neuseeland – institutionell vorerst unterhalb der Schwelle zur Mitgliedschaft – einbindet.[408]

Europas Regierungen und Elitennetzwerke wie die Atlantik-Brücke wären gut beraten, beim Gespräch »unter Freunden« beim Thema Demokratie auch deren liberale Qualitäten hervorzuheben. Dass jene in den USA, die seinerzeit Folter angewendet oder diese angeordnet haben, bislang straffrei geblieben sind, ist ohnehin befremdlich. Juristen wie der mittlerweile an der Universität Kaliforniens in Berkeley lehrende John Yoo, die auf höchster Staatsebene Folter juristisch rechtfertigten, sollten nicht mehr Teil amerikanischer Delegationen sein, die europäischen Regierungsvertretern den Sinn einer »Allianz der Demokratien« zu erklären versuchen. Auch die Erkenntnis, dass man mit Folter die Freiheit und moralische Autorität der westlichen Führungsmacht preisgibt, ohne die Sicherheit der USA zu erhöhen, sollte offen ausgesprochen, nicht verheimlicht oder unter den transatlantischen Werteteppich gekehrt werden. Denn es ist alarmierend, dass die legislativen Untersuchungsausschüsse in Washington, die diese Selbsterkenntnisse der Sicherheitsdienste ans Tageslicht der Öffentlichkeit bringen wollten, zunächst von der CIA dabei behindert und sogar bedroht wurden. Entweder der Präsident wusste nichts davon, was an seiner Kompetenz zweifeln ließe. Oder diese Vorgänge sind von ihm gebilligt worden. In jedem Fall wäre die Machtfülle der Exekutive zu groß und somit die Machtbalance, die Checks and Balances der politischen Gewalten, in Gefahr.

Die inneren Qualitätseinbußen der einstigen liberalen Vorbilddemokratie werden auch in ihrer Außenpolitik sichtbar. Die vermeintliche Realpolitik der USA ist der Haupttreiber eines neuen globalen Rüstungswettlaufs, der im Mittleren Osten und immer mehr in Asien und im pazifischen Raum ausgetragen wird. Die USA beruhigen ihre Alliierten, etwa arabische Staaten, die durch den Nuklear-Deal Washingtons mit Teheran verunsichert sind, mit noch mehr Militärhilfe und weiteren Waffenlieferungen. Ebenso werden die Freunde der USA in Asien und im Pazifik mit neuen Sicherheitsvereinbarungen und Waffenlieferungen gegen den möglichen Aggressor China aufgerüstet. Chinas wirtschaftlicher Aufstieg und das damit einhergehende militärische Wachstum bestätigen wiederum die Geostrategen in den USA, dass das Reich der Mitte Böses im Schilde führt und die »Transformation« und Modernisierung der amerikanischen Streitkräfte forciert werden muss. Denn nur durch die Überlegenheit der USA, nicht zuletzt durch neue zunehmend entmenschlichte, weil autonome Waffensysteme, könne der Rivale abgeschreckt werden.

Die menschliche Einsicht, dass Sicherheit nur miteinander und nicht gegeneinander erreicht werden kann, wird durch die Betreiber der neuen waffentechnologischen Entwicklung und geopolitischen Konkurrenz Chinas und der USA ignoriert, zumal damit im Reich der Mitte die Militäreliten auch im Inneren mehr Macht gegenüber den an Ausgleich interessierten Wirtschaftseliten bekommen und auch in den USA der nicht minder mächtige militärisch-industrielle Komplex sehr gut von der Konfrontation lebt. Doch ohne Abrüstungsbemühungen der USA, deren militärische Macht ohnehin ihresgleichen sucht, bleibt ein multilaterales, von der Staatengemeinschaft getragenes Rüstungskontrollregime eine Illusion. Es ist heute wichtiger denn je, auch »unter Freunden« wieder eine Abrüstungsdebatte zu führen.

Auch beim gemeinsamen Kampf gegen den Terror sollte die vermeintlich realpolitische Außenpolitik der USA hinterfragt werden. Wir müssen deutlich machen, dass militärische Mittel im Umgang mit schwachen oder zerfallenden Staaten keine Sicherheit bringen. Westliche Regierungen sollten sich davor hüten, im Kampf gegen den Terror, etwa gegen Al Qaida oder den Islamischen Staat, sich mit Autokratien zu arrangieren. Der Zweck darf nicht wieder die Mittel heiligen – etwa die Lieferung von Rüstungsgütern an Staaten, die diese Waffen gegen die eigene Bevölkerung einsetzen könnten.[409]

Statt uns mit Waffenlieferungen vor unserer »Schutzverantwortung«, der Responsibility to Protect,[410] zu drücken, sollten wir mehr mit langfristiger Entwicklungshilfe arbeiten. Wer heute vorausschauend hilft, etwa prekäre Staaten zu stabilisieren und zu entwickeln, braucht morgen keine militärischen Mittel, um Konflikte und Kriege in zerfallenden Staaten einzudämmen oder Gefahren abzuwehren, die von gescheiterten Staaten ausgehen.[411] Wenn Europas Regierungen von den USA unter Donald Trump künftig noch heftiger bedrängt werden sollten, ihre Verteidigungshaushalte zu erhöhen, um Lasten vermeintlich gerecht zu schultern (Stichwort: »burden sharing«), könnten die Europäer, insbesondere auch die Deutschen, selbstbewusster darauf hinweisen, dass sie durch ihre (vergleichsweise höhere) Entwicklungshilfe nicht weniger zur kollektiven Sicherheit beitragen, als etwa die USA es in der Vergangenheit durch wenig umsichtige Militärpolitik und Waffenlieferungen getan haben.

Heute scheint in Washington – auch schon unter Obamas Führung – wieder jedes Mittel und jeder Partner recht zu sein, um strategische Gefahren einzudämmen. Bei der Wahl der Bündnispartner spielt weniger die demokratische Qualität der Regierungsführung als vielmehr der unmittelbare geopolitische Nutzen eine Rolle. Auf lange Sicht dürfte sich dieses als »Strategie« verkaufte Durchwursteln einmal mehr als problematisch erweisen. Denn Autokratien sind nur vermeintlich stabil. Im Namen von Stabilität und Sicherheit politische und gesellschaftliche Unterdrückung zu tolerieren und dies als »Realpolitik« zu bezeichnen ist kurzsichtig: Eine solche Politik provoziert, wie im Nahen und Mittleren Osten immer deutlicher wird, radikale Bewegungen, die Staatszerfall und regionale Instabilität forcieren – und damit unsere Sicherheit bedrohen. Anstatt zum Beispiel der Militärdiktatur in Ägypten jährlich über 1,5 Milliarden Dollar überwiegend in Form von Militärhilfe zu zahlen, sollten auch die USA dazu angeregt werden, stärker in die Zivilgesellschaft in Ägypten zu investieren. Denn das Regime könnte trotz westlicher »Stabilisierungsmaßnahmen« früher als gedacht zusammenbrechen. Die Brutalität, mit der Präsident Abdel Fattah al-Sisi gegen Dissidenten vorgeht, mag zwar kurzfristig seine Herrschaft stabilisieren, könnte sie auf längere Sicht aber zu Fall bringen. Denn statistische Analysen von Regimeforschern haben ergeben,[412] dass im Gegensatz zur weichen Repression (etwa der Beschneidung politischer Teilhabe) harte Repression autokratische Regime eher destabilisiert als stabilisiert. Wenn persönliche Integritätsrechte verletzt werden, sprich gefoltert oder gemordet wird, ist das häufig sogar ein Anzeichen dafür, dass die Regimestabilität massiv gefährdet ist. Aus der Regimeforschung wissen wir ohnehin, dass im Vergleich zu anderen autokratischen Regierungsformen Militärregime kurzlebiger sind. Während in einem Ein-Parteien-Regime wie jenem Chinas bewährte Nachfolgeregelungen gelten, ist die Machtübergabe in einer Militärdiktatur immer ein heikler Moment, der häufig zum Zusammenbruch führt.[413]

Liberale demokratische Staaten hingegen sind wandlungsfähiger und dadurch eher in der Lage, globale Herausforderungen wie Terrorismus, Ressourcenknappheit und wirtschaftliche Probleme zu bewältigen. Dieses Selbstbewusstsein sollte der Westen offensiv vertreten, politische Forderungen aber an konsensfähigen Ordnungsvorstellungen statt an moralischer Kritik festmachen, die als überheblich wahrgenommen und abgeschmettert wird. Machthaber autokratischer Regime verstehen hingegen, dass gewinnorientierte Unternehmen nur an vertieften Handelsbeziehungen interessiert sind, wenn ihre Investitionen geschützt sind und Rechtssicherheit, also ein gewisses Maß an »Good Governance«, gewährleistet wird.

Gleichwohl wäre es ein Denkfehler, demokratische Handlungslogik grundsätzlich auf Autokratien zu übertragen. Im »System Putin« etwa tritt wirtschaftliche Vernunft hinter dem Machtanspruch zurück. So können die Sanktionen westlicher Regierungen kontraproduktiv wirken. Dem russischen Machthaber dienen sie als Sündenbock für eigene wirtschaftspolitische Unzulänglichkeiten und helfen ihm, seine Herrschaft durch antiwestlichen Nationalismus neu zu legitimieren. Europäische Politiker sollten weiterhin versuchen, die wirtschaftliche Konfrontation zwischen Russland und der EU zu entschärfen, indem sie Moskau die Perspektive eines gemeinsamen Wirtschaftsraums eröffnen.[414] Russland läuft ohnehin Gefahr, die Loyalitäten postsowjetischer Länder nicht mehr lange erkaufen zu können. Mit strategischer Geduld und Vertrauen in ihre Soft Power, die Anziehungskraft ihres gesellschaftlichen und ökonomischen Modells, sollte die EU noch mehr in vertrauensbildende Maßnahmen und den Dialog mit Reformkräften in der russischen Gesellschaft investieren. Die Tatsachen, dass vermögende Russen ihr Geld im Westen sichern und einen europäischen Lebensstil pflegen, widersprechen der Propaganda des Kremls, der eine russische Leitkultur schaffen will – gegen die »Dekadenz« des Westens.

Auch wir sollten uns davor hüten, mit alten Denkschablonen und Feindbildern die Welt von heute verstehen zu wollen. Begriffe und Landkarten des »Kalten Krieges« führen in die Irre. Sie werden den seit dem Ende der Ost-West-Bipolarität viel komplizierteren Sachverhalten nicht mehr gerecht. In der Zeit des Kalten Krieges wussten die meisten Westdeutschen, wo sie sicherheitspolitisch und wirtschaftlich hingehören: nämlich in die westliche Allianz. Die USA und die NATO garantierten Deutschlands Sicherheit; die beiden Wirtschaftsblöcke waren mehr oder weniger voneinander abgeschottet. Heute beansprucht das wiedervereinigte Deutschland zwar die US-Sicherheitsarchitektur, hat aber auch massive Wirtschaftsinteressen mit China, das die Sicherheit der USA, zumindest in der Wahrnehmung amerikanischer Eliten, zunehmend herausfordert.

Dass Amerika seine internationale Führungsrolle einbüßen könnte, wurde bereits auf dem G20-Gipfel in Südkorea im November 2010 offensichtlich. Die USA scheiterten mit ihrem Vorstoß, exportlastige Volkswirtschaften wie China und Deutschland unter Druck zu setzen und Begrenzungen der Leistungsbilanzüberschüsse (auf vier Prozent des Bruttoinlandsproduktes) festzulegen. Vielmehr wurde deutlich, dass die Staatengemeinschaft Amerikas Geldpolitik der sogenannten quantitativen Lockerung scharf kritisierte. Durch geschickte Diplomatie, insbesondere durch den Schulterschluss mit Peking, konnte Bundeskanzlerin Angela Merkel ausnutzen, dass die Welt der Lehrmeisterrolle der USA überdrüssig war, und daran erinnern, dass es das Finanzgebaren der USA war, das die globale Wirtschafts- und Finanzkrise ausgelöst hatte.

Das transatlantische Verhältnis wird zusätzlich belastet durch grundlegend unterschiedliche finanzwirtschaftliche Interpretation der Wirtschafts- und Finanzkrise, gab Rainer Stinner zu bedenken: »Während in den USA die Krise als Liquiditätskrise gesehen wird, in der möglichst viel frisches Geld auf den Markt geworfen wird, sieht Deutschland primär eine Staatsschuldenkrise, die vorwiegend durch strukturelle Reformen gemeistert werden kann. Damit erscheinen jeder Seite die Hilfsmaßnahmen der anderen Seite nicht nur als wenig hilfreich, sondern als ausdrücklich kontraproduktiv.« Zu welchen »Verwerfungen« dies führen werde, sei »in seinem ganzen Ausmaß noch überhaupt nicht abzusehen«, warnte bereits 2012 der damalige außenpolitische Sprecher der FDP-Bundestagsfraktion.[415]

Die Wirtschafts- und Finanzkrise hat die ökonomische und ideologische Vorherrschaft und Handlungsfähigkeit des Westens unterminiert und das Selbstbewusstsein Chinas gestärkt. Die westliche Führungsmacht USA und die von der Staatsschuldenkrise gebeutelten europäischen Staaten sind immer noch mit sich selbst beschäftigt. Aus gutem Grund: Wenn es Europa und den USA nicht gelingt, Vertrauen in ihre Finanzmärkte wiederherzustellen, fehlt es auch an harten und weichen Machtressourcen, um die neu entstehende internationale Finanzarchitektur nach eigenen Interessen prägen zu können.

Im Internationalen Währungsfonds (IWF) sollen nunmehr die Stimmquoten zugunsten bislang unterrepräsentierter Schwellenländer neu verteilt werden – ein Beispiel dieser Machtverschiebung. Dass der amerikanische Kongress sich fünf Jahre gegen seinen Präsidenten stellte und die internationalen Vereinbarungen blockierte, mochte innenpolitisch als Stärke gelten. Es wurde jedoch im Ausland als Schwäche gesehen: Chinas Vorgehen, eine Alternative zu den von den USA kontrollierten Bretton-Woods-Institutionen zu schaffen, namentlich die Asiatische Infrastruktur-Investitionsbank (AIIB) ins Leben zu rufen, wurde – trotz massiven Widerstands und Drucks der USA – im März 2015 auch von

Deutschland, Frankreich und Großbritannien als Gründungsmitglieder unterstützt.

Deutschland sollte eine diplomatische Brückenfunktion anbieten, um gefährliche Rivalitäten zwischen vermeintlich starken Staaten verhindern zu helfen. Es ist noch nicht zu spät, China als »responsible stakeholder« in bestehende Institutionen zu integrieren. Deutschland und die übrigen EU-Staaten waren gut beraten, Druck auf die USA auszuüben, die IWF-Reform durch den Kongress zu bringen. Mit der Aufnahme des Yuan in den Währungskorb für die multilaterale Abrechnungseinheit der Sonderziehungsrechte (SZR) haben westliche Staaten bereits anerkannt, dass Peking seine Währung zunehmend internationalisiert und damit seine Wirtschaft öffnet. Schließlich hat eine stärkere chinesische Währung auch Vorteile. Die USA müssen Peking nicht mehr wie bisher der »Währungsmanipulation« bezichtigen und können ebenso wie die Europäer darauf hoffen, dass China sein exportlastiges Wirtschaftsmodell stärker auf Binnenkonsum und Importe umstellt.

Selbst wenn 1914 ein hohes Maß an wirtschaftlicher Verflechtung die Welt nicht vor dem Ausbruch des Ersten Weltkrieges bewahren konnte, sind »Handelsstaaten«, denen wirtschaftliche Entwicklung wichtiger ist als militärisches Prestige, in der Regel friedfertiger als »Kriegerstaaten«, deren Gesellschaften und politische Kultur militarisiert sind.[416] Denn im Falle militärischer Konfrontationen steht für sie zu viel auf dem Spiel. Es sei denn, die Wirtschaft und Politik eines Staates hängen, wie dies auch in den USA immer ausgeprägter wird, von der Rüstungsindustrie und gewinnbringenden Sicherheitsbündnissen ab.

Aufgrund ihrer prekären wirtschaftlichen und angespannten innenpolitischen Lage versuchen die USA zwar, ihre Streitkräfte zu reduzieren, ihren sogenannten militärischen Fußabdruck zu verkleinern, wollen dafür aber mit »intelligenteren Methoden« – vornehmlich durch den geheimdienstlichen und militärischen Einsatz von Drohnen und im Verborgenen operierender Spezialeinheiten – geostrategisch wichtige Gebiete und andere »Räume« kontrollieren. Damit das Militärbudget nicht allzu sehr schrumpft und die drohenden Kürzungen nach dem Rasenmäherprinzip abgewendet werden können, werden Militärexperten und Rüstungslobbyisten nicht müde werden, auf die Gefahr hinzuweisen, dass China durch kontinuierliche Aufrüstung die unangefochtene Vormachtstellung der USA in Asien irgendwann herausfordern könnte.

Deutschland sollte deshalb weiter versuchen, wie der leider früh verstorbene ehemalige außenpolitische Sprecher der CDU/CSU-Bundestagsfraktion Philipp Mißfelder es vorschlug, »einen NATO-China-Rat zu schaffen, um das Konfliktpotenzial, das in der geopolitischen Konkurrenz Chinas mit den Vereinigten Staaten liegt, zu vermindern und Lösungen für globale sicherheitspolitische Herausforderungen zu finden«.[417]

Auch die Europäische Union sollte ein vitales Interesse haben, die sino-amerikanische Rivalität in eine regionale multilaterale Architektur einzubetten, wie Sebastian Bersick in seiner Analyse der regionalen Zusammenarbeit im asiatisch-pazifischen Raum schlussfolgert, weil die Wirtschaftsinteressen der EU dies offenkundig machen.[418] Chinas Außenhandel hat sich in den vergangenen zwölf Jahren verzehnfacht. Die EU ist Chinas größter Handelspartner. Seit Ende 2013 verhandeln die EU und China über ein umfassendes Investitionsabkommen, in dem Investitionsschutz und Marktzugang für Investoren geregelt werden sollen.[419]

Bereits heute wird deutlich, dass sich Europa wegen der gravierenden sozioökonomischen Probleme in den USA nicht mehr auf die Kaufkraft der Amerikaner verlassen kann. Europäische und asiatische Volkswirtschaften müssen sich von ihrem Wunschdenken verabschieden, dass bald wieder eine auf Pump getriebene Konsumlokomotive USA die Weltwirtschaft aus ihrer Misere herauszieht. Die massiv vom Export abhängigen Volkswirtschaften Europas und Asiens sollten sich realistischere Gedanken machen, wie sie ihren Binnenkonsum nachhaltig und generationengerecht fördern können – auch um ihre politischen Systeme zu stabilisieren.

Unsere Hausaufgaben

Mit der in Europa nach wie vor nicht überwundenen Wirtschafts- und Finanzkrise hat die Soft Power der EU, ihre Vorbildfunktion und Attraktivität, vor allem auch in Asien, schwer gelitten. Denn im Kern handelt es sich auch um eine politische Krise:»Man kann die Menschen nur mitnehmen«, so der außenpolitische Experte der SPD-Bundestagsfraktion Rolf Mützenich,»wenn sie das Gefühl haben, es geht gerecht in Europa zu.«[420] Lange Zeit hielt sich die Popularität von antieuropäischen und nationalistischen Parteien noch in Grenzen. Doch mit der Entscheidung der meisten Briten, aus der Europäischen Union auszutreten, dem sogenannten Brexit, und der für viele ebenso unerwarteten Wahl Donald Trumps in den USA dürfte klar geworden sein, dass auch wir uns vor der Wut der Unzufriedenen in Acht nehmen müssen. Sie würde sich bei einer Verschlechterung der wirtschaftlichen und sozialen Verhältnisse noch um einiges steigern. Um das zu verhindern, müssen diejenigen Marktteilnehmer, die Fehler gemacht und davon auch profitiert haben, in die Haftung genommen werden. Wenn hingegen Staaten gezwungen sind, sogenannte systemrelevante Banken und Finanzinstitutionen mit Steuergeldern zu retten, sind vielerorts in Europa politische Systeme und auch die Legitimation der Europäischen Union in Gefahr.

Wer die aktuellen Integrationsdynamiken und Spannungspotenziale der Euro-Zone sieht, erkennt zwei Szenarien für das zukünftige Europa:»Die Europäische Währungsunion wird als Kern der EU-27 zu einer Fiskal- und politischen Union weiter integriert. Oder den politischen Entscheidern gelingt es nicht, sich auf effektive Krisenmanagementmaßnahmen zu einigen, das Vertrauen der Investoren zurückzugewinnen und die Volkswirtschaften auf

Konvergenzkurs zu bringen. Die Euro-Zone zerbricht in zwei oder mehr Währungsräume.«[421]

Um das zu verhindern, muss der »Gründungsfehler«[422], nämlich seinerzeit eine Währungsunion ohne Fiskal- und Politische Union schaffen zu wollen, behoben werden. Die Kraft des deutschfranzösischen Tandems alleine wird dafür nicht ausreichen. Deutschland muss versuchen, möglichst viele, auch kleinere Länder einzubinden, um bei wirtschaftlichen (Euro) und humanitären (Flüchtlingswelle) Krisen handlungsfähiger zu werden. Mit der europäischen Finanzaufsicht, der Bankenunion und dem Europäischen Stabilitätsmechanismus (ESM), der Finanzhilfen vergeben kann, sind schon erste, wenngleich heftig umstrittene Schritte gegangen worden. Es fehlen noch wichtigere europäische Instrumente der Wirtschafts- und Haushaltspolitik, unter anderem ein Eurozonen-Budget,[423] um das Fernziel einer Politischen Union zu erreichen. Diese Hausaufgaben haben die Europäer schon zu lange aufgeschoben, sodass das europäische Projekt zu scheitern droht.

Es besteht aber durchaus Grund zur Hoffnung: Viele der bisherigen Krisen können rückblickend als Geburtswehen einer Union im Werden gedeutet werden.[424] Auch für den Historiker Heinrich August Winkler, der Deutschlands langen Weg nach Westen so genau wie kein anderer kennt, bietet die Schuldenkrise den Staaten Europas eine »weitere historische Chance, die Währungsunion über eine Fiskalunion zur politischen Einigung Europas zu führen«. Das würde nicht nur ihrer inneren Logik entsprechen, so Winkler, sondern auch nach außen wirken: »In einer multipolaren Welt könnten die Europäer mit vereinten Kräften effektiver ihre materiellen wie immateriellen Interessen vertreten – auch indem sie zum Modell für andere Teile der Welt werden.«[425]

Westliche Staaten sollten sich jedoch auch »innerlich« darauf einstellen, dass die ehemaligen Entwicklungs- und Schwellenländer aufgeholt haben und selbstbewusster auftreten. Der Abstand zwischen Industrie- und Schwellenländern, gemessen am

Anteil am Welthandel, hat sich verkleinert. Sie haben den Schock der Finanzkrise besser verarbeitet als die westlichen Volkswirtschaften und gelten seitdem als Wachstumsmotoren der Weltwirtschaft. Auch wenn sie vom gefährlichen Finanzgebaren der Notenbanken in Washington, Tokio und Frankfurt in Mitleidenschaft gezogen werden, verfügen die meisten von ihnen nicht nur über viel Kapital, sondern über noch viel mehr »Humankapital«. Um in diesem neuen, nunmehr wirklich globalen Wettbewerb bestehen zu können, müssen die ehedem führenden Industrieländer ebenso in den nachwachsenden Rohstoff der Zukunft investieren: Bildung.

Sofern sie weiterhin eine wichtige Rolle in der Weltpolitik spielen möchten, sollten westliche Staaten umgehend ihre Hausaufgaben erledigen, und zwar gründlich. Fachkräftemangel wird häufig als Grund dafür genannt, dass deutsche Unternehmen ihre Investitionsstandorte ins Ausland verlagern. Trotz der Qualität des deutschen dualen Bildungssystems besteht in einigen Sektoren und Regionen Deutschlands bereits heute ein Mangel an Facharbeitern. Stellen für höher Qualifizierte können insbesondere in den technischen Berufen nicht besetzt werden. Wer sich die demografische Entwicklung vieler europäischer Länder ansieht, wird erkennen, dass der Produktionsfaktor Arbeit schon bald knapp wird und dass ohne Qualitätsschub in diesem elementar wichtigen Bereich ein Standortnachteil entsteht. Hier gilt es vor allem, durch öffentliche und private Investitionen in Bildung und Forschung Startchancengleichheit herzustellen und die Voraussetzungen für künftige Einkommenserzielung zu schaffen. »Hirnschmalz« und die damit ermöglichten Innovationen sind treibende Kräfte nachhaltiger Wertschöpfung. Anstatt in sehr volatile Anlageklassen wie materielle Rohstoffe und spekulative »Wert«-Papiere sollten Staaten, institutionelle Anleger und Unternehmen viel mehr in die Ausbildung von Menschen sowie in Forschung und Entwicklung investieren.[426] Das wird auch entscheidend werden für unsere Volkswirtschaft, die sich künftig mehr auf den

Binnenkonsum einer alternden Gesellschaft stützen muss als auf ihre Exportkraft, weil im Zuge der Aufholjagd ehemaliger Schwellenländer wie China die Absatzmärkte deutscher Produkte enger werden dürften. Ebenso würden die Normalisierung des chinesischen Wirtschaftswachstums auf ein mäßigeres Niveau oder eine mögliche wirtschaftliche und damit politische Krise im Reich der Mitte die Exporte deutscher Unternehmen empfindlich treffen.

Auch wenn durch die derzeit noch gute Wirtschaftslage und vorhandenen Überschüsse der Rentenversicherung politische Begehrlichkeiten geweckt werden, Beiträge oder Steuern zu senken, sollte dieses Geld besser in die Zukunft investiert werden: in Bildung. Denn die demografische Entwicklung verspricht bald die Sozialkassen zu sprengen, und auch deutsche Unternehmen werden nur unter großen Anstrengungen qualifizierte Arbeitskräfte finden, um ihre Produktivität und Qualität aufrechtzuerhalten: Die älteren, geburtenstarken Jahrgänge werden bald aus dem Erwerbsleben ausscheiden. Die Zahl der Menschen im erwerbsfähigen Alter (von 20 bis 65 Jahren) liegt heute bei etwa 50 Millionen Menschen; schon 2030 werden es voraussichtlich nur noch etwa 42 Millionen sein.[427] Selbst mit der Anhebung des gesetzlichen Renteneinstiegsalters auf 67 Jahre werden 2030 nur etwa 2,6 Millionen Personen mehr im Erwerbsalter bleiben.[428] Im Jahr 2060 werden gar nur etwa 33 Millionen Menschen die dann umso größeren sozialen Belastungen schultern – ein Drittel weniger als heute![429]

Zwar sehen einige Wirtschaftsexperten in der aktuellen Flüchtlingskrise eine Chance, der Alterung unserer Gesellschaft entgegenzuwirken. Wenn man aber die Einwanderer ähnlich ihrem Schicksal überlässt wie viele der bereits in Deutschland lebenden »Menschen mit Migrationshintergrund«, dann wird sich diese von sozialen Aspekten losgelöste ökonomische Betrachtung als Milchmädchenrechnung und sozialer Brennpunkt erweisen.

Bildung macht einmal mehr den Unterschied aus; sie kann in doppelter Hinsicht erfolgreiche Integration fördern: Eine Sprachausbildung und qualifizierte Berufsausbildung ermöglichen den

Neuankömmlingen, sich zu integrieren und selbstbestimmt zu leben – sei es in Deutschland oder später vielleicht auch wieder in ihren Herkunftsländern. Um sie in ihrer neuen Heimat Deutschland vor Anfeindungen zu schützen, ist es aber auch dringend geboten, durch Schul- und Ausbildung bildungsfremden einheimischen Mitbürgern zu helfen, ihr Los zu verbessern und ihnen damit Abstiegsängste zu nehmen – die häufig Ursache von Fremdenfeindlichkeit sind.

Wir sollten auch von den Stärken und Fehlern anderer Länder, etwa von der Einwanderungsgesellschaft USA, lernen: Über Jahrhunderte waren Immigranten eine unerschöpfliche Quelle kultureller, wirtschaftlicher und militärischer Bereicherung für die USA. Doch mittlerweile ist der Zustrom in die USA zum Erliegen gekommen. Die nunmehr abgeschottete, gleichwohl durch Einwanderung stark verjüngte amerikanische Gesellschaft ist heute mit immensen Problemen konfrontiert, ihren Jugendlichen eine Perspektive zu geben. Auch die mächtigen USA sind dieser Herausforderung noch nicht gewachsen. Ausländische Firmen wie Siemens wurden deshalb von höchster Stelle, vom US-Präsidenten am 12. Februar 2013 in seiner Ansprache zur Lage der Nation, für ihre vorbildlichen Hilfsdienste im Bildungsbereich gelobt.[430] Deutsche Firmen, die weltweit für ihre duale Ausbildung geschätzt werden, sollten auch dem überforderten deutschen Staat noch mehr dabei helfen, hierzulande für die nötige Ausbildung und Integration zu sorgen, um die wirtschaftliche Leistungsfähigkeit und soziale Struktur ihres deutschen Standortes zu verbessern. Mit Ausbildungsangeboten könnten das Wirtschaftswachstum gefördert, ungleiche Chancen- und Wohlstandsverteilung bekämpft und der soziale Friede gesichert werden.

Zudem sollte finanzielle Bildung – auch für Erwachsene – grundlegend für unser Gesellschafts- und Wirtschaftssystem sein, zumal wenn unsere Politik dem Einzelnen immer mehr Verantwortung für seine Finanzentscheidungen zumutet. Zu Jahresbeginn 2015 sorgte eine Twitter-Meldung einer 17-jährigen Schülerin aus Köln für öffentliche Aufmerksamkeit:»Ich bin fast 18 und hab keine Ahnung von Steuern, Miete oder Versicherungen. Aber ich kann 'ne Gedichtanalyse schreiben. In 4 Sprachen.« Sie brachte auch deutsche Bildungspolitikerinnen zum Nachdenken: »Ich finde es sehr positiv, dass Naina diese Debatte angestoßen hat. Ich bin dafür, in der Schule stärker Alltagsfähigkeiten zu vermitteln. Es bleibt aber wichtig, Gedichte zu lernen und zu interpretieren«, ließ die deutsche Bildungsministerin Johanna Wanka über ihren Sprecher mitteilen. Postwendend nahm Josef Kraus, der Präsident des Deutschen Lehrerverbands, die Eltern in die Pflicht, ein gewisses Maß an Alltagstauglichkeit an ihre Kinder zu vermitteln.[431] Wer aber nicht das Glück hat, den Umgang mit Geld von seinen Eltern zu lernen, oder durch Erbschaft so vermögend geworden ist, dass er sich über Geld keine Gedanken zu machen braucht, sollte eine Chance durch die Schule bekommen. Nur so kann der Teufelskreis wirtschaftlicher Ignoranz durchbrochen werden, denn ohne ökonomisches Basiswissen werden die Kinder von heute auch morgen als Erwachsene ihren Zöglingen nicht helfen können, sich im Wirtschaftsleben zu behaupten und politische Zusammenhänge zu begreifen. Das Schulfach Wirtschaft sollte in allen deutschen Bundesländern zum Pflichtfach erhoben werden. Nur wer sich mit wirtschaftlichen und finanziellen Angelegenheiten auskennt, wird nicht Opfer dubioser Finanzberater und anderer Nutznießer.

Dabei wird guter Rat immer teurer. Denn im Vergleich zu den aktuellen Rentnern, die ihren wohlverdienten Ruhestand in vollen Zügen genießen können wie keine Generation vor ihnen, wird es für künftige Ruheständler wesentlich schwerer sein, ihren Lebensabend zu finanzieren. Die staatliche Rente wird bei Weitem nicht mehr ausreichen. Sichere Alternativen der privaten Geldanlage, etwa in Form festverzinslicher Wertpapiere oder Staatsanleihen, werden derzeit durch die Niedrigzinspolitiken der Notenbanken zunichtegemacht. Damit ist auch die Möglichkeit vertan, durch den Zinseszinseffekt die Zeit für sich arbeiten zu lassen. Die

Fähigkeit, sein Geld richtig, das heißt umsichtig und mit Risikostreuung, anzulegen, wird den Ausschlag geben, ob jemand im Alter seinen Lebensunterhalt bestreiten können oder in Armut leben wird.

Das zentrale Problem liberaler Demokratien wird darin bestehen, Gerechtigkeit, unter anderem auch zwischen den Generationen, herzustellen. Unser Handeln oder Nichthandeln im Hier und Jetzt wird Konsequenzen zeitigen: »Der Wert eines steigenden Lebensstandards liegt nicht nur in konkreten Verbesserungen für das Leben Einzelner, sondern auch darin, wie er den sozialen, politischen und letztlich moralischen Charakter eines Volkes prägt. Wirtschaftliches Wachstum – im Sinne eines steigenden Lebensstandards für den Großteil der Bürger – fördert meistens größere Lebenschancen, Toleranz für kulturelle Vielfalt, soziale Mobilität, Verpflichtung zur Fairness und Einsatz für die Demokratie. [...] Aber wenn Lebensstandards stagnieren oder sinken, machen die meisten Gesellschaften wenig oder keinen Fortschritt auf dem Weg zu irgendeinem dieser Ziele, jedoch allzu oft deutliche Rückschritte«, so der amerikanische Ökonom Benjamin Friedman in seinem Buch über *Die moralischen Konsequenzen ökonomischen Wachstums.*[432]

Ob wir den Wohlstand und die Lebenschancen für möglichst viele Menschen aufrechterhalten oder sogar verbessern können, wird also ausschlaggebend dafür sein, ob unsere Gesellschaften offen bleiben und unsere Wirtschaft, Politik und die Welt liberal geordnet sind. Nicht irgendein Weltgeist oder Gott, sondern wir selbst haben die Verantwortung mitzuentscheiden, in welcher Weltgemeinschaft wir leben wollen.

Wenn Amerikas Eliten nach der Wahl Donald Trumps zu »ihrem« neuen Präsidenten in intellektueller Schockstarre verharren und – auch angesichts fehlender Alternativen – nun von der deutschen Bundeskanzlerin Angela Merkel fordern, die freie Welt anzuführen, stehen wir ganz offensichtlich in der Verantwortung. Deutschland kann jedoch die USA nicht als Führerin der freien

Welt ersetzen. Gleichwohl können wir (noch) unser Bestes tun, den Demagogen auf unserem Kontinent Einhalt zu gebieten, Europa vor dem Zerfall und damit vor nationalistischen Tendenzen zu bewahren. Wir würden damit auch Europas Rolle für Frieden und Stabilität in der Welt stärken. Zugleich sollten wir aber Amerika, das uns nach unserem Irrweg wieder den Weg in die Freiheit wies, daran erinnern, dass die von ihm nach dem Zweiten Weltkrieg etablierte, mehr oder weniger friedliche Weltordnung vor allem auch im wirtschaftlichen Interesse der USA war. Wenn es stimmt, dass das Hauptanliegen der Amerikaner das Geschäft sei, wie es der von Amerikanern oft zitierte 30. US-Präsident Calvin Coolidge formulierte, dann besteht durchaus Hoffnung, dass auch der neue Geschäftsmann im Weißen Haus sich doch noch für diesen »Deal« begeistern lässt, selbst wenn er nicht die Lehren aus den Katastrophen des vergangenen Jahrhunderts gezogen haben sollte.

Dankeswort

Mein erster Dank gilt den unzähligen Amerikanerinnen und Amerikanern, die mir durch ihre Gastfreundschaft und Offenheit seit nunmehr über zwanzig Jahren, während Studien-, Arbeits- und Forschungsaufenthalten, geholfen haben, ihr Land zu verstehen. Ich verdanke den USA einen Gutteil meiner professionellen Ausbildung und persönlichen Weiterentwicklung. Sie halfen mir, in meinem Heimatland Barrieren sozialer Herkunft zu überwinden. Umso nachdenklicher stimmt es mich, dass in der heutigen amerikanischen Gesellschaft immer weniger US-Bürger diese Entwicklungschancen haben.

Gleichwohl wäre es ein Fehler, die USA abzuschreiben. Denn dafür haben die Amerikaner schon zu oft in ihrer relativ kurzen Geschichte bewiesen, dass sie fähig sind, Großartiges zu leisten und aus ihren Fehlern zu lernen. Genauso naiv wäre es aber, zu hoffen, dass die Kurskorrektur alsbald erfolgen wird. Die innen- wie außenpolitische Lage wird sich noch weiter zuspitzen, die Probleme werden leider wohl noch größer werden müssen, damit ein kollektives Umdenken einsetzt und die Mahner und liberalen Vordenker mehr Gehör in ihrem Lande finden.

Wir wären gut beraten, diesen wahren Patrioten, unseren amerikanischen Freunden, dabei zu helfen, ihre freiheitliche Vorbildrolle wiederzufinden. Dafür müssen wir uns eigene Gedanken darüber machen, welche weltpolitische Rolle wir Deutsche und Europäer spielen wollen, um unsere Werte und Interessen zur

Geltung zu bringen. Dieses Buch, das die auf absehbare Zeit eingeschränkte Handlungsfähigkeit der einstigen liberalen Ordnungsmacht USA erläutert, soll diese Debatte bereichern. Ich hoffe, dass diese nach dem Wahlsieg Donald Trumps aktualisierte Neuausgabe noch mehr dazu beitragen kann.

Diese Debatte wird über die gewohnten Treueschwüre und Verweise auf die transatlantische Wertegemeinschaft hinausgehen und kontrovers geführt werden müssen. Beim Schreiben dieses Buches habe ich mit mir selbst und vertrauten Menschen im besten Sinne des Wortes »gestritten«, um dem Kern der Sache näher zu kommen. Ich danke meiner Familie, Freunden und Mentoren, die mir mit Zuspruch und Widerspruch helfen, mein Denken weiterzuentwickeln.

Zu fortwährendem Dank verpflichtet bleibe ich Albrecht Zunker und Christoph Bertram, die mir, jeder auf seine Art, Vorbilder liberaler Geisteshaltung bleiben. Mein Denken bereichern auch immer wieder Foad Kazemzadeh, Hubert Knirsch, Arne Baumann, Wolfgang Hauptmann und Bidjan Sobhani, die nicht müde werden, meine Arbeitsskizzen und Manuskripte mit konstruktiver Kritik zu verbessern. Dieses Buch wäre nicht entstanden ohne Ditta Ahmadi, die mich dazu angestachelt und ermutigt hat, und Swantje Steinbrink, die umsichtig den geeigneten Verlag vermittelt hat. Mit ihrer menschlichen Hilfestellung und professionellen Betreuung haben Stefanie Heinen und Helmut Feller vom Quadriga Verlag mein Schreiben und damit Denken bereichert. Wenn Sie meine Gedanken nachvollziehen können, dann ist das auch dem professionellen Lektorat von Jan W. Haas geschuldet. Für verbleibende Fehler und Gedankensprünge übernehme ich die Verantwortung. Von ganzem Herzen danke ich, last but not least, meiner Frau Alina und unserer Tochter Greta, die mir helfen, eine bessere Welt zu sehen. Optimismus und Idealismus werden umso wichtiger – angesichts der zu erwartenden internationalen Verwerfungen.

Anhang

Die Macht der Ohnmächtigen – eine Vorbemerkung

1 Daniela Schwarzer, Josef Braml, Henning Riecke,»Die Macht der Ohnmächtigen. Donald Trump wird Präsident der USA«, in: *Tagesspiegel*,
10. November 2016, abrufbar unter: http://www.tagesspiegel.
de/politik/
donald-trump-wird-praesident-der-usa-die-macht-der-ohnmaechtigen/
14824060.html.

2 Zitiert in: Jenna Johnson,»Donald Trump: They say I could ›shoot
somebody‹ and still have support«, in: *Washington Post*, 23. Januar 2016,
abrufbar unter: https://www.washingtonpost.com/news/post-politics/
wp/2016/01/23/donald-trump-i-could-shoot-somebody-and-still-have-
support/.

3 Peter W. Stevenson,»Donald Trump loves the ›poorly educated‹ – and
just about everyone else in Nevada«, in: *Washington Post*, 24. Februar
2016, abrufbar unter: https://www.washingtonpost.com/news/the-fix/
wp/2016/02/24/donald-trump-loves-the-poorly-educated-and-just-
about-everyone-else-in-nevada/.

4 Josef Braml, Amerika, Gott und die Welt. George W. Bushs Außenpolitik
auf christlich-rechter Basis, Berlin 2005.

5 Zitiert in: Patrick O'Connor,»GOP 2016 Hopefuls Carly Fiorina, Ben Carson, Mike Huckabee Gain Ground in WSJ/NBC News Poll«, in: *Wall Street
Journal*, 21. Juni 2015, abrufbar unter: http://www.wsj.com/articles/gop-
2016-hopefuls-carly-fiorina-ben-carson-mike-huckabee-gain-ground-
in-wsj-nbc-news-poll-1434891601.

6 Zum Vergleich: Deutschland belegt Rang 7. Siehe dazu die Berechnungen
der Demokratie- und Wahlforscherin der Harvard-Universität: Pippa
Norris et al, The Electoral Integrity Project, September 2016, abrufbar
unter: https://sites.google.com/site/electoralintegrityproject4/home.

7 So der renommierte deutsche Regierungssystemforscher Wolfgang
Merkel,»Trump und die Demokratie«, in: *Internationale Politik und*

Gesellschaft (IPG), 10. November 2016, abrufbar unter: http://www.
ipg-journal.de/regionen/nordamerika/artikel/detail/trump-und-die-
demokratie-1694/.

**Warum es Ordnung bedarf,
um frei zu sein**

8 Walter Eucken, Die Grundlagen der Nationalökonomie, Jena 1939.
9 Ralf Dahrendorf, Auf der Suche nach einer neuen Ordnung, München
   2003, S. 45.
10 Dass auch in Deutschland in dieser Hinsicht nicht alles in Ordnung
   ist, verdeutlichen die Einblicke, die der bekennende Ordo-Liberale
   und finanzpolitische Sprecher der Bundestagsfraktion Bündnis 90/Die
   Grünen gewährt: Gerhard Schick, Machtwirtschaft – nein danke! Für
   eine Wirtschaft, die uns allen dient, Frankfurt/Main 2014.
11 Walter Eucken und Franz Böhm, ORDO – Jahrbuch für die Ordnung von
   Wirtschaft und Gesellschaft, Band 1, Bad Godesberg 1948.
12 Lars P. Feld,»Kapitalismus und Kapitalismuskritik aus ordoliberaler Perspektive«, in: *Aus Politik und Zeitgeschichte (APuZ)*, Nr. 35–37, August 2015,
   S. 17–23.
13 Gebhard Kirchgässer,»Die Krise der Wirtschaft. Auch eine Krise der
   Wirtschaftswissenschaften?«, in: *Perspektiven der Wirtschaftspolitik*, 10
   (2009) 4, S. 436–468, insbesondere S. 441.
14 Darunter sind so unterschiedliche Gruppierungen wie Progressive Liberale (New Liberals), die für multilaterales Engagement plädieren, sowie
   Neo-Konservative und Christliche Rechte, die unilaterales Vorgehen
   bevorzugen. Ausführlicher: Gert Krell, Weltbilder und Weltordnung. Einführung in die Theorie der internationalen Beziehungen, Baden-Baden
   2009.
15 In der neokonservativen Stoßrichtung sehen einige Beobachter einen
   »liberalen Imperialismus«. Vgl. Ulrich Speck und Nathan Sznaider (Hrsg.),
   Empire Amerika. Perspektiven einer neuen Weltordnung, München
   2003.
16 Der treffende Begriff stammt von: Gert Krell, Weltbilder und Weltordnung (wie Anm. 14), S. 185.
17 Immanuel Kant, Zum ewigen Frieden. Ein philosophischer Entwurf,
   Stuttgart 2002 (1795), S. 13.
18 Wie bereits Ende Juni 2006 (durch die Entscheidung des Supreme Court
   im Fall Hamdan vs. Rumsfeld) im Ansatz zu erkennen war. Mit der
   Entscheidung vom 29. Juni 2006 im Fall des auf Guantánamo inhaftierten Salim Ahmed Hamdan wies das Oberste Gericht den Präsidenten in
   die Schranken. Die Richtermehrheit am Obersten Gerichtshof erklärte

Militärtribunale für unrechtmäßig, da sie zum einen gegen internationales Recht, namentlich gegen die Regeln der Genfer Konvention verstoßen, zum anderen auch nicht explizit vom Kongress autorisiert worden waren.

19 Insbesondere: Ernst-Otto Czempiel, Friedensstrategien, Wiesbaden 1998 (1986), S. 153; ders., Schwerpunkte und Ziele der Friedensforschung, Mainz/München 1972.

20 Ausführlicher zur Problematik: Monika Medick, Das Konzept des »Military-Industrial Complex« und das Problem einer Theorie demokratischer Kontrolle, in: Volker Berghahn (Hrsg.), Militarismus, Köln 1975, S. 347–377.

21 U.S. Department of Defense, Unmanned Systems Integrated Roadmap FY 2013-2038, Washington, D.C. 2013.

22 Siehe den am 29. Juli 2015 veröffentlichten »offenen Brief«, den über tausend namhafte Wissenschaftler und Unternehmer unterzeichneten, abrufbar unter: http://futureoflife.org/AI/open_letter_autonomous_weapons.

23 Winand Gellner, Ideenagenturen für Politik und Öffentlichkeit. Think Tanks in den USA und in Deutschland, Opladen 1995, S. 12. Folgende Autoren wiesen grundlegend darauf hin, dass kulturelle Faktoren und Ideologien die Risikowahrnehmung prägen: Robert Dahl, Democracy and its Critics, New Haven/London 1989, S. 75; Stanley Rothman und Robert Lichter, »Elite Ideology and Risk Perception in Nuclear Energy Policy«, in: *American Political Science Review*, 81 (1987) 2, S. 383–404; Mary Douglas und Aaron Wildavsky, Risk and Culture, Berkely/Los Angeles/London 1982.

24 Josef Braml, Tyranny of the Majority? Die Einschränkung persönlicher Freiheitsrechte nach den Terroranschlägen von New York und Washington, in: Jochen Hils und Jürgen Wilzewski (Hrsg.), Defekte Demokratie – Crusader State? Die Weltpolitik der USA in der Ära Bush, Trier 2006, S. 189–233.

25 Jochen Hils erweiterte die Bottom-up-Perspektive der liberalen Außenpolitiktheorie um die mediendemokratischen Konzepte der medialen Information und der diskursiven Repräsentation. Jochen Hils, Repräsentation, Kommunikation, Information. Mediendemokratie und die militärische Interventionspolitik der USA am Beispiel des Kosovo (1998–1999), Dissertationsschrift an der Johann Wolfgang Goethe-Universität, Frankfurt am Main 2003.

26 Thymian Bussemer, »Medien als Kriegswaffe. Eine Analyse der amerikanischen Militärpropaganda im Irak-Krieg«, in: *Aus Politik und Zeitgeschichte*, Bd. 49–50, 1. Dezember 2003, S. 20–28.

28 Emil Hübner und Ursula Münch, Das politische System der USA. Eine Einführung, 7. Aufl., München 2013, S. 109.

28 Craig Whitlock und Greg Miller,»U.S. Assembling Secret Drone Bases in Africa, Arabian Peninsula, Officials Say«, in: *Washington Post*, 21. September 2011.
29 Aaron L. Friedberg,»China's Challenge at Sea«, in: *New York Times*, 4. September 2011.

Amerika – das Land der Freien?

30 Karl R. Popper, Die offene Gesellschaft und ihre Feinde, Tübingen 1992 (1945).
31 Karl R. Popper, Logik der Forschung, Tübingen 2005 (Wien 1934).
32 Laut Center for Responsive Politics, 2016 Presidential Race, Stand: 28. Oktober 2016, abrufbar unter: https://www.opensecrets.org/pres16/.
33 Laut United States Elections Projekt, 2016 November General Election Turnout Rates, abrufbar unter: http://www.electproject.org/2016g.
34 Im Interview mit der *Berliner Zeitung* vom 20. Juli 2011, abrufbar unter: http://www.berliner-zeitung.de/archiv/der-amerikanische-historiker-fritz-stern-sieht-das-projekt-europa-in-gefahr--wir-haben-so-vieles-allzu-schnell-vergessen-,10810590,10944432.html.
35 Nicholas Carnes, White-collar Government. The Hidden Role of Class in Economic Policy Making, Chicago 2013.
36 Umfragen zufolge ist die Zustimmungsrate zum Kongress auf ein historisches Tief gesunken. Acht von zehn Amerikanern lehnen die Art und Weise ab, wie die Abgeordneten und Senatoren ihre Arbeit verrichten. Quelle: Gallup-Umfrage vom 8. bis 12. Juli 2015, abrufbar unter: http://www.gallup.com/poll/1600/congress-public.aspx.
37 Lawrence Lessig, Republic, Lost. How Money Corrupts Congress – and a Plan to Stop It, New York 2012.
38 Center for Responsive Politics, Reelection Rates over the Years, Washington, D.C. 2015, abrufbar unter: http://www.opensecrets.org/bigpicture/reelect.php.
39 Ausführlicher: Josef Braml, Das Politische System der USA, Bonn 2013.
40 Theda Skocpol und Vanessa Williamson, The Tea Party and the Remaking of Republican Conservatism, New York 2012, S. 123.
41 *Washington Post*, Umfrage vom 9. August 2011, abrufbar unter: http://www.washingtonpost.com/wp-srv/politics/polls/postpoll_080911.html.
42 Vgl. Justin McCarthy, Americans Name Government as No. 1 U.S. Problem, Gallup-Umfrage, Washington, D.C., 12. März 2015, abrufbar unter: http://www.gallup.com/poll/181946/americans-name-government-no-problem.aspx.
43 Radioansprache von Präsident Bill Clinton vom 27. Januar 1996, abrufbar unter: http://edition.cnn.com/US/9601/budget/01-27/clinton_radio/.

44 Präsident Bill Clinton unterzeichnete am 22. August 1996 den Personal Responsibility and Work Opportunity Reconciliation Act (PRWORA) und löste damit sein Wahlkampfversprechen ein, die althergebrachte staatliche Fürsorge zu beenden. Siehe auch: Bill Clinton, The New Covenant. Responsibility and Rebuilding the American Community, Rede an der Georgetown University, Washington, D.C., 23. Oktober 1991, abrufbar unter: http://www.dlc.org/ndol_ci.cfm?contentid=2783&kaid=128&su bid=174.

45 Larry Summers, zitiert in: Thomas B. Edsall, »Establishment Populism Rising«, in: New York Times Online, 4. März 2015, abrufbar unter: http://www.nytimes.com/2015/03/04/opinion/establishment-populism-rising.html?_r=0.

46 Laura Meckler, »Hillary Clinton Proposes Sharp Rise in Some Capital-Gains Tax Rates«, in: Wall Street Journal, 24. Juli 2015, abrufbar unter: http://www.wsj.com/articles/clinton-to-propose-rise-in-capital-gains-taxes-on-short-term-investments-1437747732.

47 Amber Phillips, »Four Federal Agencies President Ted Cruz Could Do Without«, in: Washington Post Blog, 24. Juli 2015, abrufbar unter: http://www.washingtonpost.com/blogs/the-fix/wp/2015/07/24/four-federal-agencies-president-ted-cruz-could-do-without/?wpisrc=nl_politics&wpmm=1.

48 Jeb Bush, zitiert in: Michael Barbaro, »Jeb Bush Vows to Curb Lobbying and Trim Government«, in: New York Times, 21. Juli 2015, S. A18.

49 The Economist Intelligence Unit, Democracy Index 2014. Democracy and Its Discontents, London 2015, S. 4, abrufbar unter: http://www.sudestada.com.uy/Content/Articles/421a313a-d58f-462e-9b24-2504a37f6b56/Democracy-index-2014.pdf.

50 Joseph Stiglitz, »Ungleichheit und das amerikanische Kind«, in: Internationale Politik und Gesellschaft (IPG), 22. Dezember 2014, abrufbar unter: http://www.ipg-journal.de/kolumne/artikel/ungleichheit-und-das-amerikanische-kind-722/.

51 Richard Reeves und Saving Horatio Alger, Equality Opportunity, and the American Dream, Brookings Essay, Brookings Institution, Washington, D.C., 20. August 2014, abrufbar unter: http://www.brookings.edu/research/essays/2014/saving-horatio-alger.

52 OECD, In It Together. Why Less Inequality Benefits All (Summary ... in the United States), Paris, 21. Mai 2015.

53 Der Wert bewegt sich zwischen 0 (das Einkommen ist für alle gleichmäßig verteilt) und 1 (ein Einziger bezieht das gesamte Einkommen).

54 Der Gini-Index betrug Ende der 1960er-Jahre (1967) noch 0,397; 2010 betrug die Kennzahl 0,462. Siehe U.S. Department of Commerce / U.S. Census Bureau, Income, Poverty, and Health Insurance Coverage in the United States: 2010, Washington, D.C., September 2011, S. 41–44.

55 OECD, Divided We Stand. Why Inequality Keeps Rising, Paris, Dezember 2011 (vgl. insbesondere Country Notes: United States), S. 1 f.; OECD, In It Together. Why Less Inequality Benefits All (wie Anm. 52).

56 Ebd.

57 Elizabeth Anderson, »What Should Egalitarians Want?«, in: *Cato Unbound*, 19. Oktober 2009.

58 OECD, In It Together. Why Less Inequality Benefits All (wie Anm. 52).

59 Alberto Alesina, Edward Glaeser und Bruce Sacerdote, Why Doesn't the United States Have a European-Style Welfare State?, in: Brookings Papers on Economic Activity, Brookings Institution, Washington, D.C. 2001, abrufbar unter: http://www.brookings.edu/~/media/Projects/BPEA/Fall%20 2001/2001b_bpea_alesina.PDF.

60 Charles Murray, Losing Ground. American Social Policy, 1950–1980, New York 1984.

61 Ausführlicher zur Rolle von Experten und Thinktanks bei der Reform der Sozialgesetzgebung siehe R. Kent Weaver, Ending Welfare as We Know It, Washington, D.C., 2000.

62 Manhattan Institute, Young Leaders Circle Forum, abrufbar unter: http://www.manhattan-institute.org/email/events/ylc_06-04-14.htm.

63 Richard Herrnstein und Charles Murray, The Bell Curve. Intelligence and Class Structure in American Life, New York 1994.

64 Siehe das aufschlussreiche Interview von Geroge Yancy mit Joe Flagin, »American Racism in the ›White Frame‹«, in: *New York Times*, 27. Juli 2015, abrufbar unter: http://opinionator.blogs.nytimes.com/2015/07/27/ american-racism-in-the-white-frame/?gwh=8F9034F9E241E911CAD9D5B 2644D31AD&gwt=pay&assetType=opinion.

65 Ausführlicher: Joseph Stiglitz, Der Preis der Ungleichheit. Wie die Spaltung der Gesellschaft unsere Zukunft bedroht, München 2012.

66 Nancy DiTomaso, The American Non-dilemma. Racial Inequality without Racism, New York 2013.

67 »Education and Class. America's New Aristocracy«, in: *The Economist*, 24. Januar 2015.

68 Siehe etwa Annamaria Lusardi und Olivia S. Mitchell, »Financial Literacy and Retirement Preparedness. Evidence and Implications for Financial Education«, in: *Business Economics*, 42 (Januar 2007) 1, S. 35–44.

69 Alan Greenspan, Prepared Statement before the U.S. Senate Committee on Banking, Housing, and Urban Affairs, U.S. Congress, Washington, D.C., 5. Februar 2002.

70 So lautet die »Mission« der gemeinsamen Initiative; abrufbar unter: http://www.rand.org/labor/centers/financial-literacy.html.

71 Ausführlicher: Joseph Stiglitz, Der Preis der Ungleichheit (wie Anm. 65).

72 Orazio Attanasio, Erik Hurst und Luigi Pistaferri, The Evolution of Income, Consumption, and Leisure Inequality in the United States,

1980–2010, in: Christopher Carroll, Thomas Crossley und John Sabelhaus (Hrsg.), Improving the Measurement of Consumer Expenditures, Chicago 2015, S. 100–140.

73 Nur 9 Prozent, während der OECD-Durchschnitt 22 Prozent der Haushaltseinkommen beträgt. Quelle: Organisation for Economic Co-operation and Development (OECD), Growing Unequal? Income Distribution and Poverty in OECD Countries, Paris, Oktober 2008 (vgl. insbesondere »Country Notes: United States«). Der »begrenzte Umverteilungseffekt« in den USA ist vor allem auf die relativ niedrigen Sozialleistungen zurückzuführen: 6 Prozent (USA) versus 16 Prozent (OECD-Durchschnitt) der Haushaltseinkommen. Vgl. dazu OECD, Divided We Stand. Why Inequality Keeps Rising, Paris, Dezember 2011 (vgl. insbesondere »Country Notes: United States«).

74 Russ Koesterich, »US Consumers Are Less Healthy Than Investors Hope«, in: Financial Times, 10. August 2015.

75 Joseph Stiglitz, Im freien Fall. Vom Versagen der Märkte zur Neuordnung der Weltwirtschaft, München 2010, S. 28.

76 David Stockman, »The Warren Buffett Economy. Why Its Days Are Numbered (Part 4)«, 15. Juni 2015, Stockman's Corner Blog, abrufbar unter: http://davidstockmanscontracorner.com/the-warren-buffett-economy-why-its-days-are-numbered-part-4/.

77 Ben McLannahan, »Navient Adds to Fears on US Student Debt«, in: Financial Times, 22. Juli 2015.

78 Steven J. Harper, The Lawyer Bubble. A Profession in Crisis, New York 2013.

79 Steven J. Harper, »Too Many Law Students, Too Few Legal Jobs«, in: New York Times, 25. August 2015.

80 Deloitte Consulting und Manufacturing Institute, Boiling Point? The Skills Gap in U.S. Manufacturing, Oktober 2011, abrufbar unter: http://www.deloitte.com/us/mfgskillsgap.

81 Emily DeRocco, zitiert in: »Hal Weitzman, Skills Shortage Threatens US Manufacturers«, in: Financial Times, 17. Oktober 2011.

82 Paola Scommegna, U.S. Growing Bigger, Older, and More Diverse, Population Reference Bureau, Washington, D.C., April 2004, abrufbar unter: http://www.prb.org/Articles/2004/USGrowingBiggerOlderand-MoreDiverse.aspx?p=1.

83 Gleichwohl gibt es signifikante Unterschiede zwischen Frauen (80,4 Jahre) und Männern (75,4 Jahre) sowie zwischen der afroamerikanischen und der weißen Bevölkerung. Letztere leben durchschnittlich 4,8 Jahre länger. Siehe Laura B. Shrestha und Elayne J. Heisler, The Changing Demographic Profile of the United States, Congressional Research Service (CRS), CRS Report for Congress, Washington, D.C., 31. März 2011, S. 8–9.

84 Bevölkerungsstatistisch wird unterstellt, dass in Industrieländern der Erhalt der Bevölkerung bei 2,1 Geburten je Frau gesichert ist. Diese Reproduktionsmarke haben die Amerikaner – mit Ausnahme der Jahre 2006 und 2007 – seit 1971 nicht erreicht. Ebd., S. 4–5.

85 Die letzte Volkszählung fand 2010 statt. Siehe ebd., S. 1.

86 Pew Hispanic Center, The Mexican-American Boom. Births Overtake Immigration, Washington, D.C., 14. Juli 2011, S. 2–3.

87 Siehe die Alterspyramiden des Pew Hispanic Center, Statistical Portrait of Hispanics in the United States, 2009 (Table 10a. Age and Gender Distributions for Race, Ethnicity and Nativity Groups 2009), abrufbar unter: http://pewhispanic.org/files/factsheets/hispanics2009/Table%2010a.pdf.

88 National Research Council, Multiple Origins, Uncertain Destinies. Hispanics and the American Future, Washington, D.C., 2006, S. 3.

89 Die Ausnahmen sind Kanada und Australien.

90 Organisation for Economic Co-operation and Development (OECD), Education at a Glance 2011, OECD Indicators, Paris 2011, S. 91–92.

91 United States Election Project, National General Election VEP Turnout Rates, 1789–Present, zuletzt aktualisiert: 6. November 2014, abrufbar unter: http://www.washingtonpost.com/blogs/post-politics/wp/2014/11/10/voter-turnout-in-2014-was-the-lowest-since-wwii/.

92 So der Elitensoziologe Michael Hartmann im Interview mit Andrea Dernbach:»Der Zusammenhang zwischen Nichtwählen und sozialer Lage ist eindeutig«, in: Der Tagesspiegel, 25. Juni 2015, abrufbar unter: http://www.tagesspiegel.de/politik/wahlbeteiligung-der-zusammenhang-zwischen-nichtwaehlen-und-sozialer-lage-ist-eindeutig/11972018.html.

93 The Sentencing Project, Felony Disenfranchisement Laws in the United States, Stand: April 2014, abrufbar unter: http://www.sentencingproject.org/doc/publications/fd_Felony%20Disenfranchisement%20Laws%20in%20othe%20US.pdf.

94 Editorial Board der NYT,»G.O.P. Candidates Follow Trump to the Bottom on Immigration«, in: New York Times, 20. August 2015, S. A20.

95 Trip Gabriel und Julia Preston,»Trump Paints G.O.P. in Corner on Immigration«, in: New York Times, 19. August 2015, S. A1.

96 »Status: Unknown. The Unwelcome Return of ›Illegals‹«, in: New York Times Sunday Magazine, 23. August 2015, S. MM11.

97 Im englischen Original:»»Keep, ancient lands, your storied pomp!‹ cries she with silent lips. ›Give me your tired, your poor, Your huddled masses yearning to breathe free, The wretched refuse of your teeming shore. Send these, the homeless, tempest-tossed, to me: I lift my lamp beside the golden door‹.«

98 Als Nettoeinwanderung wird die Menge der Einwanderer abzüglich der Auswanderer bezeichnet.

99 Jeffrey S. Passel und D'Vera Cohn, Unauthorized Immigrant Population Stable for Half a Decade, Pew Research Center, Washington, D. C., 22. Juli 2015, abrufbar unter: http://www.pewresearch.org/fact-tank/2015/07/22/ unauthorized-immigrant-population-stable-for-half-a-decade/?utm_source=Pew+Research+Center&utm_campaign=c49831806d-Hispanic_newsletter_7_10_2015&utm_medium=email&utm_term=0_3e953b9b70-c49831806d-399369117.

100 Samuel Huntington, Who Are We? The Challenges to America's National Identity, New York 2004.

101 John Kelly, zitiert in: Molly O'Toole,»Top General Says Mexico Border Security Now ›Existential‹ Threat to U. S.«, in: Defense One, 5. Juli 2014, abrufbar unter: http://www.defenseone.com/threats/2014/07/top-general-says-mexico-border-security-now-existential-threat-us/87958/.

102 Ann Coulter, ¡Adios, America!, Washington, D. C., 2005.

103 Ann Coulter, zitiert in: Roque Planas,»Ann Coulter To GOP: Stop ›Sucking Up‹ to Hispanics«, in: The Huffington Post, 18. Oktober 2014.

104 Philip Rucker,»As Donald Trump Surges in Polls, Democrats Cheer«, in: Washington Post, 1. Juli 2015.

105 Jeb Bush, zitiert in: Ed O'Keefe,»Jeb Bush: Many Illegal Immigrants Come out of an ›Act of Love‹«, in: Washington Post, 6. April 2014.

106 Ausführlicher: Josef Braml, Das Politische System der USA (wie Anm. 39).

107 Paul Taylor und D'Vera Cohn, A Milestone En Route to a Majority Minority Nation, Pew Research Center, Washington, D. C., 7. November 2012.

108 Pew Hispanic Center, An Awakened Giant. The Hispanic Electorate is Likely to Double by 2030, Washington, D. C., 14. November 2012.

109 Ebd.

110 Laut Angaben der National Association of Latino Elected and Appointed Officials, zitiert in: Trip Gabriel und Julia Preston,»Trump Paints G. O. P. in Corner on Immigration«, in: New York Times, 19. August 2015, S. A1.

111 Mark Hugo Lopez und Paul Taylor, Latino Voters in the 2012 Election, Pew Research Center, Washington, D. C., 7. November 2012.

112 Werner Sombart, Warum gibt es in den Vereinigten Staaten keinen Sozialismus, Darmstadt 1969 (Tübingen 1906).

113 Thomas Gabe, Poverty in the United States: 2013, Congressional Research Service (CRS), CRS Report for Congress, Washington, D. C., 29. Januar 2015, S. 6–7.

114 Joseph Stiglitz,»Ungleichheit und das amerikanische Kind« (wie Anm. 50).

115 Ban Ki Moon, zitiert in:»U.N. Chief Calls for Protection of Rights in Missouri Protests«, in: Reuters, 18. August 2014, abrufbar unter: http://www.reuters.com/article/2014/08/18/us-usa-missouri-shooting-un-idUSKBN0GI1MF20140818.

116 So zum Beispiel der Kolumnist Robert J. Samuelson, »Why Our Children's Future No Longer Looks so Bright«, in: *Washington Post*, 17. Oktober 2011.

117 Umfragedaten des Pew Research Center, zitiert in: Andrew Kohut, John C. Green, Scott Keeter und Robert C. Toth, The Diminishing Divide. Religion's Changing Role in American Politics, Washington, D. C., 2000, S. 131.

118 Albert O. Hirschman, Exit, Voice and Loyalty. Responses to Decline in Firms, Organizations and States, Cambridge, Mass., 1970.

119 Gemäß den Daten des International Center for Prison Studies am King's College in London, zitiert in: Adam Liptak, »American Exception. Inmate Count in U. S. Dwarfs Other Nations'«, in: *New York Times*, 23. April 2008.

120 »Prison States«, in: *The Economist*, 18. Juli 2015.

121 James Whitman zitiert in: ebd.

122 Matt Kennard, »States Seek to Privatize Prisons«, in: *Financial Times*, 30. September 2011, S. 2.

123 »Criminal-justice Reform, President Obama for the Prisoners«, in: *The Economist Blog*, 16. Juli 2015, abrufbar unter: http://www.economist.com/blogs/democracyinamerica/2015/07/criminal-justice-reform?fsrc=nlw%7Cnewe%7C20-07-2015%7CEU.

124 Katie Zezima und Juliet Eilperin, »Obama Says that Without Family Support He Could Have Been in Prison«, in: *Washington Post*, 16. Juli 2015.

125 Sari Horwitz, »Justice Department Set to Free 6,000 Prisoners, Largest One-time Release«, in: *Washington Post*, 6. Oktober 2015.

126 Executive Office of the U. S. President, Office of National Drug Control Policy, National Drug Control Strategy. Data Supplement, Washington, D. C., 2014, S. 23–26.

127 Lenny Bernstein, »Heroin Deaths Have Quadrupled in the Past Decade«, in: *Washington Post*, 7. Juli 2015.

128 Rick Gluth, zitiert in: Lenny Bernstein, »The Heroin Epidemic's Toll: One County, 70 Minutes, Eight Overdoses«, in: *Washington Post*, 23. August 2015.

129 Neil Capretto zitiert in: ebd.

130 Jiaquan Xu, Kenneth D. Kochanek, Sherry L. Murphy und Elizabeth Arias, Mortality in the United States, 2012, NCHS Data Brief No. 168, Oktober 2014, abrufbar unter: http://www.cdc.gov/nchs/data/databriefs/db168.pdf.

131 Mitteilung der American Foundation for Suicide Prevention, New York, 8. Oktober 2014, abrufbar unter: https://www.afsp.org/news-events/in-the-news/suicide-prevention-investment-needed-to-reverse-trend-of-increasing-suicide.

132 Thomas B. Edsall, »Why Don't the Poor Rise Up?«, in: *New York Times*, 24.6.2015, abrufbar unter: http://www.nytimes.com/2015/06/24/opinion/why-dont-the-poor-rise-up.html?_r=0.

133 Vgl. Winand Gellner, Ideenagenturen für Politik und Öffentlichkeit (wie Anm. 23), S. 254.

134 Für eine Typologie von Thinktanks siehe Gellner (wie ebd.) oder R. Kent Weaver, »The Changing World of Think Tanks«, in: *Political Science and Politics*, 22 (1989) 3, S. 563–579.

135 Vgl. Josef Braml, Think Tanks versus »Denkfabriken«? U. S. and German Policy Research Institutes' Coping with and Influencing Their Environments; Strategien, Management und Organisation politikorientierter Forschungsinstitute (dt. Zusammenfassung), Aktuelle Materialien zur Internationalen Politik 68, Stiftung Wissenschaft und Politik, Baden-Baden 2004, S. 50–70.

136 Vgl. Hugh Heclo, Issue Networks and the Executive Establishment, in: Samuel Beer und Anthony King (Hrsg.), The New American Political System, Washington, D. C. 1978, S. 87–124.

137 Vgl. Winand Gellner, Ideenagenturen für Politik und Öffentlichkeit (wie Anm. 23), S. 26–27; Paul Sabatier, »Advocacy-Koalitionen, Policy-Wandel und Policy-Lernen. Eine Alternative zur Phasenheuristic«, in: *PVS-Sonderheft*, 24 (1993), S. 116–148.

138 Richard M. Weaver, Ideas Have Consequences, Chicago 1948.

139 Interview des Autors mit Fred Smith jr., Präsident des Competitive Enterprise Institute, vom 7. Juni 2000.

140 George W. Bush, Bericht zur Lage der Nation, Übersetzung der amerikanischen Botschaft in Berlin, USINFO-B-DE, Washington, D. C., 28. Januar 2003.

141 Differenzierte Analysen zeigen, dass neben der Parteizugehörigkeit auch religiöse Faktoren für die Unterstützung des Kriegskurses des Präsidenten ausschlaggebend waren: Von den Amerikanern, die in der Gallup-Umfrage angaben, dass ihnen Religion »sehr wichtig« sei, unterstützten rund 60 Prozent den Krieg. Dagegen fiel dieser Wert bei den Befragten, die zu Protokoll gaben, dass ihnen Religion »nicht sehr wichtig« sei, mit 49 Prozent deutlich niedriger aus; vgl. Frank Newport, Support for War Modestly Higher Among More Religious Americans. Those Who Identify with the Religious Right Most Likely to Favour Military Action, Gallup Poll Analyses, Washington, D. C., 27. Februar 2003.

142 Im Vorfeld der Wiederwahl George W. Bushs – die in den Augen vieler Beobachter wegen des Irak-Krieges gefährdet schien – wurde deutlich, dass häufige Kirchgänger auch nach dem Waffengang eher geneigt blieben, den Krieg zu unterstützen, als weniger religiöse Amerikaner; siehe Annenberg Public Policy Center of the University of Pennsylvania, Blacks, Hispanics Resist Republican Appeals But Conservative White Christians Are Stronger Supporters than in 2000, National Annenberg Election Survey, 25. Juli 2004, S. 2, 5 u. 7.

143 George W. Bush, Bericht zur Lage der Nation, Übersetzung der amerikanischen Botschaft in Berlin, Washington, D. C., 28. Januar 2003.

144 Detlef Junker, Power and Mission. Was Amerika antreibt, Freiburg im Breisgau 2003, S. 18.

145 Ebd., S. 19.

146 Grundlegende Gedanken dazu: Harald Müller, Kants Schurkenstaat. Der ungerechte Feind und die Selbstermächtigung zum Kriege, in: Anna Geis (Hrsg.), Den Krieg überdenken. Kriegsbegriffe und Kriegstheorien in der Kontroverse, Baden-Baden 2006, S. 229–250; Anna Geis, Spotting the ›Enemy‹. Democracies and the Challenge of the ›Other‹, in: Anna Geis, Lothar Brock und Harald Müller, Democratic Wars. Looking at the Dark Side of Democratic Peace, Houndmills 2006, S. 142–169.

147 Charles Krauthammer, The Unipolar Moment, in: Foreign Affairs (America and the World Edition), 70 (1991) 1, S. 23–33.

148 Übersetzt aus: Charles Krauthammer, Democratic Realism. An American Foreign Policy for a Unipolar World, Washington, D. C., 2004, S. 19.

149 Bei der Präsidentschaftswahl 2004 bildeten weiße evangelikale Christen mit mehr als 40 Prozent der Gesamtstimmen George W. Bushs einmal mehr die Grundlage seines Wahlsieges.

150 Die Republikaner sind eher als die Demokraten geneigt, mit militärischen Mitteln vorzugehen – vor allem der harte Kern der evangelikalen Christen. Im Vergleich zum Bevölkerungsdurchschnitt setzen sie mehr auf militärische Stärke als auf Diplomatie, um Frieden zu gewährleisten.

151 Josef Braml, Machtpolitische Stellung des Präsidenten als Schutzpatron in Zeiten nationaler Unsicherheit, in: Peter Rudolf et al. (Hrsg.), Zwei Jahre Präsident Bush, Stiftung Wissenschaft und Politik (SWP), SWP-Studie Nr. S 9, Berlin 2003, S. 35–39.

152 Ausführlicher: Josef Braml und Hans-Joachim Lauth, »The United States of America – A Deficient Democracy«, in: Zeitschrift für Vergleichende Politikwissenschaft (ZfVP-Sonderheft Nr. 1/2011), S. 103–132.

153 William H. Rehnquist, All the Laws but One. Civil Liberties in Wartime, New York/Toronto 1998, S. 224.

154 Zahlen zitiert in: Pratap Chatterjee, »Our Drone War Burnout«, in: New York Times, 14. Juli 2015, S. A21.

155 White House, President Barack Obama's Inaugural Address, 21. Januar 2009, abrufbar unter: www.whitehouse.gov/blog/inaugural-address/.

156 So kritisierte unter anderem die Los Angeles Times, dass die Anti-Terror-Architektur der Obama-Regierung mehr oder weniger dem Vorgehen der Bush-Administration entspreche: »Obama Administration's Anti-terror Architecture. Too Much Like Bush«, in: Los Angeles Times, 10. April 2011.

157 Josef Braml, »Rule of Law or Dictates by Fear. A German Perspective on American Civil Liberties in the War against Terrorism«, in: Fletcher Forum of World Affairs, 27 (Sommer/Herbst 2003) 2, S. 115–140.

Die Macht der Wirtschaft –
wo das Geld über die Politik entscheidet

158 Zum Beispiel: Jean Fourastié, Die große Hoffnung des 20. Jahrhunderts,
Köln 1954. (Der Titel der ersten französischen Originalausgabe von 1949
lautete: Le grand espoir du XXe siècle.)

159 Joseph Stiglitz, Im freien Fall (wie Anm. 75).

160 So der damalige US-Botschafter Philip D. Murphy, Die Schiefergaswende
in den Vereinigten Staaten, Rede vom 23. Januar 2013 bei der Jahres-
tagung Energiewirtschaft des *Handelsblatts* in Berlin.

161 Friedbert Pflüger,»Chinas Energieimperialismus«, in: *Bizz Energy Today*,
17. Oktober 2015, abrufbar unter: http://bizzenergytoday.com/chinas_
energie%C2%ADimperialismus.

162 Ausführlicher: Marc Levinson, Job Creation in the Manufacturing Re-
vival, Congressional Research Service (CRS), CRS Report for Congress,
Washington, D. C., 2. Juli 2015.

163 Die Daten beziehen sich auf das 4. Quartal 2014, sie stammen von den
Websites der Firmen; zitiert in: John Springford, Offline? How Europe
Can Catch Up With US Technology, Centre for European Reform, Juli
2015, S. 2.

164 So machte man sich auch schon auf höchster Ebene (des Wirtschafts-
gipfels in Davos, die höchstgelegene Stadt Europas) Gedanken um die
Zukunft der Industrie. Vgl. World Economic Forum, The Future of Manufacturing, Davos 2015.

165 Roland Berger Strategy Consultants, Industry 4.0. The New Industrial
Revolution, How Europe Will Succeed, München 2014.

166 Henning Kagermann, Wolfgang Wahlster und Johannes Helbig (Hrsg.),
Umsetzungsempfehlungen für das Zukunftsprojekt Industrie 4.0, Frank-
furt/Main 2013, S. 5.

167 Ben Bernanke, zitiert in: Alison Burke, Ben Bernanke, Michael O'Hanlon
and Mark Muro on the Future of Defense Spending and Its Economic
Impacts, in: Brookings Blogs, 18. August 2015, abrufbar unter: http://
www.brookings.edu/blogs/brookings-now/posts/2015/08/defense-
funding-event-recap?utm_campaign=Brookings+Brief&utm_source=hs_
email&utm_medium=email&utm_content=21411078&_hsenc=p2ANqtz-
8YlRFr9JM48UQxa_VTRsaTKeZgQDGO_foXG93UJTabHHvWplxdffLj-
1fOn486_by1IBVdUQ34kad4nPDXJWkQdGUsPlQ&_hsmi=21411078.

168 Mark Muro, zitiert in: ebd.

169 Walter Russell Mead, Testimony Delivered to the United States Senate
Committee on Armed Services, Washington, D. C., 22. Oktober 2015,
abrufbar unter: http://www.the-american-interest.com/2015/10/22/
global-challenges-and-grand-strategy/.

170 Marc Labonte und Jared C. Nagel, Foreign Holdings of Federal Debt, Congressional Research Service (CRS), CRS Report for Congress, Washington, D. C., 28. Mai 2015, S. 1–2.

171 Zitiert in: »The Global Addiction to Energy Subsidies«, in: *The Economist Blog*, 26. Juli 2015, abrufbar unter: http://www.economist. com/blogs/economist-explains/2015/07/economist-explains-19?fsrc=nlw%7Cnewe%7C27-07-2015%7CEU.

172 Jeb Bush, zitiert in: Catherine Ho, »Jeb Bush Says He Would Make It Harder for Lawmakers to Become Lobbyists«, in: *Washington Post*, 20. Juli 2015.

173 Ausführlicher: Andrew Rich, Think Tanks, Public Policy, and the Politics of Expertise, New York 2004, S. 120–131.

174 Emil Hübner und Ursula Münch, Das politische System der USA. Eine Einführung, 7. Aufl., München 2013, S. 102.

175 Laut dem jährlichen Zensus, den der amerikanische Journalistenverband American Society of News Editors (ASNE) mit der School of Journalism and Mass Communication an der Florida International University erhoben hat; ASNE Releases 2015 Newsroom Census Results, 28. Juli 2015, abrufbar unter: http://asne.org/blog_home.asp?Display=1948.

176 Emil Hübner und Ursula Münch, Das politische System der USA (wie Anm. 174), S. 102.

177 Ebd., S. 107.

178 Maeve Duggan, Mobile Messaging and Social Media 2015, Pew Research Center, Washington, D. C., 19. August 2015, abrufbar unter: http://www. pewinternet.org/2015/08/19/mobile-messaging-and-social-media-2015/.

179 Vincent Harris, zitiert in: Catherine Ho, »New Snapchat Ad Opposing Iran Deal Targets Ben Cardin«, in: *Washington Post*, 18. August 2015.

180 Ravi Somaiya, »Where Clicks Reign, Audience Is King«, in: *New York Times*, 17. August 2015, S. B1.

181 Brian Fung, »How Google's Alphabet Restructuring Helps Protect the Web As We Know It«, in: *Washington Post*, 21. August 2015.

182 Eric Schmidt, zitiert in: Robert Maier, »Von der Suchmaschine zur Weltmacht. Angst vor Google«, in: *faz.net*, 3. April 2014, abrufbar unter: http://www.faz.net/aktuell/feuilleton/debatten/weltmacht-google-ist-gefahr-fuer-die-gesellschaft-12877120.html.

183 Editorial Board, »Europe's Tough Case Against Google«, in: *New York Times*, 19. April 2015, S. SR10.

184 »Inside Silicon Valley. Empire of the Geeks«, in: *The Economist*, 25. Juli 2015, abrufbar unter: http://www.economist.com/news/leaders/21659745-silicon-valley-should-be-celebrated-its-insularity-risks-backlash-empire-geeks?fsrc=nlw|hig|23-07-2015|EU.

185 Andrew Ross Sorkin, »The Bankers are Coming«, in: *New York Times*, 2. April 2015, S. F1.

186 Bernie Sanders, zitiert in: David Weigel, »Liberal Activists See Bernie Sanders as Champion for Causes Failed by Obama«, in: *Washington Post*, 20. Juli 2015.

187 Laut Statista 2015, abrufbar unter: http://www.statista.com/statistics/246770/value-of-munda-deals-in-the-united-states/.

188 Libby Perl, Erin Bagalman, Adrienne L. Fernandes-Alcantara, Elayne J. Heisler, Gail McCallion, Francis X. McCarthy und Lisa N. Sacco, Homelessness. Targeted Federal Programs and Recent Legislation, Congressional Research Service (CRS), CRS Report for Congress, Washington, D.C., 6. Mai 2015.

189 So US-Notenbankchef Ben Bernanke bei der Jahreskonferenz der Notenbanker in Jackson Hole; zitiert in: »Bernanke lässt die Dollar tanzen«, in: *Financial Times Deutschland*, 22. September 2011.

190 Gemäß einer Studie von LPS Applied Analytics; zitiert in: »Government's Overwhelming Role in Mortgages«, in: *Wall Street Journal*, 12. Januar 2011.

191 Nils Rüdel, »Fannie Mae und Freddie Mac – Der Amerikanische Traum wird abgewickelt«, in: *Handelsblatt*, 11. Februar 2011.

192 Siehe zum Beispiel: White House, Office of the Press Secretary, Fact Sheet: America's Ownership Society. Expanding Opportunities, Washington, D.C., 9. August 2004, abrufbar unter: http://georgewbushwhitehouse.archives.gov/news/releases/2004/08/20040809-9.html.

193 U.S. Department of the Treasury und U.S. Department of Housing and Urban Development, Reforming America's Housing Finance Market. A Report to Congress, Washington, D.C., Februar 2011, abrufbar unter: http://portal.hud.gov/hudportal/documents/huddoc?id=housingfinmarketreform.pdf.

194 Ebd., S. 1.

195 Congressional Budget Office, Transitioning to Alternative Structures for Housing Finance, Washington, D.C. Dezember 2014, S. 1.

196 Center for Responsive Politics, Background on Finance/Insurance/RealEstate, Washington, D.C., Juli 2009, abrufbar unter: https://www.opensecrets.org/industries/background.php?cycle=2014&ind=F.

197 Gemäß den Daten des Center for Responsive Politics, 2016 Presidential Race: Sector Totals to Candidates, abrufbar unter: https://www.opensecrets.org/pres16/select-sectors?sector=F.

198 Center for Responsive Politics, abrufbar unter: https://www.opensecrets.org/lobby/indus.php?id=F&year=2014.

199 Ebd.

200 Larry Fink, zitiert in: Stephen Foley, »BlackRock Chief Larry Fink Warns on Strong US Dollar«, in: *Financial Times*, 6. April 2015.

201 Financial Stability Board, Global Shadow Banking Monitoring Report, November 2014, abrufbar unter: http://www.financialstabilityboard.org/2014/11/global-shadow-banking-monitoring-report-2014/.

202 Nach Angaben der staatlichen Hypothekenbank Freddie Mac haben im dritten Quartal 2014 ein Drittel der Kreditnehmer ein höheres Darlehen beansprucht, um sich Geld auszahlen zu lassen. Zitiert in: Bethany McLean, »A House Is Not a Credit Card«, in: *New York Times*, 13. November 2014, S. A27.

203 Dietrich Domanski, Jonathan Kearns, Marco Jacopo Lombardi und Hyun Song Shin, Oil and Debt, Bank for International Settlements, 18. März 2015, abrufbar unter: http://www.bis.org/publ/qtrpdf/r_qt1503f.htm.

204 Chico Harlan, »How the Plunging Price of Oil Has Set Off a New Global Contest«, in: *Washington Post*, 15. Juli 2015, abrufbar unter: http://www.washingtonpost.com/blogs/wonkblog/wp/2015/07/15/how-the-plunging-price-of-oil-has-set-off-a-new-global-contest/.

205 Ebd.

206 Zu dieser Einschätzung sind mittlerweile auch Experten in den USA gekommen, siehe zum Beispiel: Dag Harald Claes, Andreas Goldthau und David Livingston, Saudi Arabia and the Shifting Geoeconomics of Oil, Carnegie Endowment, Washington, D.C., 21. Mai 2015, abrufbar unter: http://carnegieendowment.org/2015/05/21/saudi-arabia-and-shifting-geoeconomics-of-oil/i8vv?mkt_tok=3RkMMJWWfF9wsRojuKXPZKXonjH pfsX57OsqUKKg38431UFwdcjKPmjr1YYBRcJoaPyQAgobGp5I5FEIQ7XYTLB 2t60MWA%3D%3D.

207 Zitiert in: Christopher Adams, Najmeh Bozorgmehr und Ed Crooks, »Iran: The Oil and Gas Multibillion-dollar ›Candy Store‹«, in: *Financial Times*, 16. Juli 2015.

208 Laut der amerikanischen Energiebehörde: U.S. Energy Information Administration (EIA), Iran. International Energy Data and Analysis, Washington, D.C., 19. Juni 2015.

209 Javier Blas und Joe Carroll, »Exxon Deploys More Sanction Watchers as Iran Nuke Deal Looms«, in: *Bloomberg Business*, 21. Mai 2015, abrufbar unter: http://www.bloomberg.com/news/articles/2015-05-21/exxon-accelerates-iran-sanctions-lobbying-as-nuke-accord-looms.

210 Matthew Lee, »US Spares Japan Firm from Iran Sanctions«, in: *Associated Press*, 17. November 2010; »Japan's Top Energy Explorer Quits Iran Oil Project«, in: *Associated Press*, 15. Oktober 2010.

211 Ulrich Grillo, zitiert in: Najmeh Bozorgmehr und Monavar Khalaj, »Businesses Eye Huge Opportunities in Iran«, in: *Financial Times*, 14. Juli 2015.

212 Ebd.

213 Keith Crane, Andreas Goldthau, Michael Toman, Thomas Light, Stuart E. Johnson, Alireza Nader, Angel Rabasa und Harun Dogo, Imported Oil and U.S. National Security. Does Imported Oil Threaten U.S. National Security?, Research Brief, RAND Corporation, Washington, D.C./Santa Monica, California 2009, Summary, S. xv.

214 Julie Hirschfeld Davis und David E. Sanger, »Obama Pledges More Military Aid to Reassure Persian Gulf Allies on Iran Deal«, in: *New York Times*,
14. Mai 2015, S. A10.

215 Matt Spetalnick, »U.S., Israel sign $38 billion military aid package«, in:
Reuters, 15. September 2016, abrufbar unter: http://www.reuters.com/
article/us-usa-israel-statement-idUSKCN11K2CI.

216 Siehe die detaillierte Einkaufsliste in: Christopher M. Blanchard, Saudi
Arabia. Background and U.S. Relations, Congressional Research Service
(CRS), CRS Report for Congress, Washington, D.C., 29. April 2015, S. 11–12.

217 Siemon T. Wezeman und Pieter D. Wezeman, Trends in International
Arms Transfer, 2014, Stockholm International Peace Research Institute
(SIPRI), SIPRI Fact Sheet, März 2015.

218 Office of the Under Secretary of Defense (Comptroller), National Defense
Budget Estimates for FY 2016, Washington, D.C., März 2015, S. 249–251.

219 Ivo Daalder und James Lindsay, America Unbound. The Bush Revolution
in Foreign Policy, Washington, D.C., 2003.

220 Office of the Under Secretary of Defense (Comptroller), National Defense
Budget Estimates for FY 2016 (wie Anm. 218).

221 International Institute for Strategic Studies (IISS), The Military Balance,
London, Februar 2015, zweites Kapitel, S. 21.

222 U.S. Department of Defense, Quadrennial Defense Review 2014,
Washington, D.C., S. 6; U.S. Department of Defense, The Defense Inno-
vation Initiative, Memorandum von US-Verteidigungsminister Chuck
Hagel, Washington, D.C., 15. November 2014, abrufbar unter: http://www.
defense.gov/pubs/OSD01341I-14.pdf.

223 Russel Rumbaugh, What We Bought. Defense Procurement from FY01 to
FY10, The Henry L. Stimson Center, Washington, D.C., 2011.

224 Office of Management and Budget (OMB), Fiscal Year 2016 Budget of the
U.S. Government, Washington, D.C., Februar 2015, S. 48, abrufbar unter:
https://www.whitehouse.gov/sites/default/files/omb/budget/fy2016/
assets/budget.pdf.

225 Moshe Schwartz, Wendy Ginsberg und John F. Sargent jr., Defense
Acquisitions. How and Where DOD Spends Its Contracting Dollars, Con-
gressional Research Service (CRS), CRS Report for Congress, Washington,
D.C., 30. April 2015, S. 2.

226 Peter Singer, Corporate Warriors. The Rise of the Privatized Military Industry, Ithaca 2003.

227 Richard A. Best jr. und Andrew Feickert, Special Operations Forces (SOF)
and CIA Paramilitary Operations. Issues for Congress, Congressional
Research Service (CRS), CRS Report for Congress, Washington, D.C.,
3. August 2009, S. 1.

228 U.S. Department of Defense, Quadrennial Defense Review 2014 (wie
Anm. 222). S. 40.

229 »The chief business of the American people is business.« So Calvin Coolidge in seiner Rede vor der Gesellschaft Amerikanischer Zeitungsherausgeber am 17. Januar 1925 in Washington, D. C.

230 Das sind Brunei, Myanmar, Kambodscha, Indonesien, Laos, Malaysia, die Philippinen, Singapur, Thailand und Vietnam.

231 Siehe zum Beispiel Luke Hurst, »TPP May Deny Australia Its Piece of the China Pie«, in: East Asia Forum, 11. August 2015.

232 Leigh Munsil und Austin Wright, »Is Lockheed Martin Too Big to Fail?«, in: Politico, 12. August 2015, abrufbar unter: http://www.politico.com/story/2015/08/is-lockheed-martin-to-big-to-fail-121203.html?hp=r2_3.

233 Joe Lieberman zitiert in: ebd.

234 Edward Helmore, »US Now Trains More Drone Operators than Pilots«, in: Guardian, 23. August 2009, abrufbar unter: http://www.guardian.co.uk/world/2009/aug/23/drones-air-force-robot-planes.

235 Graham Warwick and Larry Dickerson, »Cooling Down? Export and Civil Unmanned Aircraft Demand Will Grow, But Mainstay Military Markets May Slow«, in: Aviation Week & Space Technology, 31. Dezember 2012, S. 84.

236 Laut den Daten des Center for Responsive Politics, Defense Background, abrufbar unter: https://www.opensecrets.org/industries/background.php?cycle=2014&ind=D.

237 Laut den Daten des Center for Responsive Politics, Defense Lobbying 2014, abrufbar unter: https://www.opensecrets.org/industries/lobbying.php?cycle=2014&ind=D.

238 Leigh Munsil und Austin Wright, »Is Lockheed Martin Too Big to Fail?« (wie Anm. 232).

239 Ebd.

240 Lisa Rein, »After Allegations that It Lobbied with Federal Money to Block Competition, Lockheed Martin Agrees to Pay Almost $5 Million«, in: Washington Post Blog, 24. August 2015, abrufbar unter: http://www.washingtonpost.com/blogs/federal-eye/wp/2015/08/24/after-allegations-that-it-lobbied-with-federal-money-to-block-competition-lockheed-martin-agrees-to-pay-almost-5-million/?wpmm=1&wpisrc=nl_politics.

241 Michael J. Malbin, Unelected Representatives. Congressional Staff and the Future of Representative Government, New York 1980.

242 Eisenhowers Abschiedsrede und weitere interessante Dokumente können abgerufen werden über: http://www.eisenhower.archives.gov/research/online_documents/farewell_address.html.

243 Hugh Heclo, Issue Networks and the Executive Establishment, in: Samuel Beer und Anthony King (Hrsg.), The New American Political System, Washington, D. C. 1978, S. 87–124.

Netzwerke als Vermittler – wenn Interessengruppen die Aufgabe der Parteien übernehmen

244 Winand Gellner, Ideenagenturen für Politik und Öffentlichkeit (wie Anm. 23), S. 26–27; Paul Sabatier, Advocacy-Koalitionen (wie Anm. 137), S. 116–148.

245 Ausführlicher: Josef Braml, Das Themennetzwerk der Christlichen Rechten als politischer Machtfaktor in den USA, in: Winand Gellner und Gerd Strohmeier (Hrsg.), Politische Strukturen und Prozesse im Wandel, Baden-Baden 2005, S. 81–95.

246 Als Schwesterorganisation des Thinktank Heritage Foundation – die als 501(c)3-Organisation nur begrenzt Lobbying betreiben kann – firmiert Heritage Action in der amerikanischen Steuergesetzgebung unter Paragraph 501(c)(4) als Organisation, deren Lobbying keine steuerlichen Konsequenzen nach sich zieht.

247 Ausführlicher: Josef Braml, Das Politische System der USA (wie Anm. 39).

248 Winand Gellner, Ideenagenturen für Politik und Öffentlichkeit (wie Anm. 23).

249 Zitiert in: AEI Studies in Public Opinion, American Public Opinion on the War on Terrorism, American Enterprise Institute (AEI), Washington, D. C., 10. Januar 2003.

250 Calvin Mackenzie und Judith Labiner, Opportunity Lost. The Rise and Fall of Trust and Confidence in Government After September 11, Center for Public Policy Service at the Brookings Institution, Washington, D. C., 30. Mai 2002.

251 Ausführlicher: Josef Braml, Das Politische System der USA (wie Anm. 39).

252 »Nor should one expect political parties in a separated system to exercise power they do not or cannot possess«, so Charles O. Jones, The Presidency in a Separated System, Washington, D. C., 2005, S. 18.

253 Donald T. Critchlow, The Brookings Institution, 1916–1952. Expertise and the Public Interest in a Democratic Society, DeKalb, IL 1985, S. 17.

254 Sidney Blumenthal, The Rise of the Counter-Establishment: From Conservative Ideology to Political Power, New York 1986, S. 11.

255 Peter Lösche, Verbände, Gewerkschaften und das System der Arbeitsbeziehungen, in: ders. (Hrsg.), Länderbericht USA, 5. Aufl., Bonn 2008, S. 274–314, hier S. 274.

256 Martin Sebaldt, Transformation der Verbändedemokratie: Die Modernisierung des Systems organisierter Interessen in den USA, Wiesbaden 2001, S. 14, 20.

257 Ausführlicher: Josef Braml, Das Politische System der USA (wie Anm. 39).

258 David Vogel, Kindred Strangers. The Uneasy Relationship between Politics and Business in America, Princeton, NJ 1996, S. 5–6 (eigene Über-

setzung); ders., Fluctuating Fortunes. The Political Power of Business in America, New York 1989.

259 Peter Lösche (Hrsg.), Länderbericht USA., 5. Aufl., Bonn 2008, S. 296.

260 Josef Braml, Think Tanks versus »Denkfabriken«? (wie Anm. 135), S. 129–139.

261 Ausführlicher: Josef Braml, Das Themennetzwerk der Christlichen Rechten als politischer Machtfaktor in den USA (wie Anm. 245), S. 81–95.

262 Catherine Ho, »New Snapchat Ad Opposing Iran Deal Targets Ben Cardin«, in: Washington Post, 18. August 2015.

263 Ausführlicher: Josef Braml, Das Politische System der USA (wie Anm. 39).

264 Center for Responsive Politics, Blue Team Aided by Small Donors, Big Bundlers; Huge Outside Spending Still Comes Up Short, Washington, D. C., 7. November 2012.

265 Patrick Horst, »Die US-Präsidentschaftswahl vom 6. November 2012: Obamas Wiederwahl dank verbesserter Zukunftserwartungen, Hurrikan Sandy und einer effektiven Kampagne«, in: Zeitschrift für Parlamentsfragen, 44 (2013) 1, S. 42.

266 Center for Responsive Politics, Money Won on Tuesday, But Rules of the Game Changed, Washington, D. C., 5. November 2014.

267 Zitiert in: Richard Stevenson und Adam Nagourney, »Bush '04 Readying for One Democrat, Not 10«, in: New York Times, 29. September 2003.

268 Michael J. Malbin, All CFI Funding Statistics Revised and Updated for the 2008 Presidential Primary and General Election Candidates, Campaign Finance Institute, Washington, D. C., 8. Januar 2010; Center for Responsive Politics (wie Anm. 264).

269 Siehe zum Beispiel Mike DeBonis, »Heritage Action Makes Its Demands to GOP Leadership Hopefuls«, in: Washington Post, 30. September 2015.

270 Peter Lösche, »Thesen zum amerikanischen Konservatismus«, in: Aus Politik und Zeitgeschichte, B 49/1982, S. 37–45, hier S. 41.

271 Matea Gold, »Billionaire Koch Brothers' Network Takes Cue From Obama's Playbook«, in: Washington Post, 29. Juli 2015, abrufbar unter: http://www.washingtonpost.com/politics/inside-the-koch-networks-plan-to-create-a-permanent-ground-force/2015/07/29/712eb650-35ec-11e5-b673-1df005a0fb28_story.html?wpisrc=nl_politics&wpmm=1.

272 Katie Walsh, zitiert in ebd.

273 Josef Braml, Amerika, Gott und die Welt. George W. Bushs Außenpolitik auf christlich-rechter Basis, Berlin 2005.

274 Auf der anderen Seite des politischen Spektrums finden die Grabenkämpfe zwischen gewerkschaftsnahen Demokraten, sogenannten Old Liberals, die mehr staatliche Interventionen in Form von Wirtschafts- und Sozialpolitik fordern, und progressiven Demokraten statt, jenen Blue Dogs Clintonscher Prägung, die freie Märkte, Deregulierung und Freihandel befürworten.

275 Richard M. Weaver, Ideas Have Consequences (wie Anm. 138).

276 Winand Gellner, Ideenagenturen für Politik und Öffentlichkeit (wie Anm. 23), S. 254.

277 Ausführlicher: Josef Braml, Das Politische System der USA (wie Anm. 39).

278 Zur Typologie von Think Tanks siehe Winand Gellner, Ideenagenturen für Politik und Öffentlichkeit (wie Anm. 23); R. Kent Weaver, »The Changing World of Think Tanks« (wie Anm. 134), S. 563–579.

279 James G. McGann, »Academics to Ideologues. A Brief History of the Public Policy Research Industry«, in: *Political Science and Politics*, 25 (1992) 4, S. 733–740.

280 Andrew Rich und R. Kent Weaver, Advocates and Analysts. Think Tanks and the Politicization of Expertise, in: Allan J. Cigler und Burdett A. Loomis (Hrsg.), Interest Group Politics, Washington, D. C. 1998, S. 235–254.

281 Ebd., S. 250 (eigene Übersetzung).

282 Ausführlicher: Josef Braml, Das Politische System der USA (wie Anm. 39).

283 Maxwell E. McCombs und Donald L. Shaw, »The Agenda-Setting Function of Mass Media«, in: *The Public Opinion Quarterly*, 36 (1972) 1, S. 176–187.

284 Walter Lippmann, The World Outside and the Pictures in Our Heads, 1922, neu abgedruckt in: Wilbur Schramm (Hrsg.), Mass Communications, Urbana/Chicago/London 1961, S. 468–486.

285 Jackie Calmes, They Don't Give a Damn about Governing. Conservative Media's Influence on the Republican Party, Discussion Paper, Harvard Kennedy School, Shorenstein Center on Media, Politics and Public Policy, Juli 2015, S. 5–6, abrufbar unter: http://shorensteincenter.org/wp-content/uploads/2015/07/Conservative-Media-Influence-Jackie-Calmes-July-2015.pdf.

286 Ebd.

287 Barney Frank, zitiert in: David Weigel, »Liberal Activists See Bernie Sanders as Champion for Causes Failed by Obama«, in: *Washington Post*, 20. Juli 2015.

288 Amy Mitchell, Jeffrey Gottfried, Jocelyn Kiley und Katerina Eva Matsa, Political Polarization & Media Habits, Pew Research Center, Washington, D. C., 21. Oktober 2014, abrufbar unter: http://www.journalism.org/2014/10/21/political-polarization-media-habits/.

289 Tom Cole, zitiert in: Jackie Calmes, »They Don't Give a Damn about Governing« (wie Anm. 285), S. 22.

290 Trent Lott, zitiert in: ebd., S. 9.

**Wie die Politik sich das Heft aus
der Hand nehmen lässt**

291 Ausführlicher: Josef Braml, Das Politische System der USA
(wie Anm. 39).

292 Ausführlicher: Josef Braml, Der Amerikanische Patient, München 2012.

293 Zitiert in: John Cochran und Mike Christensen, »Regrouping with a
Common Purpose«, in: *Congressional Quarterly Weekly*, 59 (15.9.2001) 35,
S. 2114.

294 Ausführlicher zum »Triumph der Legislative« siehe Jürgen Wilzewski,
Triumph der Legislative. Zum Wandel der amerikanischen Sicherheitspolitik 1981–1991, Frankfurt am Main/New York 1999.

295 Ausführlich dazu: Josef Braml, Machtpolitische Stellung des Präsidenten als Schutzpatron in Zeiten nationaler Unsicherheit (wie Anm. 151),
S. 35–39.

296 Zitiert in: Dana Milbank, »In War, It's Power to the President«, in:
Washington Post, 20. November 2001, S. A1.

297 Testimony of Attorney General John Ashcroft, Senate Committee on the
Judiciary, Washington, D.C., 6. Dezember 2001.

298 Craig Whitlock, »Pentagon Setting Up Drone Base in Africa to Track Boko
Haram Fighters«, in *Washington Post*, 14. Oktober 2015.

299 Michael Flynn, zitiert in: »Drones Cause More Damage than Good«,
in: *Al Jazeera*, 16.7.2015, abrufbar unter: http://pr.aljazeera.com/
post/124230887340/drones-cause-more-damage-than-good-al-jazeera.

300 John B. Bellinger III. stellte in einem Meinungsbeitrag in der *Washington Post* vom 3. Oktober 2011 die rhetorische Frage: »Will Drone Strikes
Become Obama's Guantánamo?«.

301 Peter Rudolf, US-Spionage in der Bundesrepublik. Optionen deutscher
Politik, Stiftung Wissenschaft und Politik (SWP), SWP-Aktuell 65, Berlin,
Juli 2015, S. 1.

302 Josef Braml, Abhörskandal. Das Interesse an Merkels Handy ist wirtschaftlich begründet, Interview mit *Zeit.online*, 23. Oktober 2013, abrufbar unter: http://www.zeit.de/politik/ausland/2013-10/merkel-handy-
usa-interessen.

303 Erich Schmidt-Eenboom zitiert in: Jan Guldner, »Freundschaftsanfrage
von der NSA. Wie Geheimdienste die sozialen Netzwerke nutzen – und
mit welchen Folgen«, in: *Internationale Politik*, November/Dezember
2014, S. 19.

304 Ausführlicher dazu: Glenn Greenwald, Die globale Überwachung. Der
Fall Snowden, die amerikanischen Geheimdienste und die Folgen, München 2014.

305 Dianne Feinstein, Statement on Intel Committee's CIA Detention,
Interrogation Report, 11. März 2014, abrufbar unter: http://www.fein-

stein.senate.gov/public/index.cfm/2014/3/feinstein-statement-on-intelligence-committee-s-cia-detention-interrogation-report.

306 Mitt Romney, »Rising to a New Generation of Global Challenges«, in: *Foreign Affairs*, Juli/August 2007, S. 17 f.

307 Barack Obama, »Renewing American Leadership«, in: *Foreign Affairs*, Juli/August 2007, S. 2 f.

308 Justin Gillis und John Schwartz, »Deeper Ties to Corporate Cash for Doubtful Climate Researcher«, in: *New York Times*, 21. Februar 2015, S. A1.

309 Center for Responsive Politics, Energy/Natural Resources: Top Contributors to Federal Candidates, Parties, and Outside Groups, Washington, D. C., April 2014, abrufbar unter: https://www.opensecrets.org/industries/contrib.php?ind=E&Bkdn=DemRep&cycle=2012.

310 Pilita Clark und Megan Murphy, »US Business Groups Join Forces to Pledge Action on Climate Change«, in: *Financial Times*, 27. Juli 2015.

311 So Perry bereits im Präsidentschaftswahlkampf 2012; siehe Perry Bacon jr., »Rick Perry Calls for Increased Oil and Energy Production to Reboot U. S. Economy«, in: *Washington Post*, 14. Oktober 2011.

312 Um die »Herzen und Köpfe« jugendlicher, am Umweltthema orientierter Wähler im Vorwahlkampf der Demokraten für sich zu gewinnen, hat Hillary Clinton, Obamas ehemalige Außenministerin, sich umgehend in einer Twitter-Meldung gegen Obamas Entscheidung ausgesprochen. Siehe Dave Clarke, »Hillary Clinton Sides With Environmentalists, Opposes Obama Arctic Drilling Decision«, in: *Washington Post*, 18. August 2015.

313 Martin Wolf 2012, »Prepare For a Golden Age of Gas«, in: *Financial Times*, 21. Februar 2012.

314 Guy Chazan, »US Path to Energy Self-sufficiency«, in: *Financial Times*, 18. Januar 2012.

315 Thomas Jahn, »Amerika auf dem Weg zur Ölmacht«, in: *Handelsblatt*, 14. April 2012, S. 1, 6.

316 Heike Buchter, »Saudi-Amerika«, in: *Die Zeit*, 2. April 2012.

317 U. S. Energy Information Administration (EIA), Annual Energy Outlook 2015, Washington, D. C., April 2015, S. 17–20.

318 »The Bail-out Plan. A Shock From the House«, in: *The Economist*, 29. September 2008.

319 Gemäß den Daten des U. S. Department of the Treasury und des Congressional Budget Office (CBO); abrufbar unter: http://www.cbo.gov/.

320 U. S. International Trade Commission, US Korea Free Trade Agreement, Potential Economy Wide and Selected Sectoral Effects, Washington, D. C. 2007, abrufbar unter: http://www.usitc.gov/publications/pub3949.pdf.

321 So die Rede Michael Fromans vor dem einflussreichen Thinktank Council on Foreign Relations: Office of the United States Trade Representative (USTR), Remarks by Ambassador Michael Froman at the Council on Foreign Relations: The Strategic Logic of Trade, New York, 16. Juni 2014,

abrufbar unter: https://ustr.gov/about-us/policy-offices/press-office/
speeches/transcripts/2014/June/Remarks-USTR-Froman-at-Council-For-
eign-Relations-Strategic-Logic-of-Trade.

322 Ashton Carter zitiert in: Jane Perlez, »U. S. Allies See Trans-Pacific
Partnership as a Check on China«, in: *New York Times*, 6. Oktober 2015.

323 White House, U. S. President (Obama), Remarks by the President in State
of the Union Address, Washington, D. C., 20. Januar 2015, abrufbar unter:
https://www.whitehouse.gov/the-press-office/2015/01/20/remarks-
president-state-union-address-january-20-2015.

324 Laut Umfrage des Pew Research Center, Germany and the United
States: Reliable Allies, Washington, D. C., 7. Mai 2015, abrufbar unter:
http://www.pewglobal.org/2015/05/07/germany-and-the-united-states-
reliable-allies/.

325 Joseph E. Stiglitz, »Rauchen ist gesund! Wie globale Konzerne über
TTIP & Co. die Macht übernehmen«, in: *Internationale Politik und Gesellschaft (IPG)*, 13. Mai 2015, abrufbar unter: http://www.ipg-journal.de/
kommentar/artikel/rauchen-ist-gesund-925/.

326 Ebd.

327 Paul Krugman, »No Big Deal«, in: *New York Times*, 28. Februar 2014,
S. A23.

328 Marc Labonte, Monetary Policy and the Federal Reserve. Current Policy
and Issues for Congress, Congressional Research Service (CRS), CRS
Report for Congress, Washington, D. C., 18. Juni 2015, S. 13–14.

329 Frank Wiebe und Jan Mallien, »Weiterhin im Krisenmodus«, in: *Handelsblatt*, 18. September 2015, S. 28.

330 Robert Zoellick zitiert in: Alexander Bolton, »Lawmakers Show Worry
over U. S. Dollar's Dwindling Status«, in: *The Hill*, 10. August 2009.

331 Ebd.

332 D. Ku, Treasuries Purchases Will Depend on Risk. China's Wen, in:
Reuters, 31. Januar 2009.

333 »Moody's-Warnung erschüttert das Vertrauen in die US-Wirtschaft«, in:
Handelsblatt, 2. Juni 2011.

334 Eric Platt, »Interest Rate Rise: Turning Point Looms for U. S. Debt Binge«,
in: *Financial Times*, 9. September 2015.

335 OECD, In It Together (wie Anm. 52).

336 Zitiert in: Hunter Schwarz, »Nearly Half of Americans Say They Can't
Afford Unexpected $400 Expense«, in: *Washington Post Blog*, 3. Juni
2015, abrufbar unter: http://www.washingtonpost.com/news/the-fix/
wp/2015/06/03/tnearly-half-of-americans-say-they-cant-afford-an-
unexpected-400-expense/.

**Realpolitik ohne Werte –
wie die USA die Welt nach ihren Interessen ordnen**

337 Seymour Martin Lipset, American Exceptionalism. A Double-edged
Sword, New York/London 1996.

338 Ausführlicher zu den unterschiedlichen, kontinuierlich widerstreiten-
den Elementen der nationalen Identität der Vereinigten Staaten: Walter
Russel Mead, Special Providence. American Foreign Policy and How it
Changed the World, New York 2001.

339 Zum Beispiel: Walter Russell Mead, »The End of History Ends«, in: *The
American Interest*, 2. Dezember 2013; ders., »The Return of Geopolitics«,
in: *Foreign Affairs*, Mai/Juni 2014; Stewart Patrick und Isabella Bennett,
»Geopolitics Is Back – and Global Governance Is Out«, in: *The National
Interest*, 12. Mai 2015.

340 Chuck Hagel, zitiert in: David A. Graham, »Defense Secretary Chuck
Hagel: Get Used to Endless War«, in: *The Atlantic*, 29. October 2014.

341 Richard N. Haass, »The Era of Disorder«, in: *Project Syndicate*, 27. October
2014.

342 »Amerikas Pragmatismus«, in: Josef Braml, Wolfgang Merkel und Eberhard Sandschneider (Hrsg.): Außenpolitik mit Autokratien, Jahrbuch
Internationale Politik, Band 30, München 2014, S. 275–284.

343 White House, Remarks by the President on a New Beginning, Cairo University, 4. Juni 2009, abrufbar unter: http://www.whitehouse.gov/the-
press-office/remarks-president-cairo-university-6-04-09.

344 Als »Investition in die regionale Stabilität« haben die USA seit 1948 insgesamt über 74 Milliarden Dollar Auslandshilfe an Kairo gezahlt. Trotz
enormer Sparzwänge und Haushaltsprobleme wurden im Haushaltsjahr
2015 für die Militärdiktatur wieder 1,5 Milliarden Dollar veranschlagt,
fast ausschließlich für Militärhilfe. Siehe Susan B. Epstein, Marian L.
Lawson, Alex Tiersky, State, Foreign Operations, and Related Programs.
FY 2016 Budget and Appropriations, Congressional Research Service
(CRS), CRS Report for Congress, Washington, D.C., 13. Mai 2015, S. 11,
abrufbar unter: http://fas.org/sgp/crs/row/R43901.pdf.

345 Zum Beispiel der ehemalige US-Regierungsbeamte und Ex-Präsident des
Council on Foreign Relations, Leslie H. Gelb, »Beware Egypt's Muslim
Brotherhood«, in: *Daily Beast*, 29. Januar 2011, abrufbar unter: http://
www.thedailybeast.com/articles/2011/01/29/beware-egypts-muslim-
brotherhood.html.

346 So Walter Russel Mead, »Will Egypt Have A Revolution?«, in: *American
Interest*, 2. Oktober 2011, abrufbar unter: http://blogs.the-american-
interest.com/wrm/2011/10/02/will-egypt-have-a-revolution/.

347 Barbara Geddes, »What Do We Know About Democratization After
Twenty Years«, in: *Annual Review of Political Science*, 2 (1999); Axel Hade-

nius und Jan Teorell,»Pathways from Authoritarianism«, in: *Journal of Democracy*, 18 (2007) 1.

348 Zitiert in: George Jahn,»At OPEC Meeting, Iran Says It Plans Big Oil Production Hike If Sanctions End«, *Associated Press* und *Washington Post*, 4. Dezember 2013.

349 So fordert Jeffrey Sachs, der Sonderberater des UN-Generalsekretärs: »Schluss mit ›Regimechange‹ in Syrien!« Die USA sollen mit Russland im UN-Sicherheitsrat zusammenarbeiten, um »das Blutbad in Syrien zu beenden« und »die Flüchtlingsströme nach Europa einzudämmen«. Jeffrey D. Sachs,»Unser Son of a Bitch«, in: *Internationale Politik und Gesellschaft (IPG)*, 18. September 2015, abrufbar unter: http://www.ipg-journal.de/kolumne/artikel/unser-son-of-a-bitch-1072/.

350 So auch die Einschätzung von Joseph S. Nye,»A Western Strategy For a Declining Russia«, in: *Project Syndicate*, 3. September 2014, abrufbar unter: http://www.project-syndicate.org/commentary/joseph-s--nye-wants-to-deter-russia-without-isolating-it.

351 Vgl. Clifford Gaddy, zitiert in: Neil MacFarquhar und David M. Herszenhorn,»Ukraine Crisis Pushing Putin Toward China«, in: *New York Times*, 20. Mai 2014, S. A1.

352 Etwa John J. Mearsheimer,»The Gathering Storm. China's Challenge to US Power in Asia«, in: *Chinese Journal of International Politics*, 3 (2010), S. 381–396; hier S. 395.

353 Stephen Smith, zitiert in: Anna Fifield, Peter Smith und Kathrin Hille, »Australia Tightens US Military Ties«, in: *Financial Times*, 15. September 2011, S. 6.

354 Ebd.

355 Jack Farchy,»Rosneft's Pipeline Proposal Sparks Rift With Transneft«, in: *Financial Times*, 20. Februar 2014.

356 China,»Russia Clinch Natural Gas Supply Pact«, in: *Bridges*, 22. Mai 2014.

357 Matthew Forney,»China's Going-out Party«, in: *Time Magazine*, 17. Januar 2005.

358 Wu Lei und Shen Qinyu,»Will China Go to War over Oil?«, in: *Far Eastern Economic Review*, 69 (April 2006) 3, S. 38–40.

359 Darauf hat schon sehr früh hingewiesen: David Bosold, Öldorado? Kanadas Aufstieg zur Energiemacht wird Wunschdenken bleiben, DGAPanalyse, Deutsche Gesellschaft für Auswärtige Politik, Berlin, Juni 2009, S. 13.

360 Ian F. Fergusson, United States-Canada Trade and Economic Relationship. Prospects and Challenges, Congressional Research Service (CRS), CRS Report for Congress, Washington, D.C., 19. September 2011, S. 8.

361 Heinrich Kreft, Chinas energische Energiesicherungspolitik, in: Josef Braml, Karl Kaiser, Hanns W. Maull, Eberhard Sandschneider und Klaus Werner Schatz (Hrsg.), Weltverträgliche Energiesicherheitspolitik, Jahr-

buch Internationale Politik, Band 27, München 2008, S. 234–242, hier
S. 240.

362 Etwa Christopher J. Pehrson, String of Pearls. Meeting the Challenge of
China's Rising Power across the Asian Littoral, Strategic Studies Institute,
Washington, D. C., Juli 2006.

363 Etwa Christina Lin, The New Silk Road. China's Energy Strategy in the
Greater Middle East, Policy Focus No. 109, The Washington Institute for
Near East Policy, Washington, D. C., April 2010.

364 Eberhard Sandschneider, Globale Rivalen. Chinas unheimlicher Aufstieg
und die Ohnmacht des Westens, München 2007.

365 Ausführlicher: Hanns Günther Hilpert und Gudrun Wacker, Geoökonomie trifft Geopolitik. Chinas neue außenwirtschaftliche und außenpolitische Initiativen, Stiftung Wissenschaft und Politik (SWP), SWP-Aktuell,
Mai 2015.

366 Am 24. August 2011 informierte der damalige Präsident Medwedew die
erstaunten Journalisten über die Ergebnisse seiner Gespräche mit den
Mitgliedern der Nationalen Verteidigungskommission Nordkoreas:»Wir
haben unsere ausführenden Organe angewiesen, eine Kommission ein-
zurichten, um den spezifischen Rahmen für eine bilaterale Zusammenarbeit beim Gastransit durch die Volksrepublik zu vereinbaren, bei dem
auch die Koreanische Republik eingebunden wird, zumal die Hauptkon-
sumenten in Südkorea sind.« Dmitri Medwedew, Meeting with Journa-
lists Following Talks with Chairman of the State Defence Commission of
the Democratic People's Republic of Korea, Kim Jong II, 24. August 2011,
abrufbar unter: http://eng.kremlin.ru/news/2733.

367 Vgl. den US-Währungsexperten Barry Eichengreen, »What China is After
Financially«, in: East Asia Forum, 30. Januar 2011, abrufbar unter: http://
www.eastasiaforum.org/2011/01/30/what-china-is-after-financially/.

368 U. S. Department of Defense, The National Military Strategy of the United
States of America 2015, The United States Military's Contribution To National Security, Juni 2015, S. i, 1–4.

369 Zum Beispiel: William C. Martel,»America's Grand Strategy Disaster«, in:
The National Interest, 9. Juni 2014; Richard D. Hooker jr., The Grand Strat-
egy of the United States, Institute for National Strategic Studies, National
Defense University, Washington, D. C., October 2014; Jim Mattis, A New
American Grand Strategy, Hoover Institution, 26. Februar 2015.

370 Ronald O'Rourke, A Shift in the International Security Environment.
Potential Implications for Defense – Issues for Congress, Congressional Research Service (CRS), CRS Report for Congress,, Washington, D. C.,
14. Juli 2015, S. 8.

371 So der »neorealistische« Vordenker John J. Mearsheimer, »Why the Ukraine Crisis is the West's Fault. The Liberal Delusions that Provoked Putin«,
in: Foreign Affairs, September/Oktober 2014, S. 77–89, hier S. 89.

372 Statistisches Bundesamt, Rangfolge der Handelspartner im Außenhandel der Bundesrepublik Deutschland 2014, Wiesbaden, 18.9.2015.

373 Walter Russell Mead, Testimony Delivered to the United States Senate Committee on Armed Services (wie Anm. 169).

Ausblick über den Tellerrand – was getan werden muss, damit wir unsere Freiheit nicht verlieren

374 Ausführlicher: Josef Braml, Atlantische Auswirkungen amerikanischer Heimatschutzpolitik, Stiftung Wissenschaft und Politik (SWP), SWP-Studie Nr. S 30, Berlin 2005.

375 Josef Braml, Der amerikanische Patient (wie Anm. 292).

376 Josef Braml, Stefan Mair und Eberhard Sandschneider (Hrsg.), Außenpolitik in der Wirtschafts- und Finanzkrise, Jahrbuch Internationale Politik, Band 29, München 2012.

377 Patrick Köllner, Autoritäre Regime – keine weltweit aussterbende Gattung, sondern eine wachsende Herausforderung, GIGA Focus, Nr. 6/2008, German Institute of Global and Area Studies, Hamburg, S. 1; Wolfgang Merkel,»Are Dictatorships Returning? Revisiting the ›Democratic Rollback‹ Hypothesis«, in: *Contemporary Politics*, 16 (2010) 1, S. 17–31.

378 Eberhard Sandschneider, Der erfolgreiche Abstieg Europas. Heute Macht abgeben, um morgen zu gewinnen, München 2011.

379 Zum Beispiel: Stefan Halper, The Beijing Consensus. How China's Authoritarian Model Will Dominate the Twenty-first Century, New York, NY, 2010.

380 Detlef Junker, Power and Mission (wie Anm. 144).

381 Zitiert nach: George F. Kennan, At a Century's Ending. Reflections 1982–1995, New York 1997, S. 118.

382 Heribert Dieter,»Das Ende des handelspolitischen Multilateralismus«, in: *Internationale Politik und Gesellschaft*, 4. Mai 2015, abrufbar unter: http://www.ipg-journal.de/schwerpunkt-des-monats/baustellen-der-globalen-oekonomie/artikel1/detail/das-ende-des-handelspolitischen-multilateralismus-908/.

383 Sam Fleming,»Era of Low Interest Rates Fails to Generate Growth Policymakers Expected«, in: *Financial Times*, 9. September 2015.

384 Angela Merkel, zitiert in:»Furcht vor globalem Abwertungswettlauf steigt«, in: *Welt.de*, 25. Januar 2013, abrufbar unter: http://www.welt.de/finanzen/article113134772/Furcht-vor-globalem-Abwertungswettlauf-steigt.html.

385 Jörg Asmussen, zitiert in:»Asmussen warnt vor Politisierung der Wechselkurs-Debatte«, in: *Reuters*, 22. Januar 2013, abrufbar unter: http://de.reuters.com/article/economicsNews/idDEBEE90L03A20130122.

386 Ben S. Bernanke, Germany's Trade Surplus is a Problem, Brookings
     Institution, Washington, D. C., 3. April 2015, abrufbar unter: http://www.
     brookings.edu/blogs/ben-bernanke/posts/2015/04/03-germany-trade-
     surplus-problem.

387 U. S. Department of the Treasury, Office of International Affairs, Report
     to Congress on International Economic and Exchange Rate Policies,
     Washington, D. C., 9. April 2015.

388 Larry Fink, zitiert in: Stephen Foley, »BlackRock Chief Larry Fink Warns
     on Strong US Dollar«, in: Financial Times, 6. April 2015.

389 Editorial Board der New York Times, »Stronger Dollar in a Weak Global
     Economy«, in: New York Times, 30. März 2015, S. A 18.

390 Lawrence Summers, »No Time for an Interest Rate Hike«, in: Washington
     Post, 23. August 2015.

391 Charles Schumer, zitiert in: Keith Bradsher, »Currency Move by China
     Clouds Its Policy Goals«, in: New York Times, 12. August 2015, S. A1.

392 Charles Schumer, zitiert in: Eric Lipton und Raymond Hernandez,
     »A Champion of Wall Street Reaps Benefits«, in: New York Times,
     14. Dezember 2008, S. A1.

393 Raghuram Rajan, zitiert in: Gabriele Parussini, »India's Central Bank is
     Worried Competitive Devaluations Could Trample Emerging Economies«,
     in: Wall Street Journal India, 3. Februar 2015, abrufbar unter: http://blogs.
     wsj.com/indiarealtime/2015/02/03/indias-central-bank-is-worried-
     competitive-devaluations-could-trample-emerging-economies/.

394 So auch der Titel des Buches von James Rickards, Currency Wars. The
     Making of the Next Global Crisis, New York 2011.

395 Bei diesem Finanztermingeschäft werden von den Vertragsparteien Zins-
     und Kapitalzahlungen in unterschiedlichen Währungen ausgetauscht.

396 Hanns Günther Hilpert und Gudrun Wacker, Geoökonomie trifft Geo-
     politik (wie Anm. 365), S. 1.

397 William A. Galston, The New Challenges of Market Democracies, Broo-
     kings Research Report, Washington, D. C., Oktober 2014, abrufbar unter:
     http://www.brookings.edu/research/reports2/2014/10/new-challenge-
     market-democracies.

398 Jacob S. Hacker und Paul Pierson, Winner-Take-All Politics. How Wa-
     shington Made the Rich Richer – and Turned Its Back on the Middle
     Class, New York 2010.

399 Alexis de Tocqueville, De la démocratie en Amérique, 2 Bände, Paris
     1835/1840.

400 Zum Beispiel: »The Politics of Plutocracy«, in: The Economist, 21. Januar
     2012.

401 So der Chef des Hedge-Funds Marshall Wace: Paul Marshall, »Blame the
     Rise of the Plutocrats on Politics not Capitalism«, in: Financial Times,
     8. Januar 2015.

402 George Packer, Die Abwicklung. Eine innere Geschichte des neuen Amerika, Frankfurt/Main 2014.

403 Daten von CNBC/Burson-Marsteller, veröffentlicht in: Donald A. Baer, »The West's Bruised Confidence in Capitalism«, in: Wall Street Journal, 22. September 2014, abrufbar unter: http://online.wsj.com/articles/donald-baer-the-wests-bruised-confidence-in-capitalism-1411358403?KEY WORDS=capitalism.

404 William A. Galston und E.J. Dionne jr., »The Case for Universal Voting: Why Making Voting a Duty would Enhance Our Elections and Improve Our Government«, Brookings-Paper, 21. September 2015, abrufbar unter: http://www.brookings.edu/research/papers/2015/09/21-universal-voting-galston-dionne.

405 Ein Wissenschaftler der Brookings Institution plädiert sogar dafür, wieder die »Partei-Maschinen« zu installieren: Jonathan Rauch, Political Realism. How Hacks, Machines, Big Money, and Back-room Deals Can Strengthen American Democracy, Washington, D.C. 2015.

406 Johannes Thimm, Gefangenendilemma. Zur amerikanischen Diskussion um die Aufnahme von Häftlingen aus Guantánamo, Stiftung Wissenschaft und Politik (SWP), SWP-Aktuell 2009/A 37, Berlin 2009.

407 David Gordon und Ash Jain, »Forget the G-8. It's Time for the D-10«, in: Wall Street Journal, 17. Juni 2013, S. A15.

408 G. John Ikenberry und Anne-Marie Slaughter, Forging a World of Liberty Under Law, The Princeton Project Papers, Princeton University, September 2006.

409 Solche indirekten Formen der Kriegsbeteiligung sind auch Befunde, die den Befürwortern der Theorie des »Demokratischen Friedens« zu schaffen machen.

410 Das Prinzip der »Schutzverantwortung« wurde auch im Abschlussdokument (Outcome Document) des UN-Gipfels 2005 paraphiert.

411 Ausführlicher dazu die Empfehlungen des DGAP-Jahrbuchs: Josef Braml, Thomas Risse und Eberhard Sandschneider (Hrsg.), Einsatz für den Frieden. Sicherheit und Entwicklung in Räumen begrenzter Staatlichkeit, Jahrbuch Internationale Politik, Band 28, München 2010.

412 Das von Wolfgang Merkel geleitete Forschungsteam, das eine Vielzahl von Diktaturen (136) über einen langen Zeitraum (1946–2008) untersuchte, kam zu dem Ergebnis, »dass vor allem die weiche Repression die Überlebensfähigkeit von autokratischen Regimen erhöht, während die Kooptation nur mäßig wirkte und die harte Repression sogar nicht beabsichtigte Destabilisierungsgefahren für die Diktaturen barg«. Wolfgang Merkel et al., Why Do Dictatorships Survive, Berlin 2015 (im Erscheinen).

413 Barbara Geddes, »What Do We Know About Democratization After Twenty Years«, in: Annual Review of Political Science, 2 (1999); Axel Hade-

nius und Jan Teorell, »Pathways from Authoritarianism«, in: *Journal of Democracy*, 18 (2007) 1.

414 Josef Braml, »In der Sanktionsspirale«, in: *Handelsblatt*, 12. Februar 2015, S. 48.

415 Rainer Stinner und Stefanie Mandt, FDP: Die Chancen der Krise, in: Josef Braml, Stefan Mair und Eberhard Sandschneider (Hrsg.), Außenpolitik in der Wirtschafts- und Finanzkrise (wie Anm. 376), S. 388–392, hier S. 390.

416 Die Begriffe stammen von Immanuel Kant, Zum ewigen Frieden (wie Anm. 17), S. 33.

417 Philipp Mißfelder, CDU/CSU: Handlungsfähigkeit in einer globalisierten Welt, in: Josef Braml, Stefan Mair und Eberhard Sandschneider (Hrsg.), Außenpolitik in der Wirtschafts- und Finanzkrise (wie Anm. 376), S. 376–381, hier S. 380.

418 Sebastian Bersick, ASEAN, EAS, APEC – regionale Zusammenarbeit im asiatisch-pazifischen Raum, in: ebd., S. 292–298, hier S. 298.

419 Auswärtiges Amt, Länderinformation China, Wirtschaft, Stand: Mai 2015, abrufbar unter: http://www.auswaertiges-amt.de/DE/Aussenpolitik/Laender/Laenderinfos/China/Wirtschaft_node.html.

420 Rolf Mützenich, SPD: Solidarität und Verantwortung in der Krise, in: Josef Braml, Stefan Mair und Eberhard Sandschneider (Hrsg.), Außenpolitik in der Wirtschafts- und Finanzkrise (wie Anm. 376), S. 382–387, hier S. 385.

421 Daniela Schwarzer, Die Euro-Zone: Integrationsdynamiken und Spannungspotenziale, in: Josef Braml, Stefan Mair und Eberhard Sandschneider (Hrsg.), Außenpolitik in der Wirtschafts- und Finanzkrise (wie Anm. 376), S. 311–316, hier S. 380.

422 So Bundeskanzlerin Angela Merkel. Deutscher Bundestag, Stenographischer Bericht, 17. Wahlperiode, S. 17685.

423 Daniela Schwarzer, »Mentales Update für Europa«, in: *Internationale Politik*, September/Oktober 2015, S. 26–27.

424 Almut Möller, Die Europäische Union vor der Zerreißprobe, in: Josef Braml, Stefan Mair und Eberhard Sandschneider (Hrsg.), Außenpolitik in der Wirtschafts- und Finanzkrise (wie Anm. 376), S. 306–310.

425 Heinrich August Winkler, Vom Staatenverbund zur Föderation. Zur Krise des Projekts Europa, in: ebd., S. 299–305, hier S. 299.

426 Josef Braml, Stefan Mair und Eberhard Sandschneider, Schlussfolgerungen und Empfehlungen, in: dies. (Hrsg.), Außenpolitik in der Wirtschafts- und Finanzkrise (wie Anm. 376), S. 413–423.

427 Bundesministerium des Innern, Gesellschaft und Verfassung. Demografie, abrufbar unter: http://www.bmi.bund.de/DE/Themen/Gesellschaft-Verfassung/Demografie/Demografiebericht/Daten-Fakten/daten-fakten_node.html;jsessionid=78538F2AD801D30DC5E86009AF1689DD.2_cid364#doc3406584bodyText6.

428 Statistische Ämter des Bundes und der Länder, Bevölkerungs- und Haushaltsentwicklung im Bund und in den Ländern, Wiesbaden 2011, S. 23, abrufbar unter: http://www.bmi.bund.de/DE/Themen/Gesellschaft-Verfassung/Demografie/Demografiebericht/Daten-Fakten/daten-fakten_node.html;jsessionid=78538F2AD801D30DC5E86009AF1689DD.2_cid364#doc3406584bodyText6.

429 Statistisches Bundesamt, Charta der Vielfalt, Deutschlands Entwicklung bis zum Jahr 2060, abrufbar unter: http://www.charta-der-vielfalt.de/service/publikationen/jung-alt-bunt/chancen-und-herausforderungen/deutschlands-entwicklung-bis-zum-jahr-2060.html.

430 White House, Remarks by the President in the State of the Union Address, Washington, D.C., 12. Februar 2013.

431 Zitiert in: Lena Greiner, Zitat des Tages: »Es bleibt wichtig, Gedichte zu lernen«, in: *Spiegel Online*, abrufbar unter: http://www.spiegel.de/schulspiegel/wanka-ueber-naina-schuelerin-tweet-gedichtsanalyse-oder-alltagswissen-a-1012981.html.

432 Benjamin Friedman, The Moral Consequences of Economic Growth, New York 2005, S. 4.

Ein unabhängiger Geist, eine Stimme mit Gewicht

Wolfgang Bosbach
ENDSPURT
Wie Politik tatsächlich
ist - und wie sie sein
sollte. Begegnungen,
Erlebnisse, Erfahrungen
Ein Gespräch mit
Hugo Müller-Vogg
272 Seiten
ISBN 978-3-86995-092-1

Die EU befindet sich in einem so schlechten Zustand wie noch nie seit ihrer Gründung. Die deutsche Politik schlingert. Was ist jetzt zu tun? Obwohl er kein herausgehobenes Amt mehr bekleidet, ist Wolfgang Bosbach bekannter als die meisten Minister. Wann immer er gefragt wird, steht er Rede und Antwort: kompetent, offen und ehrlich. Nicht zuletzt auch im persönlichen Gespräch mit den Bürgern. Dass Bosbach fest zu seinen Überzeugungen steht, macht ihn für »seine« CDU bisweilen anstrengend. Die Menschen im Land schätzen ihn umso mehr.
Worauf es ankommt und was ihn antreibt – Wolfgang Bosbach im Gespräch mit Hugo Müller-Vogg

Quadriga

Stasi war gestern, bargeldlos ist heute

Norbert Häring
DIE ABSCHAFFUNG
DES BARGELDS UND
DIE FOLGEN
Der Weg in die totale
Kontrolle
256 Seiten
ISBN 978-3-86995-088-4

Stehen Sie gern nackt vor Ihrem Bankberater? Nein? Genau das werden Sie künftig aber, weil er jede einzelne Zahlung von Ihnen kennt. Er weiß deshalb auch, was Sie mit wem letztes Wochenende gemacht haben. Das Finanzamt ebenfalls. Und der Hacker sowieso. Weltweit arbeiten Regierungen und Banken daran, Münzen und Scheine abzuschaffen – vorgeblich im Kampf gegen Terrorismus und Steuerhinterziehung. Dabei gefährdet das Bargeld nicht unsere Sicherheit und Freiheit, es bewahrt sie. Wirtschaftsjournalist Norbert Häring macht deutlich, wie Politik und Finanzwelt alles daran setzen, um die völlige Informationskontrolle über uns und unser Leben zu bekommen.

Quadriga

*Auf das Web 2.0 folgt das Internet der Dinge
– was Sie darüber wissen müssen*

Philip N. Howard
FINALE VERNETZUNG
Wie das Internet der
Dinge unser Leben
verändern wird
Aus dem amerikanischen
Englisch von
Christoph Bausum
336 Seiten
ISBN 978-3-86995-091-4

Gegenstände, die über das Internet kommunizieren, gar
selbstständig Entscheidungen treffen – das schien eher zum
Gedankengut von Nerds und Science-Fiction-Fans zu passen
als zu einem realistischen Bild unserer Wirklichkeit. Inzwischen
haben die Visionen Einzug in unseren Alltag gehalten – über
Sportarmbänder, vernetzte Automobile und Haushaltsgeräte,
die sich via Smartphone steuern lassen. Was bedeutet diese
Entwicklung für uns? Macht sie unser Leben besser, oder gefährdet sie es?
Philip N. Howard zeigt, wie wir uns vor den Gefahren schützen,
aber auch die Potenziale nutzen.

Quadriga